発掘された古代の船

鳥取県青谷横木遺跡で出土した縄文時代晩期の丸木舟。長さ6.3メートル、幅63センチ（鳥取県埋蔵文化財センター提供）

大阪府久宝寺遺跡で出土した船の舳先部分を復元したもの（大阪府立弥生文化博物館提供）

久宝寺遺跡での船の出土状況（大阪府文化財センター提供）

太平洋を行き交った古代の人々

太平洋を航海した船を模したものか。全長140センチ、高さ90センチ、最大幅25センチ（三重県宝塚1号墳出土船形埴輪、松阪市教育委員会提供）

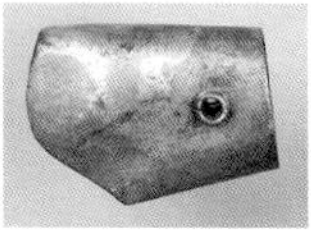

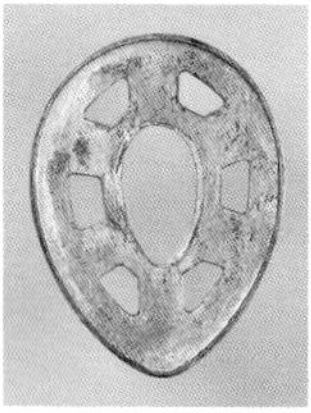

▶太平洋沿岸に点在する洞窟遺跡には倭王権から授けられた豪華な武器などが副葬されていた（宮城県五松山洞窟遺跡出土圭頭大刀柄頭と鍔、石巻市教育委員会蔵、写真・朝日新聞出版）

蝦夷政策の拠点多賀城は松島湾の国府津と砂押川の水運により、主に坂東諸国から船で兵や物資が運ばれた（東北歴史博物館提供）

ASAHI SENSHO

朝日選書 1000

海から読み解く日本古代史

太平洋の海上交通

近江俊秀

朝日新聞出版

目次

第四章　蝦夷戦争と海上交通——軍事利用された海の道　133

図版作成　鳥元真生
装幀・口絵デザイン　前田奈々

海から読み解く日本古代史

太平洋の海上交通

近江俊秀

はじめに

海に囲まれた日本

日本の領土の総面積は、約三七万八〇〇〇平方キロメートル。東アジア最大の島国とはいえ、世界的に見ると六一位にすぎない（外務省調べ）。しかし、海岸線の距離は約三万三六〇〇キロメートル（環境省「環境統計集」〈平成二八年版〉より）で、この長さはアメリカ合衆国をも上回る世界第六位を誇っている。面積に比べ海岸線が長いということは、国土の多くが海に面していることを示している。そのことは列島に住む多くの人々がごく自然に何らかの形で海との関わりをもつことにもつながる。

たとえば、国民一人あたりの魚の年間消費量は二〇〇五年度までは世界第一位、魚介類離れが進んだと指摘される最近でも二〇一三年度調査で韓国、ノルウェーに次ぐ世界第三位（水産庁『平成二九年度水産白書』）である。また、造船業も一九五六年に建造量世界シェア一位となり、一九七〇―八〇年代は、五割に近いシェアを誇っていた（国土交通省調べ）。

このように日本列島に住む人々は海ときわめて深い関わりをもっている。だからこそ、私たちの祖先は太古の昔から、海の恩恵を受け、海を介する活発な交流を行ってきたと漠然と思っている。たしかに、鉄道や航空機が発達する以前、人々の移動や物資輸送のために「海の道」が頻繁に用いられていたのは事実だ。ただ、それは、江戸や大坂を中心とした物資の流通システムが整えられたことに関する近世・近代の文献史料などが豊富に残されているために知られているにすぎない。

じつは、近世以前の海上交通の実態はわかっていないことのほうが多い。残された記録の多くは外交航路の記録などに偏っているからだ。海の道を使った列島規模の交流の実態は謎に包まれている。

記されなかった古代の海の道

海の道に比べ、陸の道の交流は移動経路を比較的、簡単に把握できる。近世であれば、かりに当時の地図が残っていなくとも、街道の道標や宿場町の存在から経路がほぼ想定できるし、中世も文献史料と地名から主要街道を復元できる。古代以前も、遺跡の分布からある程度の復元は可能だし、発掘調査で道路や交通に関係のある施設が見つかることもある。そして、陸の道は人が歩きやすい場所を移動のための空間、道路として固定化する。道路は政治的な封鎖、宗教的な禁忌を設けない限り、誰でも利用でき、人や馬、車など様々な移動手段を発達させてきた。

それに対し海の道はそうではない。航路はある程度、固定化されるものの、どこを通ればよいかが誰でもわかるわけではないので、安全なルートを選択して航行するには、相応の知識と経験が必要になる。その上、安全なルートも、常に一定ではなく天候や潮流の影響を受け変化するし、台風など気象変化により突然、利用できなくなる場合もある。

そして、移動手段は基本的に船に限定される。船は大きさや構造により、どの程度、海流や波に耐えられるかが決まり、一日に移動できる距離や積載量に違いが生じる。すなわち造船技術の程度によって、航路や寄港地の数や場所が異なることになる。また、いくら立派な船をつくっても、操船技術がなければ安全な長距離の航海は期待できない。つまり、海の道とは「知識」「技術」「道具」の三つがそろってはじめて利用可能となるのである。

「魏志倭人伝」に持衰《じさい》と呼ばれる人物が登場する。持衰は中国への航海船の乗組員の一人で、旅が無事に終わるまで髪も梳《す》かず、虱《しらみ》もとらず、服も着替えず、肉も食べず、ましてや女性を近づけることもせず過ごす。無事航海が終わればたくさんの褒美を与えられるが、もし船内に病人が出たり、暴風雨に遭ったりすれば死をもって償わされた。「知識」「技術」「道具」の三つをそろえても、自然の前にはただ神に祈るしかなかった。そうしたリスクがありながらも、海の道には、相応の利点があり、積極的に利用する動機・目的がある。動機・目的が技術を発達させ、知識が蓄積されてきた。

食糧を海から得るのであれば、近海の知識とその範囲を航海する技術と船があればよい。しかし、他地域との交易や外交のためとなれば、必然的に移動距離も長くなり、航海に必要な知識や技術がより高度になる。長距離、難所、悪天候など克服すべき条件が過酷であるほど、航海できる人も限定される。

さらに、航海の目的は時代により変化する。日本史上、海外との交流が活発だった時代とそうでない時代があるし、海を自由に行き来できた時代と為政者により通行が制限されていた時代もある。

このように、海の道の利用は、
①航海に関する知識や操船技術など人に関すること
②造船など道具に関すること
③外交など目的に関すること
④時代の社会的背景に関すること
など、自然条件のほかにも様々な影響を受ける。同じ航路であっても時代、目的、利用する船などの違いにより、その使われ方はきわめて重層的であった。

古代の海の道についての研究は、文献史料に残されている特定の航路を対象としたものに偏っているが、記録が乏しくとも島国日本を考えれば、海の道の研究を疎かにしてはならない。

謎多き東北へと向かう太平洋ルート

日本列島の「海の道」で最も豊富な文献史料に恵まれているのが瀬戸内航路である。後述するように『日本書紀』にも多数の記録があり、中世以降には来島《くるしま》、能島《のしま》（愛媛県今治市）、因島（広島県尾道市）を本拠とした村上海賊の活動など、海を舞台とした様々な交流やそれに携わった集団の姿が見られる。また、紀伊半島沿岸の航路も『日本書紀』に記され、中世には源平合戦で源氏方に味方した熊野別当湛増《べっとうたんぞう》に代表される熊野海賊の活動が史料に現れるなど、海の武士団が瀬戸内海から九州、伊勢湾から関東へと幅広く活動していた様子がうかがわれる。

このような古代から中世の文献史料の残存に恵まれた地域のみならず、たとえば、考古学の研究では遺跡や遺物の分布から、日本海では縄文時代から古墳時代にかけて海を利用した活発な交流があったことが指摘されている。それと同様に、先島諸島―琉球―奄美群島―トカラ列島―大隅・薩摩というルートも、遺跡や遺物の分布から海を越えた活発な交流があったことがわかっている。

その一方で文献史料に恵まれず、かつ考古学的にも明確な証拠を見いだしがたい航路が東北の太平洋航路である。この航路は寛文一一年（一六七二）に河村瑞賢《かわむらずいけん》が外海東廻り航路を開いたことにより往来が活発となったとされ、それ以前についてはあまり語られない。古くから海上交通が活発だった日本海沿岸には、港に適したラグーン（潟湖《せきこ》）が点在するのに対し、太平洋側にはラグーンがあまり認められないことから、その利用が困難であったとする見方がある（森　一九八六）。この解釈の当否は別にしても、東北の太平洋航路は、文献史料も考古学的な情報も乏しいために、研究が停滞している。

しかし、数が少ないとはいえ、古代の東北太平洋航路の利用を示す文献史料や遺跡は存在している。そこから私は、遅くとも弥生時代にはこの航路が利用されており、現代まで脈々と受け継がれ、その間に各地の文物が取り入れられ、この地域の歴史や文化を形づくる上で重要な役割を果たしたと考えている。私がそう思うのは、私がまだ高校生だった時に参加した遺跡の発掘調査で、ある話を聞いたからである。

本書は、古代の海上交通の中でも特に東北の太平洋航路について、主として弥生時代から平安時代を中心に文献史学と考古学双方の検討から、その具体的な姿の復元を試みるものである。そして、海がこの地域に何をもたらし、海を越えた交流が何を生み出したのか、さらに海の交通に携わった人々についても考えてみたい。

ただ、先述したように史料が少ないため、時代を追って航路を語ることは難しい。したがって検討はそれぞれの時代に認められる断片的な痕跡、さらに、時代背景や他の航路の利用状況などをもとに肉付けていきながら、時代別に太平洋航路の利用を証明していくという方法をとる。これからの話は太平洋の海の道を利用した明確な証拠がある時代から進めていきたい。読者の皆様には少々迂遠に感じられるかもしれないが、その点はご容赦願いたい。

まずは一九八二年の発掘調査の話から始めよう。

第一章

海辺の町で見つかった南北交流の痕跡

石巻の遺跡

大阪府柏原市高井田横穴第３支群５号横穴線刻壁画
（柏原市歴史資料館蔵・提供）

一　五松山洞窟遺跡の発掘調査

偶然の発見

全国有数の漁業の町、宮城県石巻市は、三陸海岸の付け根にあって、東北最長の河川である北上川河口を中心に栄えた。古代は牡鹿郡に属し、江戸時代には外海東廻り航路の寄港地であり、北上川を下ってくる様々な文物が集まる場所として、大いに賑わいを見せた土地であるが、そうした歴史よりも東日本大震災の被災地として記憶されている方も多いだろう。

石巻市は太平洋航路と北上川の内水交通の結節点である。震災前には、北上川河口に町の中心部が広がっていた。北上川沿岸に船の停泊場所が複数設置され、江戸時代にはその付近に仙台藩や商人の蔵が数多く立ち並んでいた。船の積み荷をスムーズに移動させるため、また、漁業を営む人々がすぐに海に

図1　上：発見時の五松山洞窟遺跡（写真・石巻市教育委員会、『五松山洞窟遺跡』1988より転載）
中：人骨出土状態（写真・著者）
下：五松山洞窟遺跡発掘調査の報道（「石巻新聞」1982年12月29日付）

洞窟の状態を図面へ

五松山洞窟遺跡　調査班が最後の追い込み

暮れも押しせまり街中も慌ただしさを増している。市内の官公庁などは御用納めも済んだが、石巻市八幡町地内の擁壁工事現場から古墳時代などの遺物が発見された「五松山洞窟遺跡」では発掘調査最終日を迎え調査班は早朝から最後

の位置を丁寧に写す作業も最初に出土した分は終り、入口付近の石組みを取り除く作業が残っていたが、その石もきれいに除かれ、出土した土器の破片やその土の性質を調べ記録する作業に入った。

約二カ月間の調査は、調査班の努力により石巻市の歴史や考古学上貴重な資料と話題を提供したが、たいへんな面も多かった。三宅氏は「冬の調査は初めてでしたが勉強になりました。しかし、毎日継続して調査活動ができなかったのが少し残念でした…」と自分の学校の生徒の進学・就職と多忙な時期の調査活動の難しさを語ってくれた。

調査補助の大学生は「継続して調査に参加したかったんですが、それができなかったのがちょっと残念でしたが人骨についていろいろと勉強になりました」と人骨についての専門書を購入して調査にのぞみ満足そうだった。

「全員、寒さにもめげずよく頑張りました」と三宅氏は目を細める。

同遺跡は、一部市民の間に「残しておいては…」の声があるものの擁壁工事現場の関係もあり埋められる予定。そして出土した遺物類は、分類・調査などが済んだ後、一般に公開される予定となっている。

【写真】＝市教委の調査班。右から三宅氏、茂木さん、庄子さん（東北学院大学学生）近江さん（石高生）

出ることができるようにと、河口部には堤防がつくられていなかった。海と川に密接に結びつきながら生活していた人々にとって、堤防がないほうが都合がよかったのだ。しかし、そのことが先の震災の被害を甚大にした。震災の教訓から現在は、河口部にも大規模な堤防がつくられており、震災からの復興の先を見すえ、町の発展のために様々な取り組みを行っている人たちがいる。それが私が生まれ育った町である。

さて、本論に入ろう。考古学ファンであっても五松山《ごしょうざん》洞窟遺跡を知る方は少ないだろう。しかし、私にとって、大変思い出深く、本書のテーマである古代東北の太平洋航路の存在を強く意識させた遺跡なのである。まずはこの遺跡の発見から調査の経過、そしてその成果について紹介しよう。

一九八二年一〇月二二日。石巻市の地元紙に「古墳時代の人骨か?」という記事が載った。記事には、北上川河口付近の左岸、牧山の麓で行われていた落石危険防止の防護壁の建設工事現場で、崩落していた岩石を除去していたところ、洞窟が現れ、その中からおびただしい量の人骨や、金銅装の大刀、須恵器提瓶《ていへい》などの遺物が出土したとあった。洞窟入り口付近の岩の裂け目からも頭蓋骨二個を含む人骨が差し込まれたような状態で出土しており、この時点では人骨の正確な数はもちろんのこと、遺跡の範囲も不明ということだった（図1）。

工事担当者からの通報を受けた石巻警察署は、現場検証の結果、人骨の状況や、ともに見つかった遺物から埋蔵文化財である可能性が高いと判断し、石巻市教育委員会へ連絡した。知らせを受けた教育委員会が市内在住の考古学者に鑑定を依頼したところ、出土した遺物や人骨は古墳時代のものと評価されたそうだ。文化財保護法では警察に届け出られた物件が文化財と認められる時は、警察署長はただちに都道府県教育委員会に物件を提出することとされており、この手続きは通常、遺跡が見つかった市町村教育委員会を経由して行われることになっている。五松山洞窟遺跡もこうした手続きを経たのである。

当時、私は宮城県石巻高校の二年生で、どういうきっかけかは忘れたが考古学に興味があった。今でも豊富な海の幸に恵まれている石巻市内には、沼津貝塚をはじめ、大小様々たくさんの貝塚がある。父の知り合いが庭に物干し台を設置しようとして地面を少し掘り下げたところ、貝層の中から縄文時代の人骨が見つかったこともあり、貝塚は私にとって最も身近な遺跡であり、遊び場でもあった。

石巻市内では、鎌倉幕府の御家人から戦国大名へと成長した葛西氏関係の山城が複数知られていたものの、弥生時代から古代の遺跡は当時、ほとんど確認されていなかった。遺跡好きな上に、古墳時代という石巻市にとって未知の遺跡の発見ニュースに、私は興味をかき立てられた。五松山洞窟遺跡は連日報道され、毎日欠かさず記事を読んでいたが、発見された場所は落石防止のための工事現場であり、一般の立ち入りが禁止されていたため、現地を見に行くことはできなかった。私はあきらめきれず、父の友人の新聞記者に取材に同行させてくれるよう頼み、発見からひと月ほどのちに、ついに現地を見ることができた。

発掘調査始まる

五松山洞窟遺跡の発掘は一九八二年一〇月二六日から一一月七日にかけて実施された。しかし、洞窟内の人骨の量があまりにも多く、かつ出土状況が複雑だったので、いったん、調査は中断され、態勢を整えて一一月二一日から第二次調査が開始された。私が現地を訪れたのは、第二次調査開始時の記者発表の日だった。テーブルの上に並べられた最初の発見時に掘り出された金銅装大刀、須恵器提瓶を間近に見た。発見された遺物の時期は、六世紀後半から七世紀初頭。大刀の柄頭《つかがしら》や鍔《つば》は金色の輝きを失っておらず、とても千数百年前のものとは思えないほど、美しくかつ精巧であった。また、切り立った崖面に穿《うが》たれたわずか五平方メートル程度の狭い海食洞窟（波の浸食によってできた洞窟）内は、足の踏み場もないほど人骨が散乱しており、丁寧に埋葬されたというよりも、無造作に骨を放り込んだような印象を受けた。

当時、石巻市には埋蔵文化財を担当する職員がおらず、発掘調査が必要となると市内在住の学校の先生が担当された。いずれも、考古学や歴史学の専門家で、発掘調査経験も豊富な方々ばかり。そうした先生方が石巻や周辺地域の歴史研究の土台を築き上げ、重要な遺跡の保護につながる様々な取り組みを進めていた。

五松山洞窟遺跡の担当者は、当時、日本考古学協会会員で古川工業高校で教鞭を執られていた三宅宗議《しゅうぎ》先生と、石巻文化財保護委員で雄勝小学校で教鞭を執られていた木村敏郎《としお》先生。そして東北学院大学考古学研究部の皆さんが発掘調査に参加していた。後で聞いたところ、この発見により工事は一時中断されたものの、発掘調査の予算は確約されたものではなく、調査担当の先生方も大学生の皆さんも手弁当のつもりで発掘調査に参加していたのだという。

また、崖面からの落石の危険を防ぐための防護壁設置という緊急性の高い工事だったため、あまり長期に工事を中断しておくわけにはいかず、発掘調査も毎日夜一〇時ごろまで行っていたという。これは私にとって好都合だった。夜まで調査を行っているのであれば、授業が終わった後でも、発掘調査に参加できるかもしれない。そのことを調査担当の先生にお願いすると、授業や部活動に支障がない範囲であれば、来てもかまわないという返事をいただいた。

ごちゃまぜにされた人骨

それから私は、毎日、授業が終わると自転車で現場に向かった。夕暮れ時に現場へ着き、サーチライトで照らされた洞窟の周りで大学生の皆さんの指導を受け、比較的、簡単な作業を手伝った。まれに洞窟内部に入れてもらい、掘り下げ作業も経験させてもらった。人骨は何層にも折り重なって出土しており、その都度、図面を取っては人骨を取り上げ、さらに下へと掘削する作業を繰り返した。

各部位の人骨はバラバラな状態だった。たとえば、頭蓋骨は洞窟入り口にあるのに、顎の骨は洞窟の奥から出土する。はじめてこの遺跡を見た時、私は五松山洞窟遺跡とは別な場所で埋葬した複数の遺体を掘り起こし、それらを集めてここに再び埋葬したのではないかと思った。そのとおりだったようだ。しかも、最初に埋葬された場所から骨を取り出す時には、一体ずつ骨をまとめることなどせず、複数の遺骨をいわば「ごちゃまぜ」にしたようだった。

また、私が調査に参加してからは、骨は出るけれども副葬品はほとんど見あたらなかった。どうやら、耳目を驚かす豪華な副葬品の数々は、この洞窟にひととおり人骨を詰め込んだ後に、入り口付近に置かれたようだった。副葬品とはそもそも、死者に添えられるものであり、通常、古墳であれば、出土状況から副葬品と持ち主の関係がわかるが、骨そのものがごちゃまぜとなっている五松山洞窟遺跡では、副葬品が誰の持ち物かはわからない。しかも副葬品には一部が欠損したものも多く認められた。

出土した副葬品は五松山洞窟遺跡への再埋葬の時に新たに副葬されたのではなく、最初の埋葬の時の副葬品であったと考えられる。つまり、

①五松山洞窟遺跡とは別の場所に複数の墓がつくられる。

②その墓を掘り起こし人骨と副葬品を集める。そのとき、人骨と副葬品はひとまとめにされ、複数の人骨と副葬品が混じる。

③五松山洞窟遺跡にまず洞窟の底に多数転がっている角礫《かくれき》の間に骨を充填するように入れ、入りきらなかった頭蓋骨などは岩盤の裂け目に差し込む。そのとき、副葬品のうち小さなものや破片が骨に混じって埋められる。

④洞窟入り口付近に、最初の埋葬場所から運び込んだ副葬品のうち、目立つ物を置く。

という経過をたどったのではないか。

洞窟を墓葬の場とする例は琉球や奄美群島、本州では紀伊半島や三浦半島、房総半島などで認められ、石巻市内でも伊原津《いばらづ》洞窟遺跡から弥生時代の人骨が出土している。洞窟への墓葬という特異な風習が、五松山洞窟遺跡に葬られた集団の海との関わりを示すという指摘があるが、この話はのちに改めて述べよう。

暖流と寒流が交わる場所

一九八二年一二月後半。五松山洞窟遺跡の調査もようやく終盤を迎えつつあった。膨大な量の人骨の取り上げが終わり、古墳時代以前に洞窟内に落ちた落盤の除去や洞窟の底に散らばっている角礫の隙間

の調査へと作業は移っていた。五松山洞窟遺跡は古墳時代に墓地として利用される以前、弥生時代には漁労のための作業場、いわば漁師小屋として利用されていたようだった。炉跡や火を焚いた跡の焼土層、小規模な貝塚が見つかっており、弥生時代の土器も数点、出土していた。この時代の住居といえば全国的に竪穴住居が一般的であり、海食洞窟を住居や作業場として利用している例は房総半島や三浦半島など一部の地域で確認されているにすぎない。

図2　五松山洞窟遺跡出土弥生土器（写真・石巻市教育委員会、『五松山洞窟遺跡』1988より転載）

出土した弥生土器の数はそれほど多くはなかった。しかし、大学生のとりまとめ役であった茂木好光さんが一点の土器を掘り上げた時、三宅先生に語りかけた言葉が今でも強く印象に残っている。

「暖流と寒流がぶつかる石巻は、南北それぞれの文化が出合う場所であるという先生の説を裏付けるものですね」

どうやら、この土器はこれまでどこからも出土したことのないタイプのものであり、しかも北海道の土器の特徴と関東の土器の特徴の双方を兼ね備えているらしい（図2）。正式な発掘調査報告書には、具体的なことは記されていないが、このとき、茂木さんと三宅先生は太平洋ルートによる南北交流の具体的な姿を、一片の土器から思い描いていたのかもしれない。

石巻に生まれ育った私にとって、このことはさほど意外では

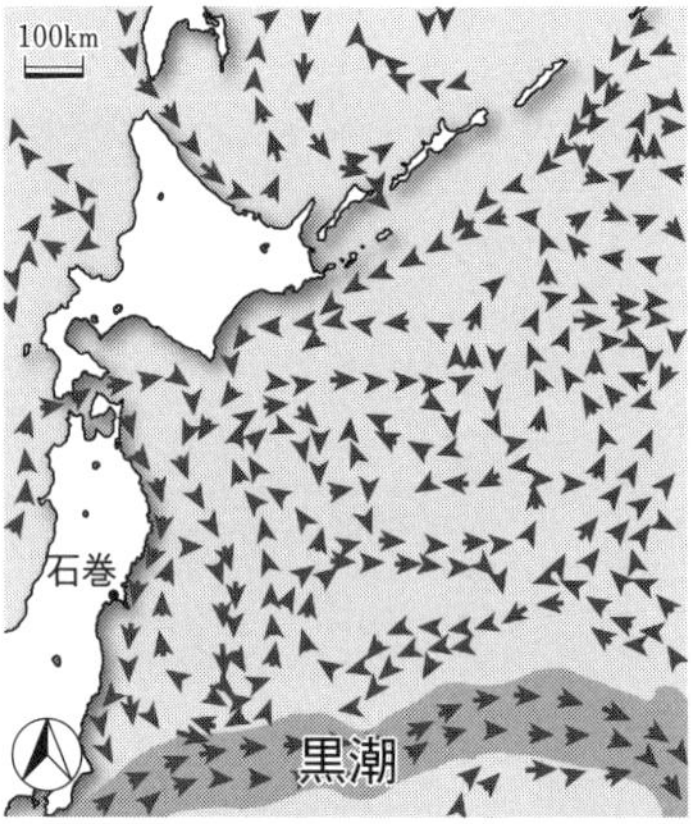

図3　東北沖の海流
東北沖の複雑な海流は様々な海難事故を引き起こした。記録に残る石巻船の最も古い海難記録は寛永3年(1626)で以後240年間で171件に及ぶ。遭難場所は磐城沖、銚子沖が多く、漂流先は常陸が多いが、伊豆諸島や紀伊半島、種子島、喜界島、北海道十勝、色丹島などが知られ、海外への漂着もアリューシャン列島、ロシア、清国、ベトナムなどが知られている。

なかった。三陸沖で暖流と寒流がぶつかることは、石巻の人にとって常識だったし、石巻が漁業で栄えた理由もそれであることを幼いころから教わってきた。海を越えての交流も石巻あたりが結節点となっているといわれても、あたりまえのように感じた（図3）。しかし、たった一片の土器から、同じ歴史像を描くおふたりの姿に驚きを覚えた。研究の奥深さを知り、私の記憶の中にこのことは長く留まった。今の仕事へと向かわせたのもこの言葉だったのかもしれない。そして、当時はよくわかっていなかったが、五松山洞窟遺跡そのものが、北の文化と南の文化との出合いを物語っていた。次にそのことについて見ていこう。

二　五松山洞窟遺跡が語るもの

様々な遺物

五松山洞窟遺跡から出土した遺物はじつに多種多様だった。時期は弥生時代と古墳時代後期後半（六世紀後半から七世紀初頭）のものに大別され、前者に属するものには土器、石器、太形磨製石斧、鉄鏃《てつぞく》、骨角器があり、後者には須恵器、骨角製品、金銅製品、鉄製品、貝製品、玉などがあった。

弥生時代の遺物のうち、鉄鏃は他地域からの搬入品である。鉄鏃は大陸起源のものであり、東北へは九州や近畿から日本海ルートを経由してもたらされ、仙台平野を中心に分布が認められるが、弥生時代のものは東日本ではきわめて希少である。

古墳時代の遺物は、他地域からもたらされたものが多いが、その生産場所も一律ではない。まずは、古墳時代の一般的な墓からの出土は稀であるが、この遺跡では多量に出土した骨角製品について見ていこう。

シカの骨でできた製品として骨鏃《こつぞく》（七点）と骨針（一点）、シカの角でつくられた製品として弭型角製《ゆはずがたかくせい》

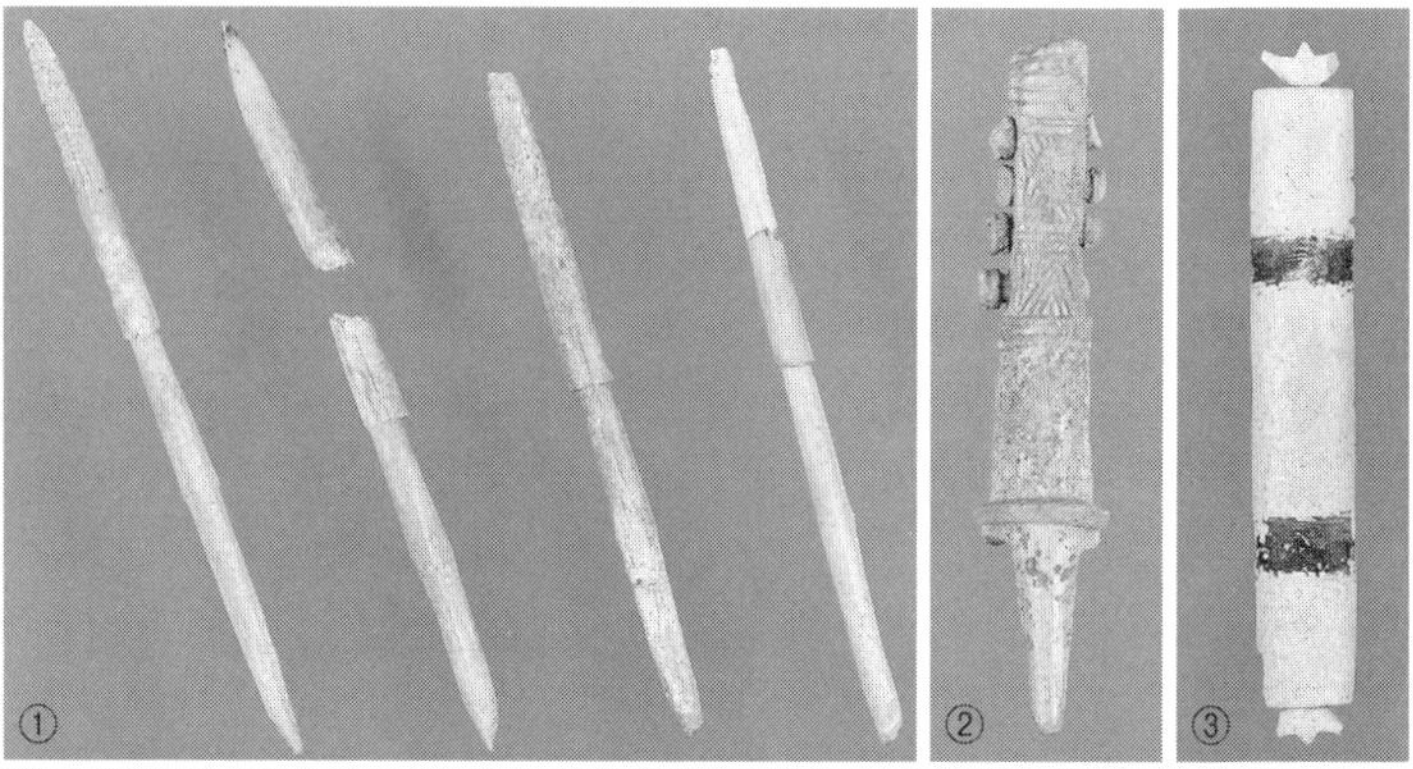

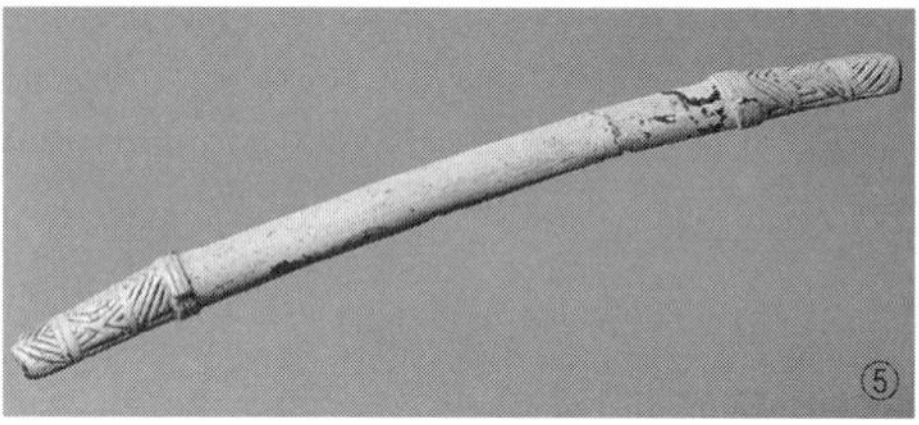

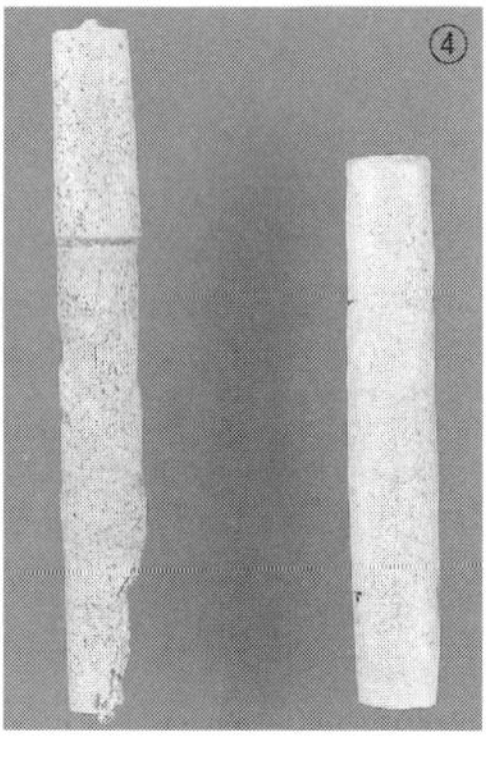

図4　五松山洞窟遺跡出土骨角器（石巻市教育委員会、写真・朝日新聞出版）
①鏃（左端長さ18.8センチ）
②弭型角製品（長さ7.4センチ）
③弭型鹿角製品（長さ12.3センチ）
④同上（右長さ11.2センチ）
⑤線刻文加工品（長さ12センチ）

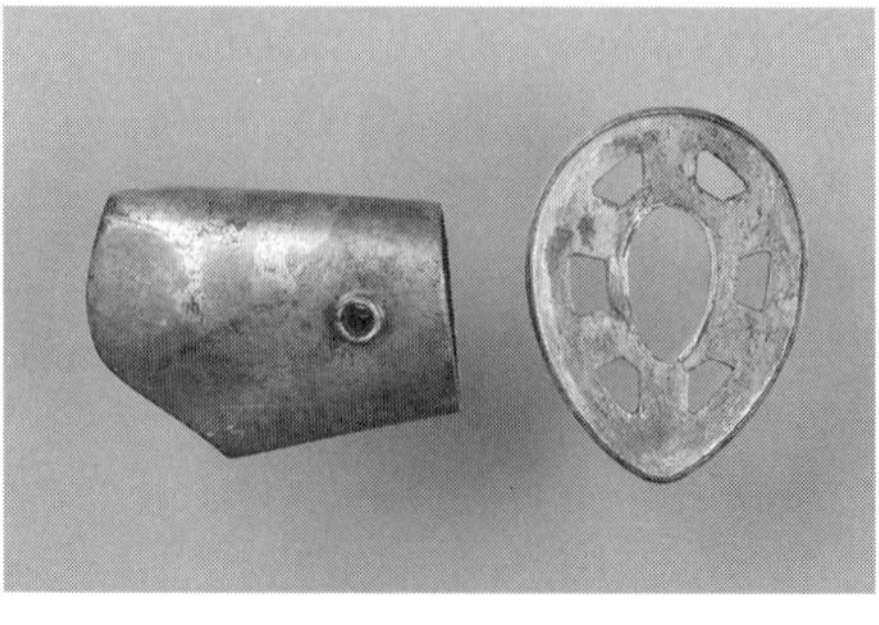

図5　五松山洞窟遺跡出土圭頭大刀柄頭・鍔。左側の柄頭、長さ7.1センチ。右側の鍔、外径タテ7.2センチ（石巻市教育委員会、写真・朝日新聞出版）

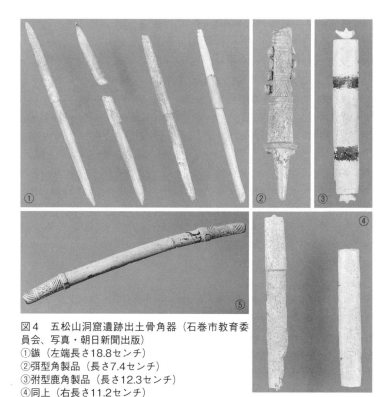

品《ひん》（一点）、弭《ゆづか》（五点）、刀子柄《とうすつか》（四点）、用途が不明な加工品（二点）、環状の加工品三点などがあった（図4）。

弭型角製品は、縄文時代晩期から弥生時代に近畿から東海、関東、東北にかけて広く分布していた道具だ。ゆるやかに反る円筒状の本体に、四つの栓がついており、本体を弓の両端に装着し、栓に弓弦を巻きつける道具と考えられている。この遺跡で出土したものも、形は縄文時代のものに似ているが、糸を巻いた形跡はなく、また構造としても糸を巻く余裕が栓と本体との間にないので、弓の部品ではなく、別の用途のものと考えられる。類似品には弥生時代の朝日遺跡（名古屋市）のものなどがあるが、古墳時代に限るとまだ出土例がない。

弭も弓の装着具と断定できないが、古墳時代の類例には、山王《さんのう》遺跡（宮城県多賀城市）、金冠塚《きんかんづか》古墳（福島県いわき市）出土品、神奈川県横浜市鶴見区駒岡《こまおか》出土品、磯間岩陰《いそまいわかげ》遺跡（和歌山県田辺市）出土品などがある。特に山王遺跡では、五松山洞窟遺跡から出土している鹿角製刀子柄と同様のものが出土している。

このように五松山洞窟遺跡から出土した骨角製品は地元産であるが、類似品が日本海側や西日本に認められず、東海から関東、東北にかけての太平洋沿岸に点在しているので、これらの地域と技術的・文化的な交流があった可能性が指摘できる。

倭王権からの下賜品か？

圭頭大刀《けいとうたち》や衝角付冑《しょうかくづきかぶと》といった遺物は、まぎれもなく倭《やまと》王権（大和・河内の有力豪族を主体に西日本を中

	遺跡名	所在地	遺跡種類	規模（m）
1	膳性遺跡	岩手県奥州市	住居跡	
2	五松山洞窟遺跡	宮城県石巻市	洞窟墓	
3	大年山10号横穴	宮城県仙台市太白区		
4	中山囲横穴群	宮城県柴田郡村田町	横穴墓	
5	上条2号墳	福島県福島市	円墳	
6	根岸古墳群	福島県本宮市		
7	北茨城市二ツ島	茨城県北茨城市		
8	二ツ島横穴	茨城県北茨城市	横穴墓	
9	舟塚古墳	茨城県小美玉市		
10	市川古墳群	茨城県かすみがうら市		
11	大日下古墳群	栃木県さくら市	円墳	
12	丸岳古墳群	栃木県芳賀郡益子町		
13	長久保15号墳	群馬県北群馬郡榛東村	円墳	10
14	少林山台4号墳	群馬県高崎市	円墳	20
15	奥原15号墳	群馬県高崎市	円墳	10
16	乗附町	群馬県高崎市		
17	伝群馬県	群馬県		
18	関向古墳	千葉県匝瑳市		
19	鶴巻塚古墳	千葉県木更津市	円墳	50超
20	翁作古墳	千葉県館山市		
21	馬ノ口5号墳	千葉県千葉市緑区	円墳	25
22	諏訪台遺跡	千葉県市原市	円墳	18.5
23	殿山9号墳	東京都世田谷区	円墳	10
24	稲荷塚古墳	東京都世田谷区	円墳	13
25	御嶽塚10号墳	東京都府中市	円墳	20
26	東方1号横穴	神奈川県横浜市	横穴墓	
27	伝比々田村	神奈川県伊勢原市		
28	諏訪脇東5号横穴	神奈川県中郡二宮町	横穴墓	
29	河南沢第1支群1号横穴	神奈川県足柄上郡松田町	横穴墓	
30	久野2号墳	神奈川県小田原市	円墳	20
31	平林2号墳	山梨県笛吹市	円墳	15
32	本郷大塚古墳	長野県須坂市		
33	久保畑古墳	長野県佐久市		
34	三島市錦田	静岡県三島市		
35	秋葉林1号墳	静岡県沼津市	円墳	9.5
36	井田松江18号墳	静岡県沼津市	円墳	11
37	船津古墳群	静岡県富士市		

表1　6世紀末～7世紀前半の東日本における圭頭大刀の分布（菊地　2010をもとに作成）

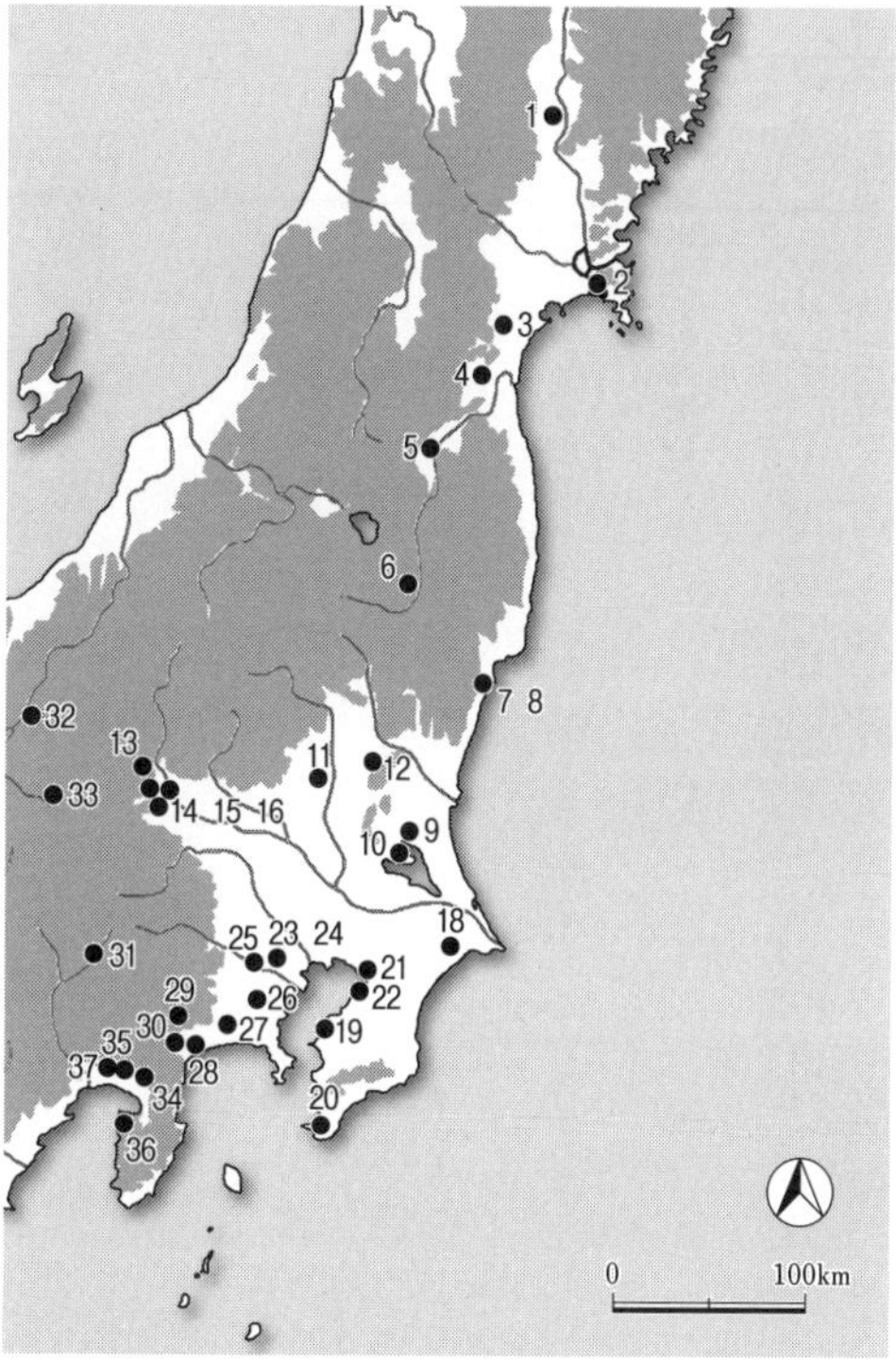

図6　6世紀末～7世紀前半の圭頭大刀の分布

心とする各地の豪族により推戴された大王を核とした連合政権）からこの地域の有力者に贈られたものである（図5）。特に圭頭大刀は六世紀後半ごろから七世紀初頭にかけて生産され、同様の太刀が全国各地の古墳などから出土している（菊地　二〇一〇）。

六世紀後半のものは全長一〇〇メートル前後の前方後円墳から出土するものもあるが、六世紀末以降のものは、東日本からの出土が七割ほどを占め、しかも崖を掘り込んでつくられた横穴墓《よこあなぼ》や小規模な石室からの出土が目立つ（図6・表1）。このことから、圭頭大刀は六世紀末以降、倭王権の支配下に入った中小豪族に下賜されたという考え方が有力である。五松山洞窟遺跡と同時期の圭頭大刀の東日本での分布は、太平洋沿岸地域と内陸部に限られ、日本海側からは出土していない。太平洋側では東京湾沿岸地域、伊豆半島から駿河湾沿岸からの出土が多く、内陸部では群馬県での出土が多い。また五松山洞窟遺跡のものと形態が類似するものには熊野堂《くまのどう》A二八号横穴（宮城県名取市）、上条《かみじょう》一号墳（福島市）、二《ふた》ツ島《しま》横穴（茨城県北茨城市）、大日下《だいにちした》古墳群（栃木県さくら市）などがある。

衝角付冑も全国に広く分布する遺物であるが、東日本からの出土は少ない。圭頭大刀と同様、倭王権中枢部で製作され、王権に加わった地域の有力者に下賜されたものと考えられている。

これらの遺物の出土は、五松山洞窟遺跡に葬られた人物のいずれかが、倭王権とつながりをもっていたことを示している。しかし、有力者の遺体が他の遺体と区別されることなく、ごちゃまぜに一つの洞窟に再葬されていることをどのように評価すべきか、という大きな問題が生じる。

図7　縄文時代のオオツタノハガイ製貝輪の分布（忍澤2011をもとに作成）

南からもたらされた遺物

オオツタノハガイは円盤のような形をした貝である。屋久島やトカラ列島、伊豆諸島などの潮間帯の岩礁や転石、防波堤などに生息する。それを加工した貝輪の出土は太平洋沿岸の東海から東北、北海道にかけて広く点在する。縄文時代の貝塚からの出土例が多く、七〇カ所から約二〇〇点の出土が確認されている（忍澤　二〇一一）。

主な生産地は伊豆半島や伊豆大島で、生産のピークは縄文時代後期のようだ。このころは様々な貝を利用した腕輪がつくられているが、その中でオオツタノハガイ製のものが占める割合は、決して多くない。オオツタノハガイ製の貝輪が最も多く出土する千葉県でも、貝輪全体に占める割合は三―五パーセントである。しかし、その分布範囲は有珠モシリ遺跡（北海道伊達市）、入江貝塚（同洞爺湖町）、戸井貝塚（同函館市）など北海道から東北の太平洋沿岸、そして東海地方にかけて広く分布しており（図7）、また古作貝塚（千葉県船橋市）での出土例のように土器に収められるなど、大事に扱われていたことがわかる。

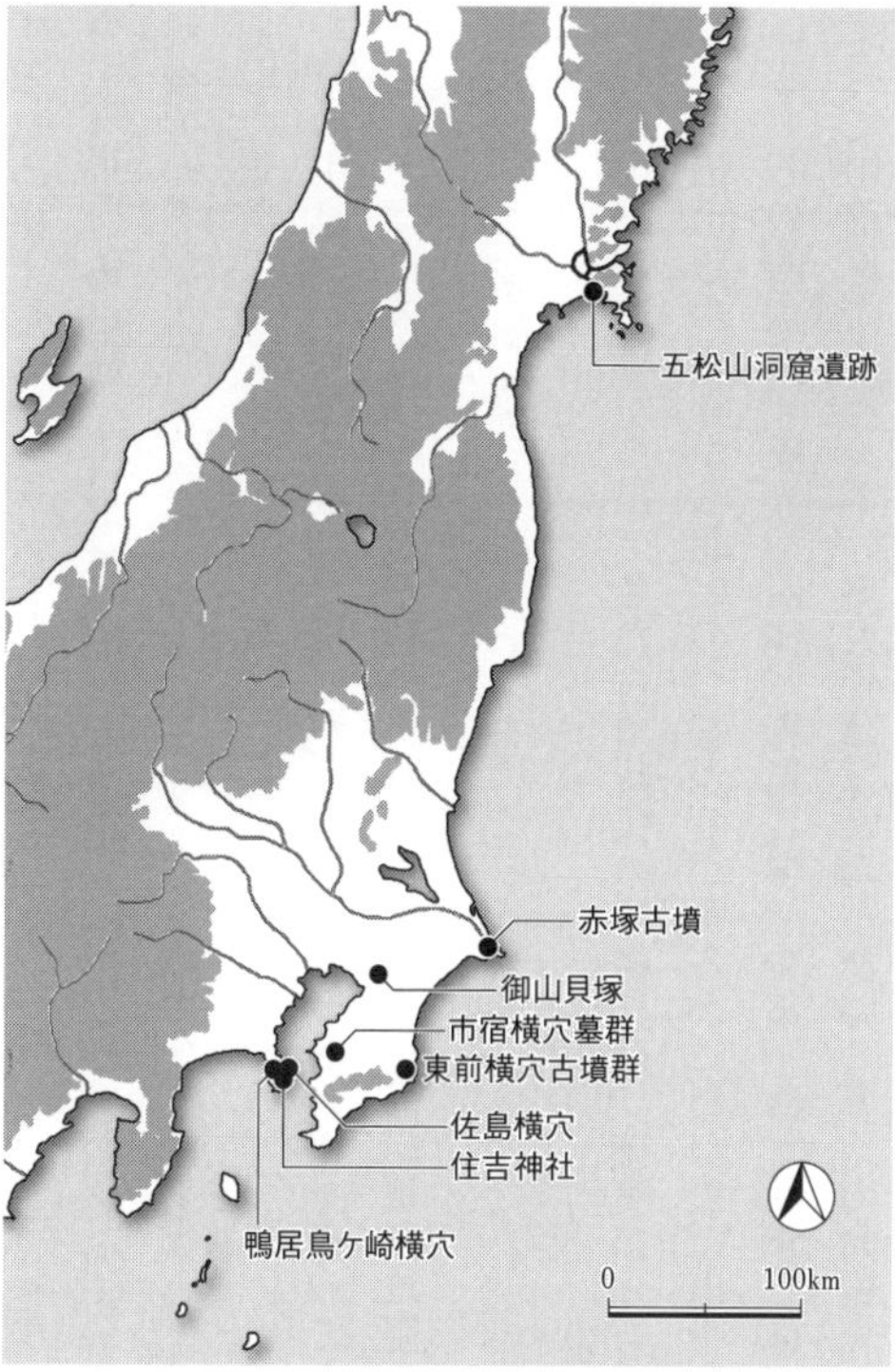

図8　古墳時代のオオツタノハガイ貝輪の分布（忍澤　2011をもとに作成）

弥生時代以降は貝塚が減少

するため出土量も少なくなり、古墳時代のものでは、赤塚古墳（千葉県銚子市）、東前横穴古墳群（同　いすみ市）、市宿《いちじゅく》横穴古墳群（同　君津市）、御山《おやま》貝塚（同　四街道市）、鴨居《かもい》鳥ヶ崎《とりがさき》横穴・住吉神社・佐島《さしま》横穴（神奈川県横須賀市）から出土するにすぎない（図8）。いずれも房総半島と三浦半島の太平洋に面した遺跡である。

貝の生息域から遠く離れた場所からの出土は、海の道を通ってもたらされたことを示す。

ここでは古墳時代の分布が神奈川県以東の太平洋沿岸地域に限られていることに注目しておこう。

北からやってきた人々

五松山洞窟遺跡から出土した古墳時代の遺物には、確実に北方系といえるものは含まれていない。しかし、出土した人骨から北とのつながりが明らかになった。出土した人骨は全部で一九体と推定されている。その内訳は、成人一四体、青年二体、少年一体、幼年二体で、男女比はほぼ半々である。ただし、すべての部位がそろっている人骨はほとんどない。多くの頭蓋骨の形質的特徴は、関東の古墳時代人に近いという結果が示されているが、成人男性の頭蓋骨二体に、北海道アイヌと共通する特徴が認められたという。

二体とも洞窟内からの出土であり、出土状況は他の人骨と同様で何の規則性も認められない。いずれも再葬であるため、最初の埋葬形態を知ることはできないが、少なくとも再葬時には、他の人骨とまったく同様に扱われている。そして、同様に北海道アイヌと共通する特徴が認められる人骨は、宮城県内では矢本横穴（東松島市）から出土している程度で、それ以外の場所からは見つかっていない。もちろん、形質的特徴のみで人骨の系譜をたどるのは慎重を期さねばならないが、後述するように、石巻周辺には北方の文化が入り込んでいる形跡が認められている。

また、出土した女性の人骨の一体には、長期間繰り返し潜水することによって耳の穴の周囲の軟骨が盛り上がる外耳道骨腫《がいじどうこつしゅ》が認められていることから、潜水漁に従事していた「海人《あま》」の可能性が指摘されている。

三　弥生時代から古墳時代の太平洋航路

三つの地域の人々

五松山洞窟遺跡で出土した人骨の形質には、関東の古墳時代人に似たものと、北海道アイヌと似たものがあった。単純に考えれば、六世紀後半の石巻には関東からの移住者と北海道からの移住者、そしてもともとこの地に住んでいた人が混在していたと考えられる。そしてこの推定は五松山洞窟遺跡の発掘から約一〇年後、一九九一年に始まった新金沼《しんかなぬま》遺跡の発掘調査により、ますます確度が高まった。

新金沼遺跡は、石巻市の中心部から約四キロメートル西にあって、標高一・五—一・七メートルの微

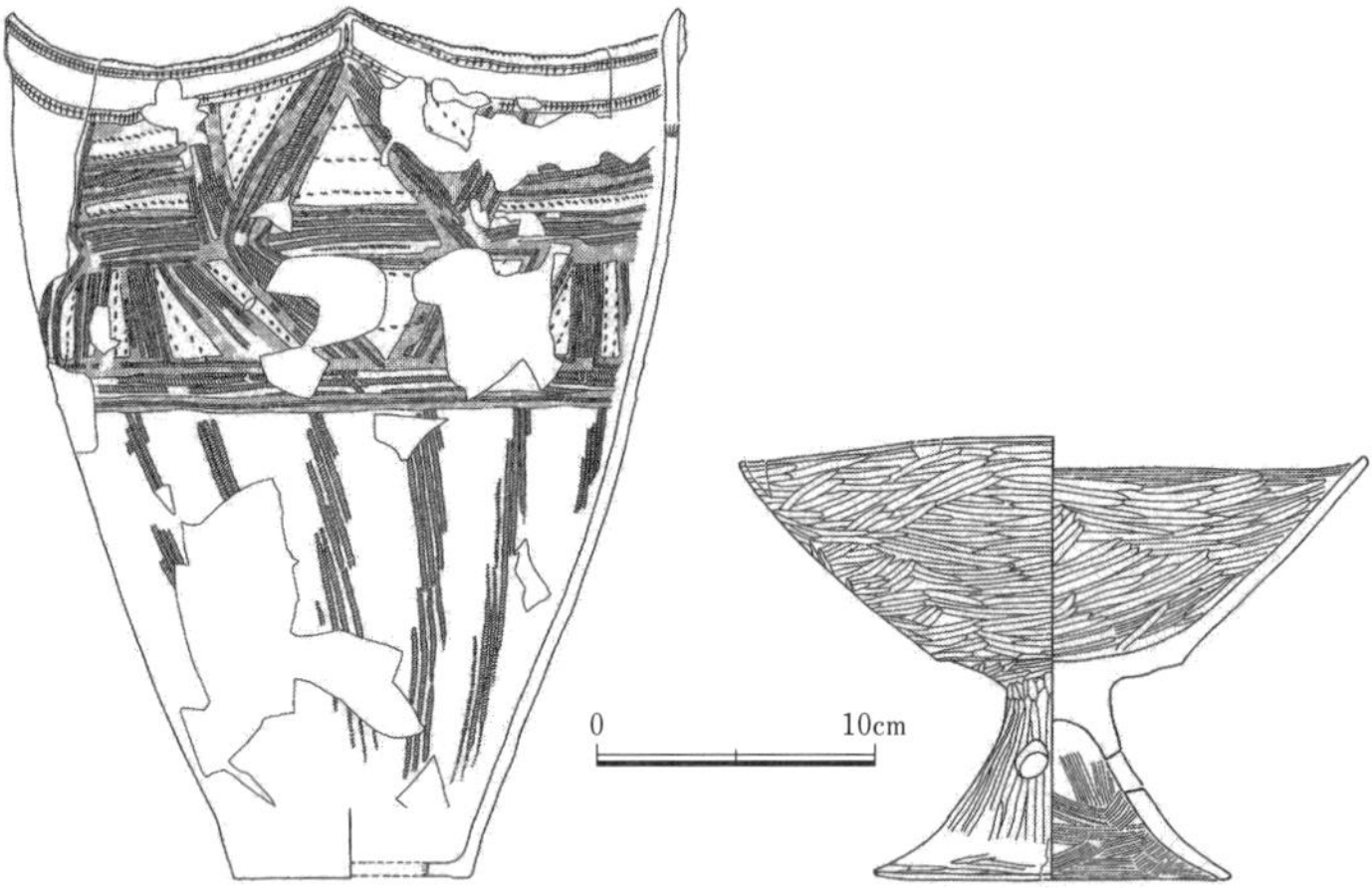

続縄文土器　　東海系土器

図9　新金沼遺跡の続縄文の土器と東海系土器（石巻市教育委員会『新金沼遺跡』2003より転載）

高地（浜堤《ひんてい》）上につくられた古墳時代と平安時代の集落遺跡である。遺構の多くは古墳時代前期後半（四世紀後半）のもので、見つかった三九軒の竪穴住居跡から出土した土器には、北海道系の続《ぞく》縄文土器《じょうもんどき》と東海系の土器の特徴が見られるものがあった。これらの土器の胎土に含まれる鉱物を分析した結果、続縄文土器や東海系の土器、地元の土器（出土土器の多数を占める）の三者ともに粘土の採取地に違いがないことが明らかになった。つまり、続縄文土器も東海系土器もほかの土地からもたらされた搬入品ではなく、石巻で生産されていたのである（図9）。

特に続縄文の土器は、文様構成や表面をなめらかに見せるための化粧粘土を用いることなど、つくり方も北海道のものと近似している。このことは北海道出身者が石巻でこの土器をつくったことを示している。東海系土器も同様で、この時期の関東で出土するものとつくり方がよく似ていることから、関東出身者によってつくられたと考えられる。

新金沼遺跡には関東人、北海道人、地元の人たちが住んでいた可能性が高く、このことは、五松山洞窟遺跡の人骨の分析結果とも合致する。

土器からわかる南北の交流

土器からなぜ人の移住がわかるのか。そのことを少し説明しよう。

たとえば、ある地域でつくられた土器を、別の地域の人が他所の土地でつくり方を真似してつくる場合を想像してほしい。最初に真似た地域では、オリジナルに近いものをつくるだろうが、真似られた土器をさらに他の地域で真似してつくることを繰り返すうちに、手抜きや多少のミスなどが蓄積され、次第にオリジナルとは形や文様のつけ方などが変化していく。また、その過程で真似した地域特有の土器のつくり方や他所の地域の土器のつくり方も取り入れれば、複数の地域の土器の特徴が混ざり合った土器ができあがる。

実際に続縄文土器は、もともとこの土器がつくられていた北海道・北東北から南下するに従い、形態や文様構成が変化している。東海系土器も福島県で出土しているものは北陸系土器の影響が見られる。それに対し、新金沼遺跡出土のものはそのような変化は見られず、北海道の続縄文土器と茨城県から出土する東海系土器とよく似ている。つまり、それぞれのオリジナルをよく知っている人々が、この遺跡で土器をつくったことを示している。そして、太平洋に面した新金沼遺跡から間の地域では見られないオリジナルに近い土器が見られるということは、これらの土器のつくり手が、海の道を利用してこの地にやってきたことを示すと考えられる。

五松山洞窟遺跡と新金沼遺跡で出土した遺物は、遠く離れた様々な地域の特徴を示していたり、近隣では入手できない素材を用いていたりする。これらは海の道のあり方を示す典型といえよう。古墳時代には太平洋航路を利用した南北交流が行われており、石巻がその結節点となっていたことを示す証拠と見てよいだろう。

しかし、いくつかの疑問も生じる。石巻には弥生時代の遺跡が少なく、新金沼遺跡も古墳時代前期のうちに廃絶し、その後、この場所に人が住むのは平安時代になってからである。そして、石巻周辺では古墳時代中期（五世紀）、後期（六世紀）の遺跡そのものがきわめて少ない。

つまり、太平洋航路の利用がいつ始まったのか、継続的に利用されたのか、あるいは古墳時代前期後半と後期後半に限ったものであったのか、これらの問題は石巻の遺跡だけでは検証できない。よって、次に少し視野を広げて弥生時代から古墳時代にかけての東北の海の道の利用について見ていこう。

稲作の海の道

日本列島における稲作は、縄文時代晩期、北部九州に中国大陸から伝わり、きわめて短期間のうちに西日本に広がった。そして、稲作は木製の鋤や鍬、石庖丁などの大陸に起源をもつ石器といった新たな道具を伴って広がったため、たとえ水田そのものが見つからなくとも、これらの道具の出土から稲作の伝播を知ることができる。

東北への稲作の伝播は、弥生時代前期にさかのぼる。東北最古の水田は砂沢《すなさわ》遺跡（青森県弘前市）で

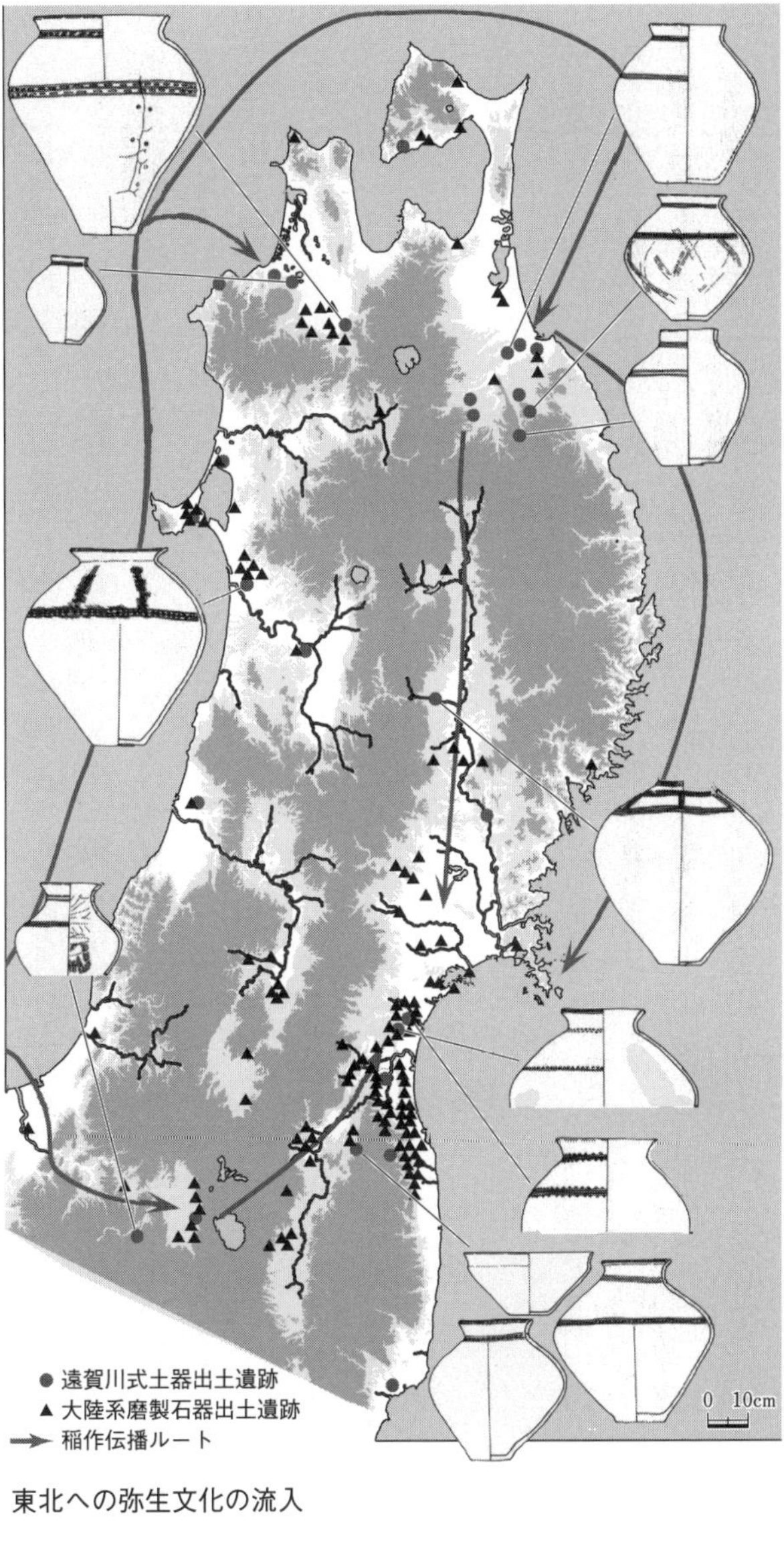

図10　東北への弥生文化の流入

見つかっており、日本海を北上してきたものらしいことが指摘されている。それというのも、日本海沿岸地域には、北部九州でつくられた遠賀川《おんがかわ》式土器と形やつくり方がよく似た土器が点的に分布しており、そこからは大陸に起源をもつ石器なども出土しているからである。日本海を北上してきた弥生文化は、新潟県北部を河口とする阿賀野川をさかのぼり、会津盆地に至り、そこから福島県中通り地域へ下ったのちに阿武隈川流域へと広がるルートと、そのまま日本海を北上し、津軽海峡を通って八戸付近を経由し太平洋を南下して仙台平野へ、あるいは八戸で上陸し、内陸に入って北上川に沿って南下するルートが想定されている（図10）。

また、石包丁の分布のみを見れば、太平洋沿岸部に分布していることから太平洋ルートも想定できそうであるが、石包丁は関東の遺跡ではきわめてまれにしか出土しないので、太平洋を北上してきたとは考えにくい。

大陸との交流

日本海の海の道は、東北へと向かうルートのみならず、沿岸部全体、さらには朝鮮半島や中国大陸まで も含めた広い範囲で利用されていた。弥生時代中期から後期には四隅突出形墳丘墓《よすみとっしゅつがたふんきゅうぼ》と呼ばれる広島県三次盆地で誕生したと考えられる独特の墓が、島根県や鳥取県、富山県など日本海沿岸地域で認められている。また弥生時代後期の北陸系土器が会津盆地などの遺跡でも出土しており、日本海と河川を用いた内水交通によって、各地にもたらされたと考えられる。先に述べた福島県で出土する北陸系土器は、新潟付近まで北上したのち阿賀野川をさかのぼり、会津盆地を通って中通り地域、そして浜通り地域へ広がったのだろう。

また、日本海は朝鮮半島や中国大陸との交通路でもあった。朝鮮半島や中国大陸の文物も、日本海を経由して日本列島にもたらされたことが沿岸各地の出土品からわかっている。その主たるルートは、弥生時代全般を通じて遺跡の密度が高く、朝鮮半島・中国大陸製の遺物が豊富に出土する、対馬—壱岐—福岡平野であったことがわかるが、それ以外にも出雲や石見、丹波（これらの地域名称は本来ならば律令制導入以降に用いるべきであるが、以下、便宜的に律令以前についてもこうした地域名を用いる。また、律令制の国を示す場合は地域名＋国と表記する）などに向かうルートもあった。弥生時代には、日本海沿岸地域が直接、朝鮮半島と交流していたことが弥生墳丘墓の副葬品などからわかっており、この地域の有力者が朝鮮半島との交流によって、最新の文物や技術を入手していたことは疑いない。

このような地理的条件に恵まれた日本海沿岸地域は、古墳時代になって倭王権の一員に加わった後も大きな勢力を保ち続けたようである。古墳時代前期に、丹後半島には網野銚子山《ちょうしやま》古墳（全長約二〇〇メートル）、神明山《しんめいやま》古墳（全長約一九〇メートル）、蛭子《えびす》山《やま》古墳（全長約一四五メートル）などの巨大前方後円墳をはじめ総数六〇〇〇基に及ぶ古墳があり、若狭には朝鮮半島や中国製の多量の副葬品が出土した上《かみ》中《なか》古墳群、越前では弥生時代末期から古墳時代後期にかけて継続的に築かれた総数七〇から八〇基に及ぶ能美《のみ》古墳群などがある。さらに、越《こし》（現在の石川県から新潟県）にいた継体大王（天皇号がいつ成立したかは諸説あるが、ここでは「天皇」号の確実な初見である飛鳥池工房遺跡出土木簡〈天武六年・六七七〉以前については、原則として「大王」と表記する）が擁立されたことなども、この地域の勢力の大きさを物語る。

東北でも会津盆地にある大型前方後円墳である会津大塚山古墳（福島県会津若松市、全長一一四メートル）などの前期古墳の被葬者は、阿賀野川を下って日本海に出、南下して、倭王権と結びついていたと考えられる。

古墳の分布

前方後円墳は、様々な地域の墓制を採り入れ、倭王権によって新たに創出された墓制と考えられている。たとえば、前方後円という特殊な形の起源を、弥生時代の近畿でつくられていた円形周溝墓に陸《りく》橋《きょう》がつく形態に求める見方がある。墳丘に並べられた埴輪は吉備で弥生時代後期に生まれた特殊器台《とくしゅきだい》を起源とし、葺石《ふきいし》は阿波や讃岐の弥生時代後期の積石墓《つみいしぼ》、山陰の四隅突出形墳丘墓の積み石や貼石《はりいし》に起源をもつと考えられている。竪穴式石室も阿波などの弥生時代後期の石囲木槨《いしがこいもっかく》に起源を求める見方がある。ただ、そこに東日本の墳墓の要素は含まれておらず、東日本の首長は倭王権からすると、いわば外様であったということになろう。

東北での前方後円墳の築造は古墳時代前期後半に仙台平野と会津盆地で始まる。これらの古墳の被葬者は倭王権に加盟した首長であり、王権から与えられた地位や期待された役割が高いほど巨大で、かつ大和のものとよく似た形の古墳をつくったと考えられている。つまり、前方後円墳の分布や規模は、その発生当初から倭王権と各地の首長との間に形成された政治連合の領域と地位の上下関係などの秩序を示しているのである。

まず、東北における前方後円墳と前方後方墳の分布を見てみよう（図11）。古墳の分布には著しい偏りがあることに気づかれるだろう。大まかな傾向としては東北南部の密度が高く、中でもいくつかの古墳密集地帯が認められる。阿賀野川をさかのぼった会津盆地、最上川上流にあたる置賜《おきたま》盆地（山形県米沢市、南陽市周辺）、現在、東北自動車道や東北新幹線が通過する福島県中通り地域、福島県の太平洋沿岸部にあたる浜通り地域、そして仙台平野である。このうち会津盆地と置賜盆地へは古墳文化は日本海航路を経て伝わったと考えられ、福島県中通り地域へは関東から陸の道を通って伝わったのだろう。一方、太平洋沿岸地域は太平洋の海の道を通ったのか、沿岸部の陸の道を通ったのかは評価が難しい。ただ、東北に古墳文化が伝わった古墳時代前期後半に限ると、太平洋航路の存在が具体的に見えてくる。

古墳時代の海の道

図12に示すように、福島県中通り地域には古墳時代前期の前方後円墳や前方後方墳がほとんど認められない。一方、浜通り地域では、少ないとはいえ、一定の間隔を保ちつつ古墳が分布している。仙台平野では海岸線から離れた場所で、阿武隈川、名取川といった大河川の流域に分布している。このような分布は、先に見た日本海側の古墳の分布と同様であり、太平洋航路により古墳文化が伝わってきた可能性を示している。

前期古墳が海沿いに分布する傾向は東北に限ったことではなく、全国的に認められる。中でも先に紹介した丹後半島の網野銚子山古墳をはじめとする前方後円墳や、全長約一〇一メートルの日下ヶ塚《ひさげづか》古墳などからなる磯浜古墳群（茨城県大洗町）などは、周辺の可耕地面積が小さく、地域勢力の力だけでこれほどの規模の前方後円墳をつくることができたとは考えにくい。これらの古墳の造営の背景には、倭

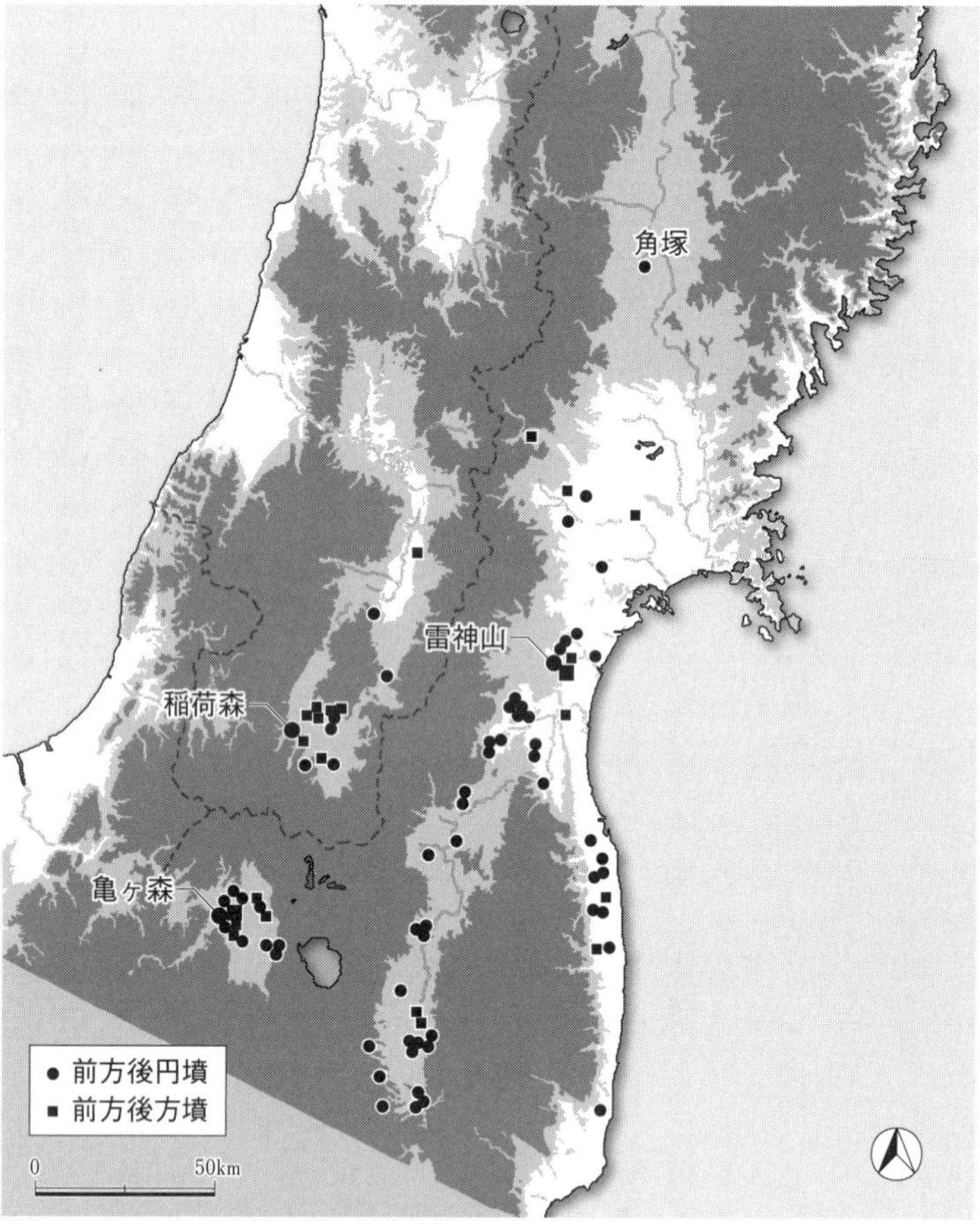

図11　東北における前方後円墳・前方後方墳の分布

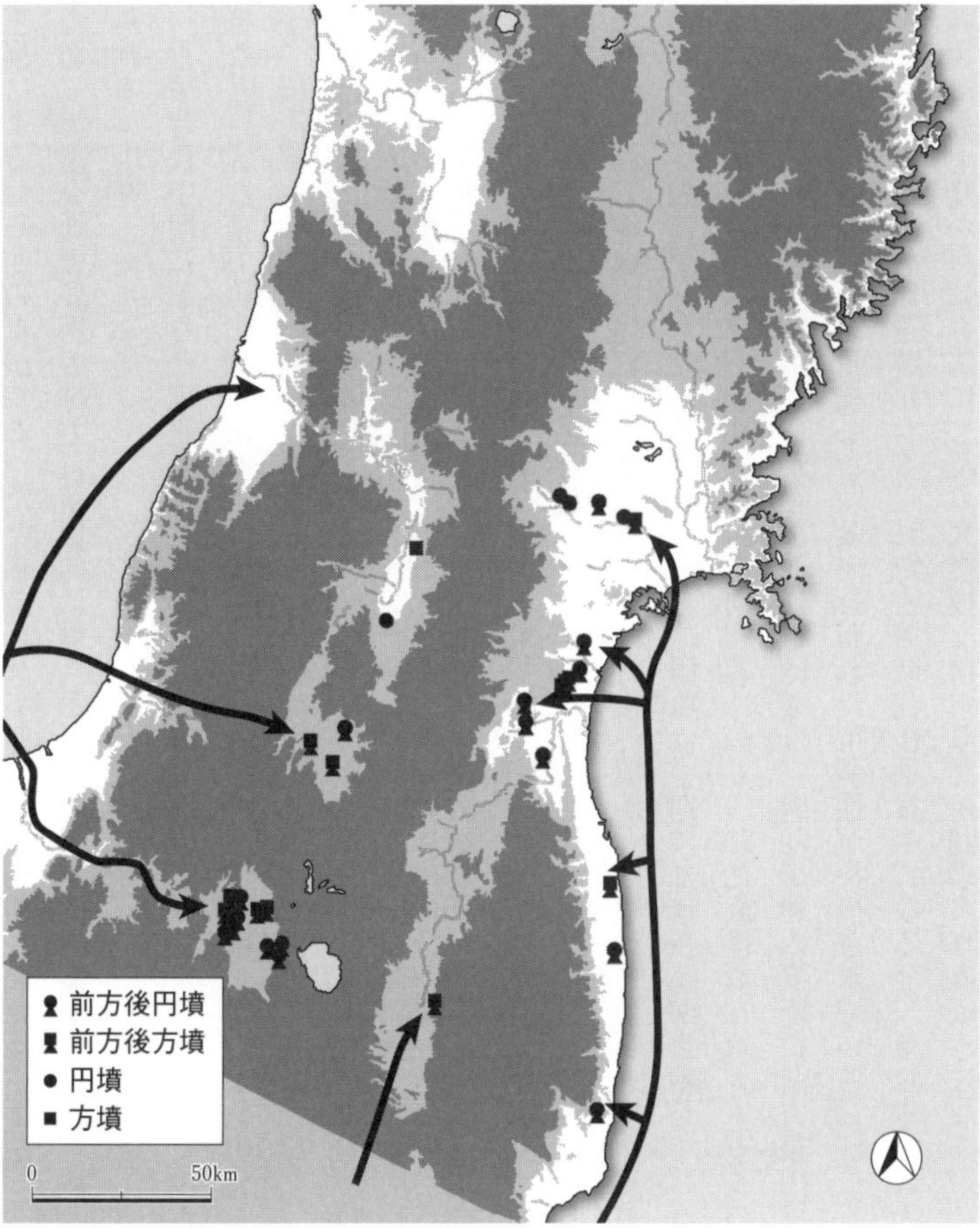

図12　東北の前期古墳の分布と経路

王権による何らかの支援があったと考えられており、誕生間もない倭王権が、その支配領域を拡大するため、海上交通の要衝の勢力に積極的に働きかけたり、王権中枢から首長を派遣したりした結果と考えられる（広瀬　二〇一九）。

古墳時代中期になると東北では、一転して前方後円墳が減少する。近畿では古市《ふるいち》古墳群や百舌鳥《もず》古墳群など巨大な前方後円墳が次々とつくられているので、倭王権の勢力が強大化していったと考えられるが、倭王権への加盟の証しである前方後円墳の築造は東北では停滞気味となり、規模も縮小している。これは、倭王権の権力が隔絶するようになったため、相対的に地域首長の力が弱体化したとする見方と、このころから倭王権が朝鮮半島への介入を強めた結果、東北への関与の度合いを弱めたと評価する見方がある（菊地　二〇一〇）。そして、再び前方後円墳の築造が活発化するのは中期後半（五世紀後半）からで、福島県中通り地域、仙台平野、大崎平野など内陸部での築造が活発化する。

全国的に見ると、古墳時代前期にそれぞれの地域で営まれた首長の墓が、中期に入ってから断絶する事例や、同じ地域に連続して築かれても前方後円墳から円墳へと墳形を変える事例が多く認められる。たとえば、先に紹介した丹後半島の前方後円墳は中期には首長墓が途絶しているし、磯浜古墳群で確認される最後の首長墓は、前期末から中期初頭につくられた直径約八八メートルの円墳である車塚古墳である。その一方で中期中ごろから後期にかけては、内陸交通の要衝に前方後円墳が認められるようになり、陸上交通の整備を重視した政策が行われた可能性が指摘されている。

それが五松山洞窟遺跡がつくられた古墳時代後期後半になると、東日本では太平洋沿岸地域を中心に総数が数十基から数百基にも及ぶ大規模な横穴墓群が認められるようになる。このころは全国的にも古墳の築造が最も活発化した時期でもあり、特に関東では前方後円墳が最も盛んに築造されるとともに、各地で中小の前方後円墳のみならず、多いものでは百数十基から数百基の古墳が密集して築かれた群集墳や横穴墓などがつくられた。

ここまで述べてきたように、古墳時代前期後半には太平洋ルートが利用された形跡が濃厚に認められるものの、中期から後期にかけては内陸ルート沿いの古墳が目立つようになり、古墳時代後期後半に再び太平洋ルートの利用が想定できるようになる。このことは、石巻において古墳時代前期の新金沼遺跡と六世紀後半から七世紀初頭の五松山洞窟遺跡で太平洋航路の利用が想定されるのに対し、その間の時期には航路利用の形跡が認められないことと共通している。

五世紀から六世紀前半にかけて、北部九州などの一部の地域を除いて海沿いの古墳の築造は停滞するが、海上交通は、倭の五王の中国外交に象徴されるように、五世紀以降は前期よりも活発化するとともに朝鮮半島や中国大陸から様々な文物がもたらされたことが知られている。

そのことからすると、前方後円墳の分布から浮かび上がるのは、海の道の利用そのものではなく、港湾を掌握した首長の倭王権内での地位の変化など、倭王権の政策的な意図を反映したものである可能性が高い。つまり、古墳から読み解くことができる海の道の利用とは、政治的なものであり、日常的な地域間交流を示すものではないといえる。海沿いにある大規模な前方後円墳は海上交通の利用を示す根拠となるが、海沿いに古墳がつくられなくなることが、ただちに海上交通の停滞を示すものではないということだ。

特に東北においては、五世紀代に築造された前方後円墳そのものが少なく、西日本との交流の痕跡を見いだすこと自体が困難であるため、ここではこれ以上の追究はひとまず止めて、次に文献史料から、主として古代の海上交通の実態を見ていく。

ただ、その前に古代の東北を考える上で欠かせないキーワード「蝦夷《えみし》」について、確認しておこう。

「蝦夷」

古代中国の中央集権の根底には、中華思想があった。中国が宇宙の中心でありその文化や思想は最も優れたものであり、中国の周囲にいる他民族はそうした文化・思想を理解できない獣や鳥に近い存在だとする。そして、他民族は中国との位置関係から東夷《とうい》、西戎《せいじゅう》、南蛮《なんばん》、北狄《ほくてき》に分けられ、これらを中華がその徳によって感化するという思想であった。倭王権も早くにこの考え方を自国に当てはめた（図13）。国家の支配領域の北方の人をエミシ（「蝦夷」「毛人」の表記があるが、以下は史料を引用する場合を除き「蝦夷」と表記）と呼び、異民族として扱った。『日本書紀』における蝦夷の初出は「景行紀」に見られる。二七年二月に北陸および東方諸国の視察を終えた武内宿禰《たけのうちのすくね》が、

> 東《あづま》の夷《ひな》の中に、日《ひ》高見国《たかみのくに》有り。其の国の人、男女《おのこめのこ》並に椎結《かみをわ》け身を文《もどろ》けて、為人《ひととなり》勇《いさ》み悍《こは》し。是を総へて蝦夷と曰《い》ふ。亦《また》土地《くに》沃壌《こ》えて広し、撃ちて取りつべし。

と報告している。ここに登場する武内宿禰自身が伝説上の人物であるので、この記事もそのまま史実とは捉えられないが、宋の昇明《しょうめい》二年（四七八）五月に倭王武が宋の順帝に送った上表文に「東に毛人《えみし》を征

すること五十五国。西に衆夷《しゅうい》を服せしむこと六十六国」とあることからすると、このころは現在の関東を含む東国の人々を毛人、すなわち蝦夷と呼んでいたようである。

斉明五年（六五九）の遣唐使は、蝦夷を連れて唐へと渡り、唐の皇帝高宗の前で蝦夷について問答をしていることが『日本書紀』斉明五年七月三日条に記されている。その発言には、明確に中華思想の影響が見られ、蝦夷を未開の異民族として語っている。遣唐使がいうには、蝦夷には三種類あり、最も近くにいて、毎年、大王を慕って都へやってくる熟《にき》蝦夷、その次が麁《あら》蝦夷、最も遠くに居るのは都加留《つがる》であり、彼らは穀物を食べず、家を建てず、樹の下に住んでいるとある。

この蝦夷の生活についての発言は事実とは異なる。発掘調査成果では、東北でも青森県馬淵《まべち》川流域などでこのころの多くの竪穴住居跡が見つかっているし、また穀物栽培が行われていることも知られている。また、青森県おいらせ町には七世紀前半から築造が始まる総数一〇八基にも及ぶ阿光坊古墳群があり、勾玉や鉄製品、須恵器など

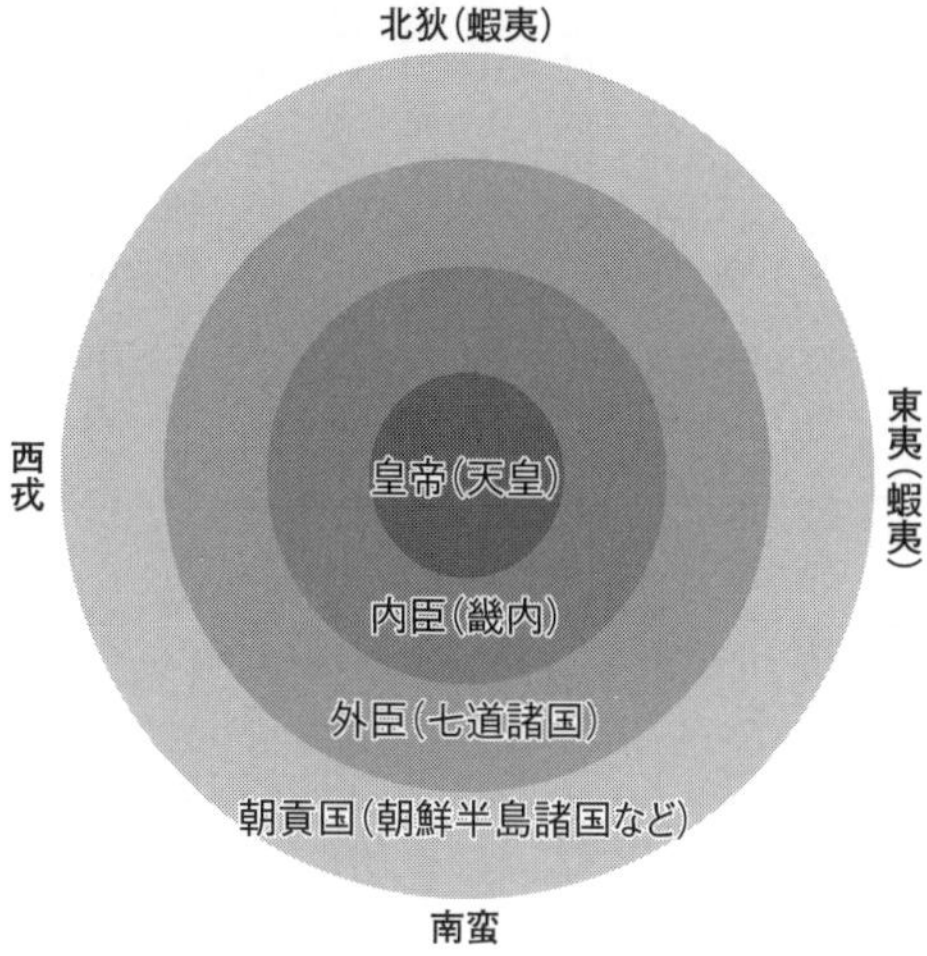

図13　中華思想概念図
蝦夷は「夷」が示すように東夷に対応するが、『続日本紀』文武元年（697）12月18条に越後の「蝦狄」の文字が見え、以降、日本海側の蝦夷を「狄」と表記する場合がいくつか認められるようになる。

の副葬品も確認されている。

使者は皇帝に事実を伝えるのではなく、辺境に異民族がいることを強調し、その一部は大王の徳を慕って都へ朝貢するなど、倭国の社会も唐と同じであると皇帝にいいたかったのであろう。この記事に限らず、文献史料に記された蝦夷像は、「未開で野蛮な異民族」であり、その実像を正しく記しているとはいえない。蝦夷は中国的な中央集権国家建設のために、時の政府により政治的・外交的な理由で「辺境の異民族」と規定された人々なのであり、彼らのことを示した記事も思想的・政治的な脚色がなされており、そのまま鵜呑みにできないのである。

『日本書紀』には、その後もしばしば蝦夷の記事が現れる。蝦夷との戦闘の記事も見られるが、それは奈良時代後半以降のような関東を中心に数万人にも及ぶ兵を動員するような大規模なものではなく、都からの遠征軍と陸奥の兵を中心としたものである。どうやら、七世紀の国家による蝦夷政策は、異民族と位置づけながらも、彼らと積極的に交流することだったようである。そして、彼らから北方の産物を得る一方、その見返りとして彼らが欲する鉄や米など様々な品を彼らに送った可能性がある。このことは太平洋航路とも関わるので改めて詳述する。

しかし、奈良時代になると様子が少し異なってくる。政府は蝦夷の住む土地にも律令制（後述）による支配を企て、その支配領域を北へと拡大していった。その政策は徹底しており、軍事と行政を担う拠点施設、城柵《じょうさく》をつくるとともに、新たな支配地の開発を帰順した蝦夷や、関東から移住させた民に行わせ、次第に律令制を根づかせていった。恭順を誓った蝦夷の有力者は、官位を与えられ官人とされ、陸奥国府である多賀城への出仕や、郡司（郡の役人）に任命され郡行政に携わることを命じられた。

この政策は奈良時代後半の光仁朝になると一層、徹底され、それが蝦夷の反発を招くことになる。事の発端は、宝亀五年（七七四）の蝦夷による桃生城《ものう》（石巻市）襲撃事件である。蝦夷がなぜ桃生城を襲撃したのか、残る史料からはよくわからない。しかし、この襲撃事件が、のちに三十八年戦争とも呼ばれるほど長期間にわたる古代国家と蝦夷の大規模な戦争の幕開けとなった。そして、蝦夷との戦争の記事の中に太平洋航路を利用した形跡がしばしば現れるのだが、それは後ほど詳しく記そう。

コラム　古代の造船技術

発掘された船

発掘調査では、しばしば船が出土する。その数は全国で二〇〇例を超え、多くは丸太を刳《く》り抜いてつくった丸木船である。縄文時代から古代のものがあり、民俗例も加えると近代まで認められている。一本の材木からつくり出された丸木船は長さ五―八メートルのものが多いが、中には一〇メートルを超えるものもある。また、複数の材を継ぎ合わせた丸木船の中には、全長二〇メートルを超えるものもあったという。出土地点は関東、中でも千葉県九十九里付近での事例が多く、次いで北陸、近畿の順となる。

弥生時代には、準構造船が出現する。構造船とは板材を組み合わせてつくった船を指すのに対し、準構造船とは丸太を刳り抜いてつくった丸木舟に、竪板や舷側板などの部材を継ぎ足して積載容量を増やしたものである。下長《しもなが》遺跡（滋賀県守山市・弥生時代）、久宝寺《きゅうほうじ》遺跡（大阪府八尾市・古墳時代）などから出土しているが、丸木船に比べて出土数は少ない。ただし、準構造船を描いた絵画やそれをモチーフとした船形埴輪が多数出土しており、古墳時代では船形埴輪が並べられた古墳の被葬者である王が乗る船もこのような形式であったと考えられる。古墳時代には朝鮮半島や中国との外交が活発化するが、このときの外洋航海も準構造船が用いられたのであろう。

また、この準構造船は後の和船にも構造が引き継がれている。海外の船が船首から船尾にかけて船

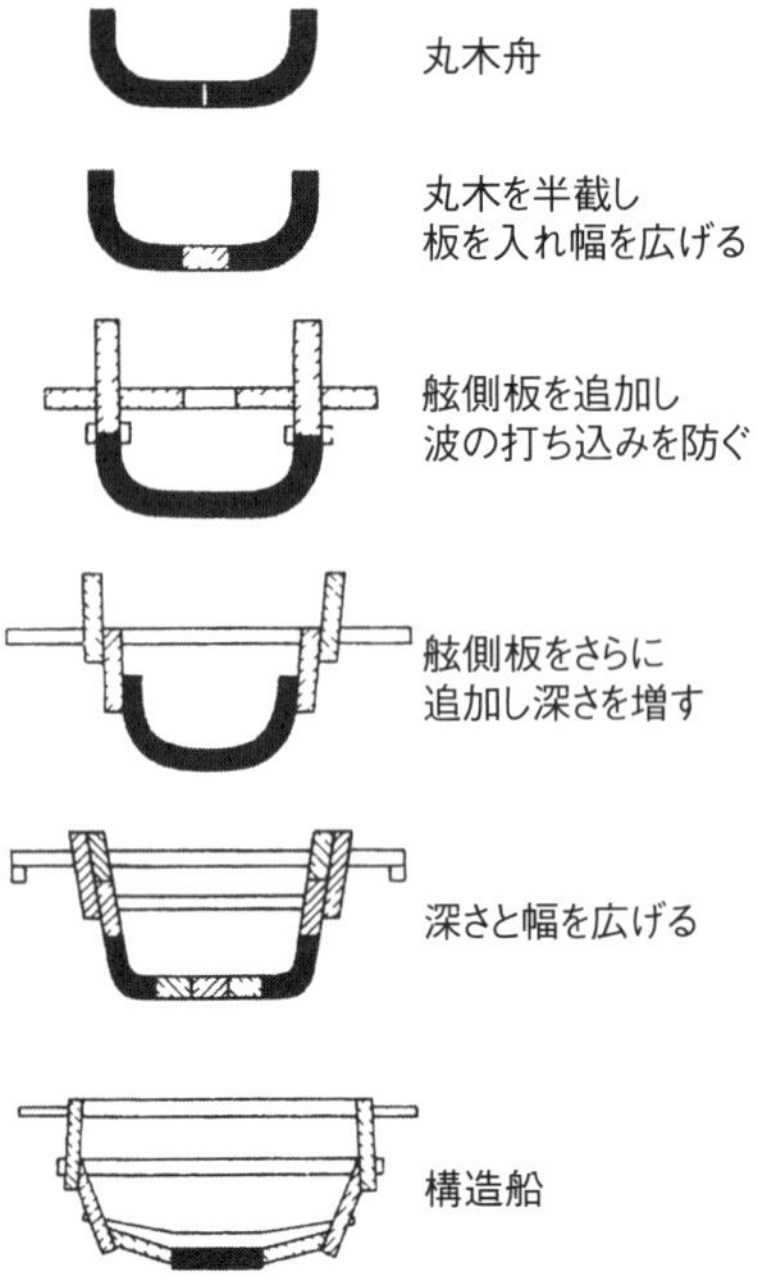

図14　船の構造（松本　1986より）

底中央を通すように配置される竜骨と、船底と両舷を形づくる湾曲した肋骨状の骨組み材である肋材《ろくざい》により船の骨格をつくり、それに板を貼り付ける構造であるのに対し、和船は船底材に船板材を継ぎ足していくという準構造船の技術を踏襲している。船底材を一本の丸太でつくる場合、当然のことながら、船の大きさは使用する木材の大きさによって制限される。それを克服して大きな船をつくるには、複数の木材をつなぎ合わせて船底材とすることになるが、強度を保つため船梁《ふなばり》で補強する必要があった。もちろん、こうした技術は単材から船底板をつくるよりはるかに高度な技術であった（**図14**）。

遣唐使船製造は国家機密？

『日本書紀』『続日本紀』には複数の造船記事が認められる。また『万葉集』にも「真熊野の船」「熊野船」「松浦船」「伊豆手の船」などが見える。これらの船の構造は不明であるが、平安時代に諸国からの税の輸送に船を用いる場合、『延喜式』では一回の輸送で米五〇斛《こく》（米の場合一斛は約七七・六リットル、約六四・五キログラム）を運べという規定があること、『日本霊異記』中巻四話に蛤五〇斛を積んだ船が見えること、『日本三代実録』貞観四年（八六二）五月二〇日条には一艘の船に積んでいた官米八〇斛が海賊に奪われたとあるように、一艘あたりの積載量は五〇−八〇斛と考えられる。

江戸時代の千石船（江戸時代の一石は一八〇リットル、米約一五〇キログラム）の大きさが、一般的に長さ約二九メートル、幅約七・五メートルであることからすると、さほど大きな船ではなく、おそらく準構造船であったと考えられる。ちなみに天平宝字五年（七六一）に藤原清河を迎えるために出立した高元度《こうげんど》が、唐から帰国する際に用いた船は、長さ八丈（約二四メートル）、乗組員三九人とある。このときの遣唐使は比較的小規模で、大規模な時は船四艘で四〇〇人もの使節団を派遣しているので、当然、船の規模もこの倍以上と考えられる。

遣唐使船は、承和五年（八三八）に博多を発した入唐僧円仁《えんにん》による『入唐求法巡礼行記《にっとうぐほうじゅんれいこうき》』、一二世紀末から一三世紀初頭の成立と考えられる『吉備《きび》大納言《だいなごん》入唐絵詞《にっとうえことば》』から、船板のほか、棚、棚板、蓋板などの部材があり、船尾中央に舵があり、船底材に多数の材を用いた構造船であった可能性がある。当時の新技術が用いられ、その規模もこれまでの船をはるかに凌駕していたようである。

先述したように日本の船は準構造船の技術が長らく用いられていたが、遣唐使船が構造船だったとすれば、その技術はなぜ継承されなかったのか疑問が残る。記録に残る遣唐使船の建造はもっぱら安芸で行われ、しかも中央から技術者が派遣されている。もしかしたら、遣唐使船の造船技術は国家により独占され、国家事業としての造船の終了とともに忘れ去られたのかもしれない。

第二章
海の道を探る手がかり
文献史料からのアプローチ

奈良県天理市東殿塚古墳出土鰭付楕円筒埴輪線刻絵画
（天理市教育委員会『西殿塚古墳・東殿塚古墳』より転載）

一　国家の誕生と海上交通

神武東征神話

さて、ここからは文献史料に見える海上交通について、その利用目的や利用した人々、そして担い手たちのことも意識して見ていこう。文献史料に記された海上交通の利用は記録を残した古代国家により取捨選択された限られた情報でもあり、そこから復元される海上交通は多くの場合、政治的に利用された海の道の一面を示すにすぎない。ただ、そこに現れる地名や登場人物の出自や行動を読み解くことにより、航路や海上交通の担い手となった人々の姿が見えてくる。まずは『日本書紀』の記事をいくつかあげよう。

ひとつめは、神武東征神話である。『日本書紀』と『古事記』とでは、内容に異同があるので以下は

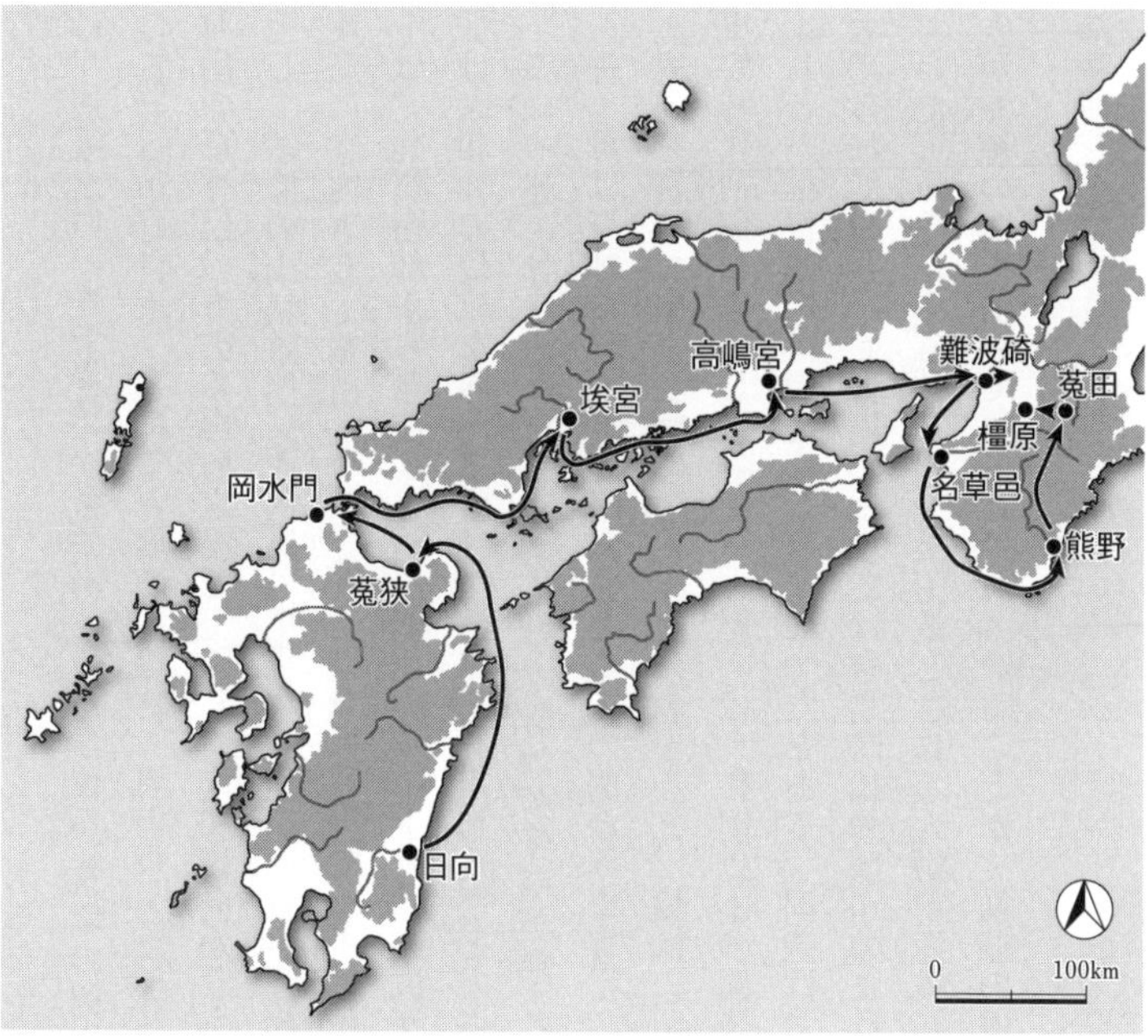

図15　神武東征ルート

『日本書紀』の記述に従って述べよう。諸王子と水軍を率いて日向を出発した磐余彦尊《いわれひこのみこと》（のちの神武天皇）は、速吸之門《はやすいなと》（豊予海峡）、筑紫の菟狭《うさ》（宇佐）、筑紫の岡水門《おかのみなと》（北九州市の遠賀川河口付近）、安芸の埃宮《えのみや》（広島県府中町付近）を経て吉備の高嶋宮《たかしまのみや》（岡山市）に至り、三年間滞在する。その後、難波碕《なにわのみさき》を経て、河内の草香邑《くさかのむら》の青雲《あおくも》の白肩之津《しらかたのつ》で上陸し、大和に向かうも長髄彦《ながすねひこ》に行く手を阻まれ、草香津まで後退。そして茅渟《ちぬ》の山城水門《やまきのみなと》（大阪府泉南市）、紀伊の名草邑《なくさのむら》（和歌山市）、狭野《さの》、熊野（新宮市）を経由し、八《や》咫烏《たがらす》に案内されて菟田下県《うだのしもつのこおり》（奈良県菟田野町）に至ったとある。ここから復元される海上交通のルートは、九州南部から難波へと至る瀬戸内ルートと、難波から熊野へ至る紀伊半島ルートであり、神武東征は大和への侵攻を除くとすべて海路を利用したこととされている（図15）。

この一連の神話で注目されるのが、磐余彦尊らが乗る船が暴風により遭難しかけた時に「吾《あ》が祖《みおや》は天神《あまつかみ》、母は海神《わたつみ》なり」と述べ自身と海との関わりを宣言し荒れる海を鎮めていることと、速吸之門で水先案内を買って出た漁師に椎根津彦《しいねつひこ》の名を与え、彼はのちに倭直《やまとのあたい》部の始祖となったと記すことである。平安時代初期に成立した「国造本紀」は大和国以下の国造の歴名《れきみょう》、本系を記した書物であるが、それによると、椎根津彦は大倭国造《やまとのくにのみやっこ》となったとある。国造は六世紀後半に倭王権により任命された地方官と考えられており、七世紀ごろまでは奈良時代の国司のように、管轄する地域で行政権や警察権を公使していた可能性がある。初代大倭国造とされる人物が漁業に従事する海人《あま》と伝えられること、磐余彦その人が海神の血を引いているとされていることが、初期の倭王権と海との深い関係を示している。

神武東征の記事の後にも、大王自身が長距離を航行した記録が相次ぐ。景行大王による熊襲《くまそ》遠征の記事には、周防の娑麼《さば》（山口県防府市）から豊前の長峡県《ながおのあがた》（福岡県行橋市付近）、碩田《おおきた》（大分市）、速見邑《はやみのむら》（宇佐市付近）を経て日向へというルートが見える。さらに仲哀大王による熊襲遠征や気長足姫《おきながたらしひめ》（神功皇后）による朝鮮半島遠征など、大王やその一族が瀬戸内航路を利用した記事は多い。これら倭王権の支配領域拡大の伝承の中に海の道の利用が現れることは、前方後円墳の分布などから、古墳時代前期に倭王権が海の道を使ってその領域を拡大した可能性があること、六世紀後半から七世紀前半にかけて海の道の利用を強く意識した形跡が認められることと併せて考えると、単なる伝説と片付けられないだろう。

大王の遠征記事の中にはしばしば海人が登場し、彼らが大王の率いる船を操船、もしくは水先案内をしていることも注目される。景行大王の遠征において海人たちを束ねていた船長が山あいの地である、倭国の菟田《うだ》の人、伊賀彦と伝えられることは、神武東征で見た海人の出身である椎根津彦が、大倭国造の祖とされていることと関係があるかもしれない。後述するが、海人の中にも王権の命により、信濃など海に面していない地域に配置された人々もいた。また「応神紀」には、応神大王の后、兄媛《えひめ》を出身地の吉備に送るため、淡路の海人八〇人を呼び寄せて水夫としたという記事がある。

「仁徳紀」は磐之姫《いわのひめ》が難波から和歌山、新宮へと船で旅したことが記されるが、この紀伊半島航路は、神武東征で見たルートと同じである。また瀬戸内海を通って九州へ向かうルートも、山陽道廻りのみならず、伊予の熟田津《にぎたつ》の石湯行宮《いわゆのかりのみや》を経由したルートも確認される。斉明七年（六六一）に斉明大王や中大兄王子ら一行が筑紫に向かったルートがそれである。

日本海ルートは斉明四年から六年（六五八―六六〇）の阿倍比羅夫《あべのひらふ》の遠征記事に現れる。このとき水軍一八〇艘を率いた比羅夫は、越から日本海を北上し渡島（北海道）へと向かい、生け捕りにしたヒグマ二頭と、ヒグマの皮七〇枚をはじめとする珍しい品々を大王に献上したとある。それに対し、太平洋岸を北上するルートは、ヤマトタケルの東征伝説として現れる。ヤマトタケルが海上を移動した範囲は三浦半島から房総半島へと向かったルートと、乗船場所は示されていないが日高見国へ到着したルートである。日高見国の場所については諸説あるが、この記事における日高見国とは北上川下流域を指していると考えられている。それに加えて、伊勢を経由したのちに焼津へと向かったルートも、「津」の文字があることからすると、海上ルートを示す可能性がある。

「斉明紀」を除くと、大王による遠征は多分に伝説的なものであるが、航路は『日本書紀』編纂段階に実際に用いられていたと考えられる。また水先案内や水夫として、海人の集団が必要に応じて編成されていたこともわかる。大王の遠征が主に西国だったため、難波から東へと向かう海路の記載がないのは残念であるが、少なくとも斉明大王の時代以前から、瀬戸内海では海上交通が活発に行われ、操船や水先案内を行う集団がいたことがわかる。では、こうした集団がどこにいたのか、王権との関わりはどのようなものだったのか、文献史料から探ってみよう。

海上輸送に携わった人々

ここでふたつめのキーワード「海人」について紹介しよう。

現在、海人（海女）といえば、素潜りで磯の貝類や海藻を採集する人をいい、志摩の海女漁が著名である。古くは漁業従事者だけでなく、製塩や航海など海に関する仕事に携わる人全般を指していた。

『万葉集』にも海人が数多く現れる（表2）。そして、彼らの中に倭王権に海産物を貢納し、航海技術をもって仕えるため編成された集団がいた。それが「海部《あまべ》」である。

「応神紀」三年一一月条に「処処の海人、訕哤《さばめ》きて命に従はず。則ち。阿曇連《あづみのむらじ》の祖大浜宿禰《おやおおはまのすくね》を遣《つかわ》して、其の訕哤を平ぐ」とあり、さらに五年八月条に「諸国に令して、海人及び山守部《やまもりべ》を定む」と、海人を海部として編成したことを記す。応神朝の出来事かどうかは議論があるものの、海人が王権に従属することとなった過程、奉仕の態勢が示されている。古墳時代後期には、倭王権への奉仕の分担体制である部《べ》民《みん》制が確立したと考えられ、このころ海部も誕生していたのだろう。ちなみに応神三年一一月条の前半に見える「訕哤」くとは、「上をそしり、訳の分からないことをいう」という意味である。これを異なる言葉を使っていたと解釈し、海人を異民族とする見方もある。弘仁六年（八一五）に成立した『新撰姓氏録』によれば、海部の訕哤を平らげた阿曇氏は海神「綿津見《わたつみ》神」の末裔とあり、そして、筑紫に綿津見神を祀る志賀海神社や阿曇郷があることから、もともとはその付近を本拠としていたが、倭王権との関わりにより中央に進出し、海部全体を統率する地位を得たと推定されている。

また『肥前国風土記』には、「此の嶋の白水郎《あま》は、容貌《かたち》、隼《はや》人に似て、恒に騎射《うまゆみ》を好み、其の言語は、俗人《くにひと》に異なり」とある。値嘉島（五島列島）の海人（白水郎）は豊富な水産資源に恵まれ、牛馬も多く蓄えていたが、その言葉や容貌が周りの人と違ったという。この海人を東南アジア系の人々とする見方もあるが、確証は得られていない。海人の中に異民族がいたかどうかは定かでないが、史料からは周囲とは異なる生活習慣や言葉をもつ人たちがいたことや、必ずしも漁業など海の仕事に専従しない海人の姿も見てとれる。

番号	海人の居住地		生業	備考
2746			漁	
2971			製塩	
3084			潜水漁	
3169	能登国		釣り	
3170	筑前国	志賀島	釣り	
3174			漁	
3177	筑前国	志賀島	海藻採集	
3205	駿河国	田子の浦	海藻採集	
3225				
3243	備後国	長門の浦	海藻採集	
3449		麻久良我		
3597	播磨国か			
3607	播磨国	藤江の浦	漁	
3609	播磨国	武庫	釣り船	
3623	備後国	長門の浦	釣り	
3627	播磨国	明石浦	漁	
3638	周防国	大島鳴門	海藻採集	
3641	周防国	熊毛の浦		
3652	筑前国	志賀島	製塩	
3653	筑前国	志賀島	釣り	
3661	筑前国か			
3664	筑前国	志賀島	漁	
3672	筑前国	志摩郡	漁	
3694	壱岐国		占い	
3863	筑前国	志賀島	対馬への米の輸送で遭難した海人を惜しむ歌	3860～3869まで志賀島の海人の歌
3876	豊前国	企救郡		海人の歌
3877	豊後国			海人の歌
3890	筑前国か		海藻採集	
3892	筑前国か		釣り船	
3899	播磨国	都努の松原	釣り	
3956	越中国	奈呉	釣り	
3993	越中国	布勢の水海		
4006	越中国	射水川河口		
4017	越中国	奈呉	釣り	
4044	越中国	奈呉	釣り	
4101	能登国	珠洲	真珠採集	
4105	能登国	珠洲	真珠採集	
4169	越中国	奈呉	真珠採集	
4202				
4218	越中国		漁	
4360	難波		漁	

番号	海人の居住地		生業	備考
5	讃岐国	安益郡	製塩	
23	伊勢国	伊良虞の島	海藻採集	
238	難波宮		網引き	
252	播磨国	明石郡	釣り	
256	淡路国	三原郡	釣り船	
278	筑前国	志賀島	海藻採集・製塩	
293	難波	大伴の御津	海藻採集	
294	難波		釣り船	
413	摂津国	須磨	製塩	
853	肥前国	松浦郡	釣り	
865	肥前国	松浦郡		853と一連
933	淡路国	野島	真珠採集	
934	淡路国	野島		933の反歌
935	淡路国	松帆	海藻採集・製塩	
938	播磨国	印南野	釣り・製塩	
947	摂津国	須磨	製塩	
999	難波	住吉	網干し	
1003	筑後国		真珠採集	
1033	志摩国		熊野船	
1063	難波			
1167			海藻採集	
1182	備後国	鞆の浦	漁	
1187		飽の浦	網引き	
1194	紀伊国	雑賀浦	漁	
1204				
1227			海藻採集	
1234			潜水漁	
1245	筑前国	志賀島	釣り船	
1246	筑前国	志賀島	製塩	
1253	近江国	大津	潜水漁	
1302			潜水漁	
1303			潜水漁	
1318			潜水漁	
1322	志摩国		真珠採集	
1669	紀伊国	三名部	釣り	
1670	紀伊国	由良の崎	釣り	
1715	近江国	楽浪郡	釣り	
1726	難波		海藻採集	
2622	筑前国	志賀島	製塩	
2742	筑前国	志賀島	製塩	
2743	近江国	比良の浦		
2744			釣り	

表2 『万葉集』に見える海人（白水郎）の居住地と生業

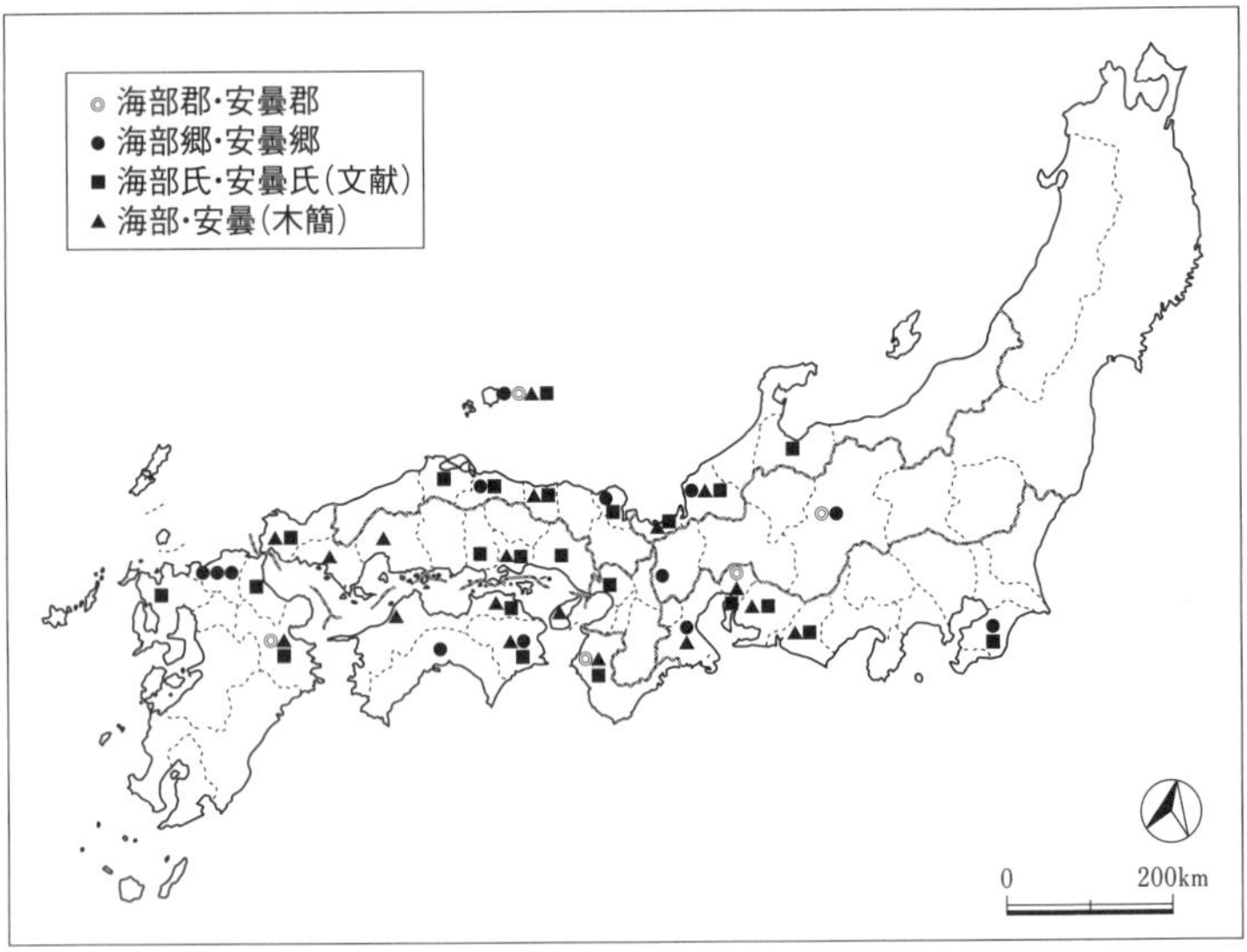

図16　海部・安曇の分布

海部の分布は文献史料のほかに「海部」「阿曇」の名が記された木簡の出土や、海人集団の居住の可能性を示す海部、阿曇評（郡）・里（郷）などの地名の分布から、ある程度、復元することができる（平安時代の郡や郷の名は源順《したごう》がまとめた漢和辞書『倭名類聚抄《わみょうるいじゅしょう》』などからわかる）。海部という地名が海人の居住と結びつくことは『豊後国風土記』海部郡の解説に「此の郡の百姓は、並、海辺の白水郎なり。因りて海部の郡といふ」とあることなどからわかる。なお、のちに海部郡となる地（津久見市、大分・佐伯・臼杵市の一部）には、古墳時代中期初頭（五世紀前半）に大型前方後円墳、亀塚古墳（全長一一六メートル、大分市）が、古墳時代中期中ごろ（五世紀中ごろ）に前方後円墳、築山古墳（全長九〇メートル、大分市）などが築かれており、これらは海人を統《す》べる首長の墓と考えられている。

海部と関わりのある氏族には阿曇氏のほか、海（部）連《むらじ》・直《あたい》・臣《おみ》・首《おびと》・公氏《きみ》や、凡海連《おおしのあま》・直氏などがある。その分布は西日本に多く、三三カ国に認められる（図16）。中には、近江国や信濃国といった内陸部で確認できる事例もあるが、おおむね海岸部に分布し、尾張・三河・丹後・因幡・出雲・隠岐国などの東海道西半と山陰道地域に海部氏の居住が特に顕著に認められる。

なお、『日本書紀』に見える海人すべてが海部に編成されたわけではない。奈良時代に主として海産物を税として納めていた志摩・伊豆・安房国には海部氏が確認できないなど、海部氏の分布は海人の分布や密度とは必ずしも合致していない。それもそのはず、海部とは倭王権が編成した「海に関わる仕事をする職能集団とそれを束ねる者」であり、王権により政治的な意図で編成されたものである。そのため、海部は倭王権が重視した瀬戸内海から朝鮮半島、中国大陸へと向かうルートである西日本に偏って認められるのである。

大王の愛船

次に瀬戸内以外の地域について見ていきたい。先に述べたように瀬戸内海以外の海上交通を直接的に示す古代の記録は乏しいが、諸国に造船を命じる記事が散見され、そこから海の道の一端を読み取ることができる。まずは『日本書紀』である。

『日本書紀』最初の造船記事は崇神一七年七月一日条である。

船は天下《あめのした》の要用《むねつもの》なり。今、海の辺の民、船無きに由りて甚《にへさ》に歩運《みちはこび》に苦ぶ。其れ諸国に令《のりごと》して、船舶を造らしめよ。

海辺の民が、船が不足しているため物資を陸路で運送せざるをえず大変困っているので諸国に船をつくることを大王が命じたという記事である。「甚」の語源は贄《にえ》（神や天皇に貢納する食物）が多いということで、それが転じて物が多くある意味となり、さらに「はなはだ」という言葉になったという。そうだとすると、この造船命令は贄の輸送をスムーズに行うためのものだったのかもしれない。

その後に現れるのは応神五年一〇月条などに見える「枯野《からの》」と名づけられた大船に関する一連の記事である。

冬十月に、伊豆国に科《ふれおほ》せて、船を造らしむ。長さ十丈。船既に成りぬ。試《こころみ》に海に浮く。便《すなは》ち軽く泛《うか》びて疾《と》く行くこと馳るが如し。故《かれ》、其の船を名けて枯野と曰ふ。

長さ一〇丈（約三〇メートル）にも及ぶ伊豆でつくられた大船を、大王はこよなく愛したようであるが、造船後二六年経った応神三一年、枯野は老朽化のため、廃船とされることになった。そのときの大王は、

官船《みやけのふね》の、枯野と名くるは、伊豆国より貢《たてまつ》れる船なり。是朽ちて用いるに堪へず。然《しか》れども久《ひさ》に官用《おほやけもの》と為りて、功《いたはり》忘るべからず。何でか其《か》の船の名を絶たずして、後葉《のちのよ》に伝ふること得む。

と述べ、枯野をどのように処分するか群臣に諮った。その結果、枯野の船材を薪にして塩を焼かせ、塩を元手に諸国に船をつくらせることになった。ちなみに製塩は海人の仕事であり、おそらく廃船処分も海人が行うことになっていたのだろう。枯野の古材により多量の塩が生みだされ、五〇〇艘もの船ができたという。これらの船は武庫川河口に集められていたが、そこにたまたま居合わせた新羅の使者の宿所から失火したため、船の多くが延焼してしまった。それを聞いた新羅王は謝罪のために木工技術者を倭国に送った。それが猪名部《いなべ》氏の祖となったという。

これらの記事から、伊豆には優れた造船技術者だけでなく、太平洋を西に向かい紀伊半島を迂回し、当時の外交窓口であった難波へと無事、船を届けることができる船乗りらがいたことがわかる。さらに、塩の製造で五〇〇艘の船が購え、新羅から木工に巧みな職人が来ることにも話がつながっていく。史実かどうかは定かでないが、対朝鮮半島外交の記事が頻出する「応神紀」に見られるということは、朝鮮半島や中国大陸との交流が活発化するに伴い、大王が外交に用いる性能のよい船を多数求めたことを示している。そして、造船は西日本だけでなく東日本でも行われていたこと、船をつくる技術者や操船技術を有する船乗りが東国にも存在したことをうかがわせる。なお猪名部氏はその名からして猪名川河口部に本拠を置いたと考えられ、そこが倭王権の造船の拠点のひとつであったと考えられる。

仁徳六二年五月条には、遠江の大井川に流れ着いた巨木を船にするために倭直吾子籠《やまとのあたいあこご》を派遣し、できあがった船を南海に航行して難波に回航させ、大王の船としたとある。繰り返しになるが倭直は神武東征で水先案内を勤めた椎根津彦を祖とする人物である。

その後は推古二六年（六一八）是歳条に見える蘇我氏の同族川辺臣《かわべのおみ》の安芸での造船記事である。安芸での造船は白雉元年（六五〇）是歳条にも見られ、ここでは倭漢直県《やまとのあやのあたいのあがた》、白髪部連鐙《しらかべのむらじあぶみ》、難波吉士胡床《なにわのきしあぐら》が派遣されている。倭漢直県とは、舒明大王による百済大寺の造営（六三九）にあたり、大匠《おおたくみ》（建築技師の総責任者）を任じられた、渡来系氏族の書《ふみ》直県のことで、難波吉士氏は主として朝鮮半島外交に携わった一族である。このとき安芸でつくられた船は朝鮮半島諸国や唐への外交使節派遣のために利用されたと考えられる。また、造船のために派遣された人物も、「仁徳紀」までは海人の系譜を引く人物であったが、推古朝以降は渡来系氏族を束ねた蘇我氏の同族や渡来系の技術者へと変化している。

このほか『日本書紀』には、次の記事がある。

・皇極元年（六四二）九月三日条　諸国に命じて船をつくらせる。
・斉明六年（六六〇）是歳条　百済救援のために駿河に命じて船をつくらせる。

後者は百済救援戦争に用いる船の建造記事である。この船は駿河から難波への回航の途中、現在の三重県明和町の祓川《はらいがわ》河口付近で突然、故障した。百済救援戦争の敗北を暗示する出来事として記録されたのだろう。

推古朝以降、対隋外交の開始とともに朝鮮半島や中国大陸との往来が活発化する。そのためには当然、多数の船舶が必要となるので、外洋航海に適した船が各地で盛んにつくられたと考えられる。これら文献史料に残された造船の記事はそのごく一部にすぎないが、中でも伊豆、遠江、駿河といった東海道諸国で造船し難波へ回航する記事は注目される。これらの国々に外洋船を建造する技術者と太平洋航路を熟知し、操船技術をもつ集団が少なくとも七世紀には存在していたことを裏付けている。そして、東海道諸国から紀伊半島を迂回し難波へと向かう海の道の存在が知られる。

軍事の船

『続日本紀』には軍事に関係する造船記事が相次ぐ。和銅二年（七〇九）七月一三日には蝦夷政策のために越前・越中・越後・佐渡国に船一〇〇艘の建設を命じ、征狄所《せいてきしょ》（出羽柵〈山形県酒田市にある城輪柵《きのわのさく》跡〉のことか）に送らせている。天平四年（七三二）八月二二日には、東海・東山・山陰・西海道諸国に対し、兵員・糧食などの運搬のために一〇〇石積の船の建造を命じている。天平宝字三年（七五九）九月一九日には新羅遠征のために北陸・山陰・山陽・南海道諸国に兵員や兵糧輸送用として、計五〇〇艘の船の建造を命じている。

遣唐使船は推古二六年以来、主として安芸で建造されており、天平宝字五年（七六一）一〇月一〇日条、宝亀二年（七七二）一一月一日条、同六年六月一九日条にも安芸での造船記事が見られるが、天平四年九月四日には近江・丹波・播磨・備中国にもその建造が命じられている。海に面していない近江・丹波国への命令は、船の建設に用いる木材の供出だろう。

また、宝亀七年（七七六）七月一四日条には、安房・上総・下総・常陸国に船五〇艘をつくらせていることが見える。これらの船は陸奥国に送られているので、蝦夷政策と関連すると考えられる。

このように『続日本紀』の造船記事はいずれも外交と軍事に関わる。造船が命じられているのは、『日本書紀』で認められる地域よりも広く、陸奥・出羽国以外は何らかの形で造船に携わっている。そして、八世紀になっても、東海道諸国でつくられた船は難波に回航されたと考えられ、この航路の利用が確認できる。

さらに、史料数こそ少ないものの、越前・越中・越後・佐渡国に造船を命じ征狄所に送っていること、陸奥国有事に備え安房・上総・下総・常陸国に造船を命じ、陸奥国（おそらく多賀城に付随する港）に送っていることは、日本海航路と少なくとも房総半島の北側から太平洋を北上する航路が存在したことを示している。

二　史料に埋もれた東北の太平洋航路

朽ちた大船

ここまで見てきたように、太平洋を北上し陸奥へと向かう航路の存在が確認できたのは、『続日本紀』宝亀七年（七七六）七月一四日条の一例のみである。しかし、少ないながらも『続日本紀』以外の史料にもこの航路の存在をうかがわせる記事がある。それらを紹介しよう。

軽野より以東の大海の浜辺に、流れ着ける大船あり。長さ一十五丈、濶《ひろ》さ一丈余、朽ち摧《くづ》れて砂に埋り、今に猶遺《なおのこ》れり。淡海の世（天智大王の時代）に、国覔《ま》ぎに遣さむとして、陸奥の国の石城《いはき》の船造《ふなつくり》に令《おお》せて、大船を作らしめしに、此《ここ》に至りて、岸に着き、即《やが》て破れきと謂ふ。

『常陸国風土記』香島郡の一節である。『常陸国風土記』の編纂開始は和銅六年（七一三）で、このころ天智大王の時代に陸奥国石城（福島県いわき市付近）でつくられた長さ約四五メートルもの大船が香島郡の浜に打ち上げられていたという。どこに向かう途中に遭難したのかは定かでないが、少なくとも石城から常陸という航路が存在したことが知られる。

太平洋航路の中でも犬吠埼沖は特に航海の難所として知られ、江戸時代中期の寛文一一年（一六七二）に河村瑞賢が幕命により外海東廻り航路を開くまでは、危険な犬吠埼沖の通過を避け、利根川河口の銚子で川船に積み換えて江戸へ運ぶ内川江戸廻りの航路が使われていた。この難破船が犬吠埼沖で遭難したならば、その目的地は常陸より南方、もしかしたら太平洋をさらに西へと向かう予定だったのかもしれない。そう考えるのは、次に紹介する記事があるからである。

ちなみにここに現れる船は、長さに対して幅（濶さ）が極端に狭いことにお気づきだろうか。このような形状は、船底材の長さと幅によって船の大きさが決定される準構造船の特徴である。長さは底板を縦に継ぎ足すことにより伸ばすことできるが、幅を広げようにも材の太さにより限界があるので、このような細長い形状になってしまうのである。

海路で多賀城へ赴く国司

平安時代初期に薬師寺の僧、景戒《けいかい》により記された『日本国現報善悪霊異記《にほんこくげんほうぜんあくりょういき》』（『日本霊異記』）に次のような話がある。

　奈良の都にひとりの高僧がいた。その僧はいつも方広経典を誦しながら一方では俗人なみの生活をし、他人に金を貸して妻子を養っていた。娘は嫁ぎ、夫の家に住んでいた。女帝称徳天皇（在位七六四―七七〇年）の御代に、その婿が陸奥国の国司の三等官に任命された。そこで舅の僧から銭二〇貫を借り、衣服をつくって、任命された国に赴いた。一年余りたって舅に返す利子は借金と同額になり、どうにか元本のみは支払ったものの、利子を支払うまでにはいかなかった。さらに年月が経ち、なおも舅は返金を責め立てた。婿は心中ひそかに舅を嫌い憎しみの心を抱き、折あったら舅を殺してやろうと思った。舅はそんなこととは知らずに、依然として平常どおりの心で請求し続けた。ある日婿は舅に「陸奥国に一緒に行ってみませんか」と誘った。舅はその言葉を聞いて行くこととし、船に乗って陸奥に渡った。婿は船頭と一緒になって悪だくみをし、舅の僧の両手両足を縛って海の中に投げ込み、任地に行き着くと妻に、「そなたの父の僧が、そなたの顔を見たいというので一緒に連れて海を渡ってきた。ところが急に海が荒れ、官船は沈み、父の高僧は溺れ流されて救い出すに手立てがなかった。ついに波に流され沈んで亡くなられた。わたくしだけがどうやら生き残ることができただけだった」と告げた（沙門の方広大乗を誦持して海に沈みて溺れざりし縁　下巻　第四より）。

　ここには陸奥国の国司として赴任する人物が海路を利用したとある。仏教説話集という性格上、史実か否かは慎重を期さねばならず、またどこからどこまで海路を利用したのかも記されていないので、これだけで都から陸奥国への航路があったとは断言できない。

　ただし、称徳天皇の時代には遠国《おんごく》（律令制による都からの距離に応じた国の等級。東山道では上野国以東が相当）の国司の赴任に海路が利用されたことがわかる事例がいくつかある。また、先述したように、天平宝字三年（七五九）には各地に船の建造命令が出ている。その内訳は北陸道八九艘、山陰道一四五艘、山陽道一六一艘、南海道一〇五艘の計五〇〇艘である。これは藤原仲麻呂が計画した新羅に対する軍事行動のためのものであり、造船は三年以内に行うよう命じられている。新羅侵攻計画は仲麻呂が失脚する天平宝字八年まで続けられるので、五〇〇艘の船の建設はそのころまでかなり進んでいたと考えられる。

加えてこの征討計画では東海道、南海道、西海道に節度使《せつどし》（奈良時代に臨時に置かれた兵の強化のために各地に派遣された武官）が派遣され、動員計画が示されている。遠江・駿河・伊豆・甲斐・相模・安房・上総・下総・常陸・上野・武蔵・下野国などの東海・東山道の一二カ国には船一五一艘・兵士一万五七〇〇人・水手七五二〇人、紀伊・阿波・讃岐・伊予・土左・播磨・美作・備前・備中・備後・安芸・周防国などの南海・山陽道の一二カ国には船一二一艘・兵士一万二五〇〇人・水手四九二〇人、筑前・筑後・肥前・肥後・豊前・豊後・日向・大隅・薩摩国などの西海道の八カ国（原文ママ）にも南海・山陽道諸国と同数の動員が求められている。

このことからすると、称徳天皇の時代には新羅遠征にも耐えうる船が国内に多数あり、これらは諸国の兵を乗せて新羅へ向かう予定だったが、新羅遠征が中止されたため、つくられた船は諸国に留め置かれていたと考えられる。そして、東海・東山道諸国でも一五一艘の船と太平洋から瀬戸内海を航海できるだけの知識と技術をもつ多数の船乗りの存在が確認されることからすると、『日本霊異記』のこの話も信憑性を帯びてくる。

のちに詳しく述べるが、奈良時代の税の運搬は基本的に陸路で、と定められていた。それが時代を経るごとに次第に変化し、いくつかの国では海上輸送が正式に認められ制度化された。その中に陸奥国は含まれていないが、陸奥国でも太平洋航路を使って、税を輸送したことを示す史料がある。
『類聚三代格《るいじゅさんだいきゃく》』公粮事《こうろうのこと》　大同五年（八一〇）五月一一日付官符である。

一、担夫《たんぷ》に運粮賃の乗を加え給うべきこと
右同前の解《げ》（東山道観察使正四位下兼行陸奥出羽按察使藤原朝臣緒嗣《おつぐ》解）にいわく、太政官去る大同元年十月十八日の符にいわく。陸奥出羽按察《あぜち》使、起請していわく「陸路の程を計り運粮の賃を給う。しかるに国司ら海の晏《やす》き隙《すき》に候《うかが》ひ時に船漕《ふなこぎ》を用いる。もし漂損《ひょうそん》あらば国司塡償し、平達を得れば賃料頗《すこぶ》る遺る。若し事覚《あらわ》れ勘問せられれば、恐らくは罪遺賃に致らん。望み請うらくは、遺賃を勘せず浮損を免すことなからんことを。といえり。右大臣宣す。勅を奉わるに請に依れ」しかるに今国内の百姓、皆運粮に疲れり。請うらくは、かの年中の漂損を補うのほか、遺るところの賃乗は担夫に加え給い、もって窮弊《きゅうへい》を済《たす》けんことを。といえり。請によれ。

この記事によると、陸奥国における税運搬の運粮賃（輸送者への賃金）は陸路を輸送する前提で支払われているが、実際に国司たちは海が穏やかな時を見計らって船で輸送することもあるという。それは馬や人が背負って税を輸送するのに比べ、船を利用したほうが一回あたりの輸送量が多いため、無事、輸送できればその分、運送費として計上されている予算が浮き、国司の懐が潤うからである。こうしたことは本来ならば違法行為であるが、もし海難事故が発生し、損失が出た場合は国司がこれを弁償することを条件に、このような運用を不正としないでほしいと記されている。陸奥国からの税の輸送について示した内容なので、利用する航路も陸奥国から太平洋を南下し、都へと向かうルートと見られる。

この要請は陸奥出羽按察使を務めていた坂上田村麻呂によるもので、それが認められ大同元年（八〇六）に官符として施行されたが、田村麻呂の後任の藤原緒嗣《おつぐ》が、漂損分を補塡した残りの運粮賃を、陸路を利用して税の運搬にあたる民の困窮を救うために、彼らに加給するよう申請し、それが認められたとある。この記事からは制度上は認められていない太平洋航路による米の輸送が黙認され、それなりの頻度で利用されていたことがわかる（永田　二〇一二）。

このように、断片的であるにせよ、東北沿岸を往来する太平洋航路の存在を示す史料がある。ただ、いずれも当時の国家が示した施策に基づくものであり、あくまでも海上交通の一端を示しているにすぎない。そのため、海の道の利用頻度や具体的な航路は不明である。

また、先に見たように西日本では、海人を編成した海部氏が海上交通の担い手となったと考えられるが、東国には海部の分布密度も低く、また海上交通に携わった人々の活動に関する記録も残されていない。そして何よりも古墳時代前期と後期に認められた太平洋の海の道の利用と奈良・平安時代に認められる海上交通は連続するものなのか、それともいったん断絶しているのか、はっきりとせず、これらの問題を明らかにするためには考古学の成果などを含めた多角的な分析が必要となる。

それを行う前になぜ、奈良時代以降の文献史料に現れる海上交通の記事が外交と軍事に限定されるのか、触れておきたい。

三　律令国家と交通政策

姿を消す海上交通

誕生間もない倭王権は海上交通を活発に利用していたようだ。ただ海の道の利用は、次第に史料に現れる数を減らすとともに、その内容も軍事と外交記事に限定され、王権中枢と地方との往来など平時の海の道を用いた長距離移動の実態はわかりにくい。

前章で述べたように、弥生時代から古墳時代前期にかけて主に日本海沿岸地域で活発な海上交通が行われていたことを示す遺跡や遺物がたくさん見つかっている。弥生時代の墳丘墓から出土する大陸由来の副葬品の数々や、古墳時代前期の巨大な前方後円墳は、海を越えた交流により力を得た王の姿をまざまざと見せつける。しかし、それが古墳時代中期になると一転して姿を消し、日本海の海の道の利用も見えなくなる（図17）。

しかし日本海における海上交通が停滞したかに見える古墳時代中期、列島規模で海の道の利用を見ると、逆に海上交通が活発化している様子がうかがわれる。鏡や馬具など、朝鮮半島や中国大陸からもたらされた品は全国各地の中小の古墳からも出土するようになる。これは、いわゆる倭の五王が中国の宋王朝などの冊封《さくほう》体制（中国皇帝が周辺諸国と君臣関係を結ぶこと）に加わったことによると考えられる。冊封体制は、実際に中国皇帝の臣下になるわけではなく形式的なものであり、中国皇帝からすれば、中

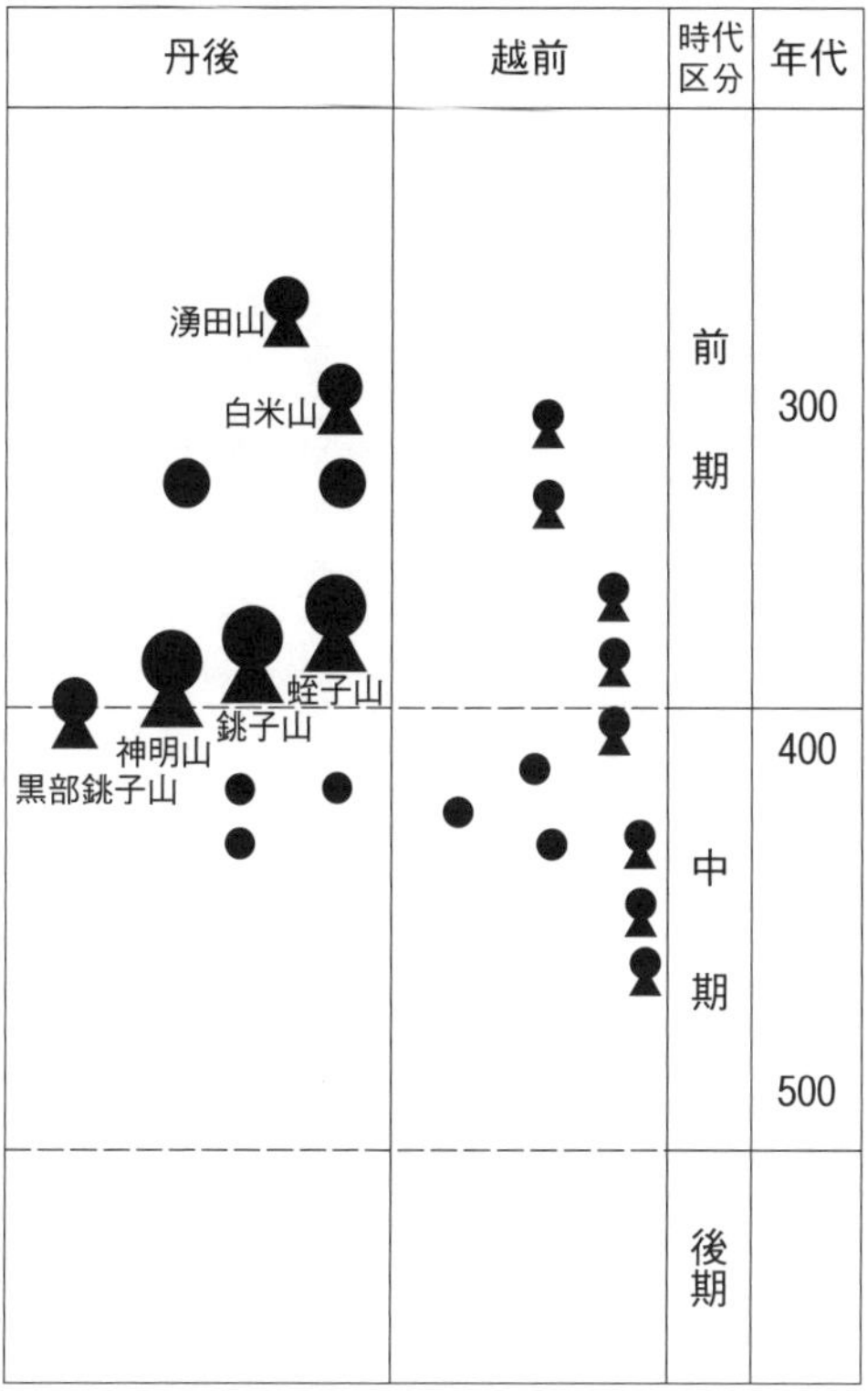

図17　丹後・越前の古墳の変遷

国の外側の多くの国を従わせることにより中華思想を具現化できるという効果があり、周辺諸国にとっては、冊封体制に入っても課せられる義務は数年に一度の朝貢だけで、自治権はそのまま保障される上、外国との戦争に及んだ際には中国に援軍を要請できること、中国へ朝貢することによって、貢物をはるかに上回る返礼品を受け取ることができるなどのメリットがあった。

倭王は中国皇帝に自らの将軍位を求めるとともに、諸豪族にも官爵を求め、与えられた位の上下関係をそのまま自国における地位にも当てはめ、大王の地位を権威づけた。また、朝貢により得られた返礼品を各地の豪族に配分することによって、もともとは諸豪族による連合政権であった倭王権内における大王の地位を確固たるものとした。これによって、大王を頂点とする倭国（『日本書紀』天武三年〈六七四〉三月条には「倭国」とあり、『旧唐書』「日本伝」の最初の記事が長安三年〈七〇三〉の遣唐使であるので、大宝元年〈七〇一〉の『大宝律令』で「日本」の国号が定められた可能性がある。本書では、大宝律令成立以前までは「倭国」と表記する）という「国家」の秩序が固まった。諸外国との交渉は国家の代表者たる大王の名のもとに行われるようになり、これまで独自に行われていた日本海沿岸の諸勢力による外交も、国家の管理下に置かれるようになったため、彼らの実力が削がれたと考えられる。そして、それが前方後円墳の停滞となって現れたのである。

倭国のように、周囲を海に囲まれた国において外交を独占するということは、船による長距離移動そのものを、国家の管理下に置くことにもつながる。同時にそれは長距離海上交通に携わっていた人たちを国家の支配下に組み込むことにもなる。先に紹介した海部の編成も、国家による遠洋航海の管理と関係していると思われる。

長距離海上交通は本書の冒頭で述べたように「知識」「技術」「道具」の三つがそろって利用可能となり、継続して利用されることで、それらの三要件が継承される。逆に、一時的にせよ、長距離海上交通が行われなくなるということは、その断絶を意味する。事実、弥生時代から古墳時代前期にかけて認められた山陰から北陸を結ぶ海の道の利用は、古墳時代中期以降、史料からも遺跡や遺物の分布からも確認しにくくなる。このように、強大な権力の誕生は、海の道の利用においても少なからぬ影響を及ぼしたと考えられる。倭王権による海上交通の管理は古墳時代中期から強まっていくと考えられるが、七世紀後半以降になると、これまで瀬戸内海を利用した都と大宰府との往来も外交使節を除くと陸路へと変化したようである。

それはなぜか。じつは、こうした陸路主体の交通政策への転換は、天智二年（六六三）の百済救援戦争の失敗、すなわち白村江《はくそんこう》の敗戦に始まる。

律令になかった海上交通

白村江の戦いで敗れた倭国は、唐・新羅連合軍の来襲に備え、国防を強化するとともに、より強い国家を目指して制度を整えた。大王を頂点に置く中央集権国家の建設のため、当時、敵国であった唐王朝の法制度を導入した。その制度が律令制度であり、それは律と呼ばれる刑法と令と呼ばれる行政法からなる。律令国家とは律令を統治の基本法とする国家のことである。

律令は天皇の権威を法的に保障し、これまでの倭国の慣例、たとえば収穫を感謝し神へ捧げる初穂を「租」に、王への服属を示す貢納物や労働奉仕を「調」「庸」「雑徭《ぞうよう》」「兵役」といった税などとして法制化し、国民の天皇への服属を確固たるものとした。また徹底した文書主義が採用され、中央から地方への命令も原則、文書でなされることになった。

倭国における最初の律令は、天智大王による「近江令」とされるが、その内容は現代に伝わっておらず、本当に制定されたか疑わしい。その後、天武朝に「飛鳥浄御原令《あすかきよみはらりょう》」が定められたようであるが、これも文書としては現存しない。現代に伝わる律令は、大宝元年（七〇一）に施行された『大宝律令』を藤原不比等らが部分的に修正して作成し、天平宝字元年（七五七）から施行された『養老律令《ようろう》』である。律一〇巻一二編、令一〇巻三〇編からなり、これが古代国家の基本法典であった。

しかし、社会の様々なルールを律一〇巻一二編、令一〇巻三〇編だけで規定することは困難である。そのため律令国家も現代の政令、省令に相当する規定を策定した。これが格《きゃく》と式である。格は原則として律令の改正や追加に関わる規定であり、式は律令の各条文の施行細則である。格式が策定される前は、天皇の命令を文書化した詔書《しょうしょ》や太政官が八省や各国の国府などの役所に宛てて発出した命令書である太政官符をはじめ、事案ごとに、その時々の状況に応じて文書が発出されていた。そのため法律の運用にあたり、バラバラに出された文書をいちいち見直し、参照するのは大変手間がかかったし、似たような事案でも異なる対応がとられた例などもあり、どれを参照すべきか戸惑うこともあった。

また、政府は律令の規定と異なる政策を行う場合でも、法改正せずに格を出して制度の矛盾を解消する方針をとった。その結果、現在にたとえるならば、法律と政令とで取り決めが異なり、しかも政令のほうが法律に優先するという、法体系としては大きな矛盾を抱えていた。

これらの問題を解消し律令国家が司法と行政を適切に行うためにとった手段のひとつが律令の解説書

の公定であった。つまり、この法律はこのように運用しなさいという取り決めを示したのである。天長一〇年（八三三）に淳和《じゅんな》天皇（在位　弘仁一四年―天長一〇年、八二三―八三三）の命により編纂された『令義解《りょうのぎげ》』である。

一方、奈良時代後半には『大宝律令』制定以降に出された格や式は膨大な数になっていた。これらの中には有効なものもあれば、すでに失効したものもあった。そのため過去に出された格や式を事案ごとに整理し、法令集「格式《きゃくしき》」としてまとめる事業が嵯峨天皇（在位　大同四年―弘仁一四年、八〇九―八二三）の命により開始される。格式編纂事業は、清和天皇、醍醐天皇の時代にも行われ、『弘仁格式』『貞観格式』『延喜格式』の三つの格式が編纂された。この三つを総称して「三代格式」という。『弘仁格式』は大宝元年（七〇一）から弘仁一〇年までの格式を、『貞観格式』は弘仁一一年から貞観一〇年（八六八）までの格式をまとめている。『延喜格式』は、貞観一一年から延喜七年（九〇七）までの格をまとめた『延喜格』とこれまでの式の中から必要なものを取捨選択して編纂した『延喜式』からなり、「三代格式」のうち唯一、完全な形で現存することから、古代の制度を研究する上で重視されている。

律令では船に関する規定は最初、存在していなかった。手本とした唐の律令にあった税運搬の水路利用に関する規定は取り入れず、公的交通は原則、陸路とした。しかし、時代を経るに従い、次第に船による税の輸送が認められるようになり、それは詔書や太政官符として発出された。その内容について知ることができる代表的な史料が『延喜式』である。

前置きが長くなるが、海上交通に係る制度について紹介する前に、ここで当時の支配体制について簡単に触れておきたい。律令国家は戸籍により国民一人ひとりの年齢、性別などを把握していた。また、全国を国―郡（『大宝律令』以前は「評」）―里（同「五十戸《さと》」、霊亀元年〈七一五〉以降は「郷」）の三段階の行政単位に区分し、国には国府が、郡には郡家《ぐうけ》という役所が置かれた。そして、国民は二〇人程度の血縁・地縁集団からなる戸に編成されていた。戸は兵役など国家が定めた労働の義務を負わせるための基礎単位でもあった（「軍防令」）。

戸は五〇戸をもって里とされ、里の有力者の中から国司により任命された里長《りちょう》（里が郷に改められると郷長）が戸の把握と監督や税の取り立てなどの行政実務、さらに不正の取り締まりなど警察としての役割を担っていた（「戸令」）。また、里の中で近接する五戸をもって「保《ほ》」とし、相互扶助と相互監視を行うこととされ、不正や逃亡が発生すれば連帯責任をとらされるとされていた。

里は郡司によって掌握された。郡司は大領《たいりょう》、少領、主計《しゅけい》、主帳《しゅちょう》の四等官からなり、いずれも政府により地元の有力者が任命された（「職員令《しきいんりょう》」）。そして郡司は郡の行政のために必要な者を一定数、地元民から任命した（郡雑任《ぐんぞうにん》）。

地方行政のために中央から派遣された官人は、国司の四等官（守《かみ》・介《すけ》・掾《じょう》・目《さかん》）と国司とともに史生《ししょう》（書記官）として地方に下向してきた者のみであり、国府で働く人の大半は地元民であった。政府は、こうした少数の官人たちに、律令の規定によって地方行政に関する強い権限（ただしこの権限は個人の裁量権ではなく、天皇や太政官の決定の実行者としての権限）を与えることによって中央集権を実現した。

四　奈良時代の陸路と海路

原則は陸路

国民は農地の配分・貸与などについて定めた「田令《でんりょう》」により、国家から口分田《くぶんでん》を与えられることとされ、その田からの収穫で生活し、国家に対し租、庸、調、雑徭《ぞうよう》という納税や労役、兵役の義務を負っていた（「田令」「賦役令《ぶやくりょう》」）。これらの税は、国民一人ひとりに課せられる人頭税であり、戸籍による国民の管理は税収の確実な確保のためのシステムでもあった。戸籍の作成は戸単位でなされた後、それを里でとりまとめ、さらに郡で編集され、国を経由して中央に提出されていた。このような戸籍制度を成り立たせるために、国家はすべての国民をその出身地である土地に縛りつけた。現在のような通信システムがない古代において、国民を管理するためには、人々の移動を制限するのが最も効果的であったからである。事実、律令制では人々の移動を許可制とし逃亡を厳しく取り締まっていた。口分田を貸し与えるということも、国民を土地に縛りつけるための政策であり、口分田を耕作させそこから糧を得るよう義務付けることによって、人々は農民となった。それは、古くから海上交通に携わってきた人々も例外ではなかった。
奈良時代後半には税の海上輸送が公認されるようになるが、その際に船を操る人々も制度上の位置づけは農民であった。一方、『続日本紀』霊亀元年（七一五）五月一四日条からは、奈良時代の初めには、すでに税の運搬を請け負う水運業者の存在が認められる。

また、海路《うみぢ》に庸を漕《ふねこ》ぐこと、輙《たやす》く惷民《たうみん》（おろかな民）に委《ゆだ》ぬ。或は已に漂失《へうしつ》し、或は多く湿損《しふそん》す。損是れ国司の先の制に順《したが》はぬ由りて致せり。今より以後、悛い改めぬ者には、節級《せちきふ》して罪科《おほ》せよ。損はるる物は、即ち国司に徴《はた》らむ。

これは、庸の運搬を水運業者に委託することを戒めた詔で、先の制は何を指すか不明であるが、庸の漂流や湿気による品質の低下はすべて国司の責任で弁償することとされている。
また、先に海上交通が国家により管理されたと述べたが、国内を航行する比較的近距離の海上交通までが管理されていたわけではない。事実、七世紀から一〇世紀にかけて、若狭湾沿岸でつくられた土師器甕が出土する遺跡が、丹後から加賀に至る沿岸地域に点在し、河川に沿って内陸部へ展開していることが確認されている。海を利用した民間レベルの人やモノの移動は国家の力が強大化した以後も行われていた形跡がある。さらに『万葉集』からは、海部が認められる地域以外にも多数の海人がいたことがわかる。ここに現れる「惷民《とうみん》」と呼ばれた人々は、伝統的な海人であるが、国家が認めていない税の海上輸送を行っているため、おろかな民と記されたのだろう。ただし、こうした人々も国の要請や自発的な意思で国が行う海上輸送に携わることがあった。『万葉集』(巻一六、三八六〇―三八六九)には、大宰府が命じた対馬への食糧輸送に自ら進んで船長として加わり、暴風雨により帰らぬ人となった志賀島の海人、荒雄《あらお》を惜しむ歌がある。先述したように、海人も律令制では農民とされたが、現実には、国や国府の命により必要に応じて海上輸送を行った。このように海人は平時は農民、必要な時に限り海人として扱われており、奈良時代前半の彼らの立場はきわめてあいまいであった。

そのことはさておき、これに見えるように、律令制度では少なくとも税の輸送は陸運とされていた。ではなぜ、律令国家は海上輸送を否定したのだろうか。この詔にあるように輸送に伴う漂失や品質低下などのリスクを避けたこともあるし、先述したように国民一人ひとりを土地に縛りつけて把握するためという事情もあったのだろう。

また、税を背負い陸路を行く人々を通過する地域の人たちに見せつけて、国家権力の強さを示すといった効果を期待したという理由、税の納期である稲の収穫後に全国各地から一斉に都に確実に税を運べるだけの海人や船の数がそろっていなかった、港湾の整備が十分ではなかったなどという理由もあろう。

おそらくこうした様々な事情から、陸路での運搬を原則としたのだろう。

公的交通としての駅制

先述したとおり律令制度の導入は、白村江の敗戦後の軍事的な緊張関係の中で行われた。そのため、反乱の勃発や天災の発生などの際の緊急通信制度とそのためシステムが整えられた。これが馬を利用し情報を伝達する制度「駅制」であり、駅制で利用すると定められた道路「駅路」が整備された。

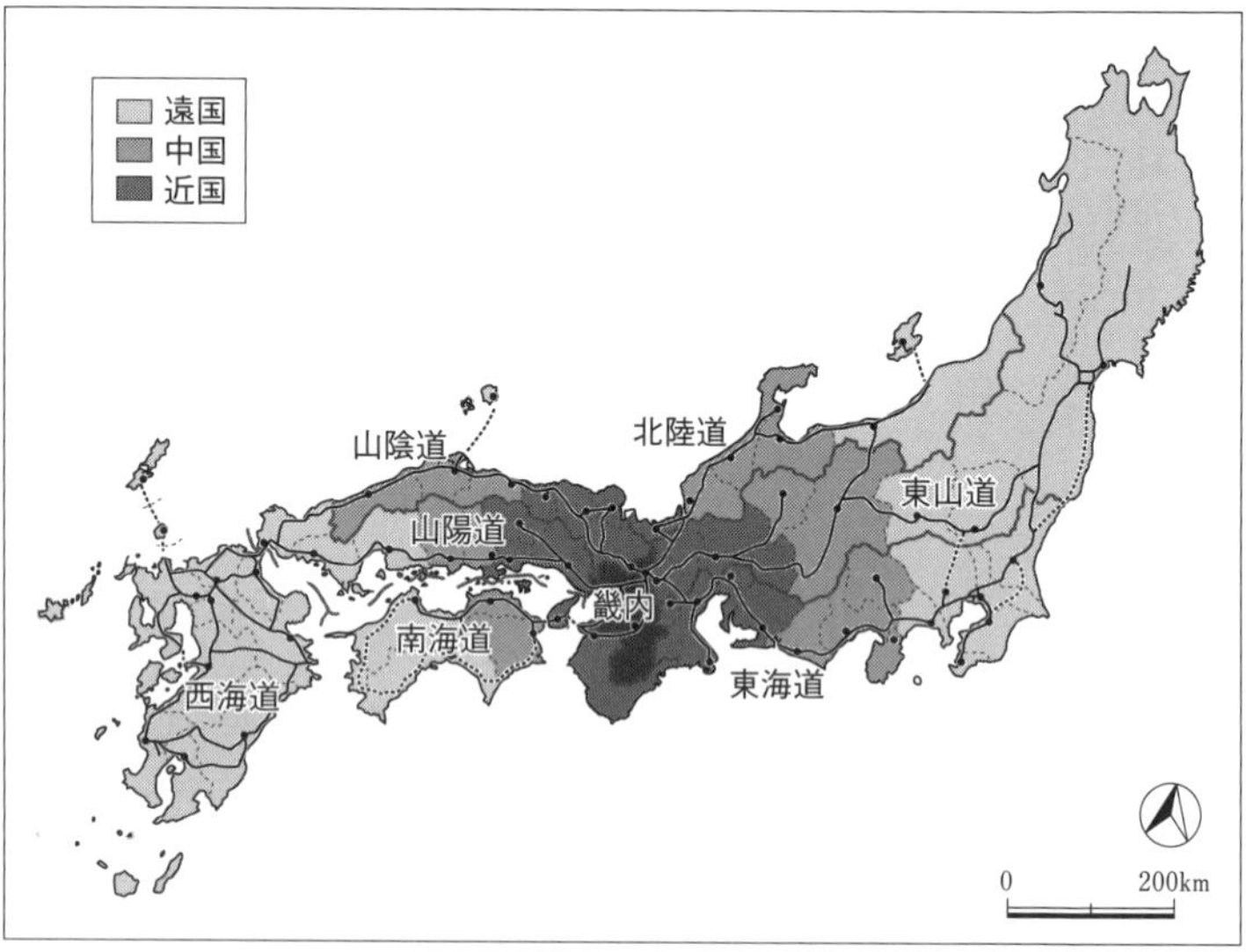

図18　平安時代の行政区分と七道駅路

駅制に関する規定は「田令」や、牛馬の飼育や所有・利用などに関する規定である「厩牧《くもく》令」、文書の様式や発出に関する規定である「公式令」にある。また、駅路は都を起点に全国に向けて張り巡らされていた。東海道、東山道、北陸道、山陰道、山陽道、南海道、西海道の七つからなり、それを総称して七道駅路という。駅路には三〇里(約一六キロメートル)ごとに、天皇や太政官、国司により任命された使者である駅使が馬を乗り換え、また休憩したり宿泊したりする施設である駅家《うまや》が置かれた。平安時代の駅家は『延喜式』にその名と置かれた馬の数が記されている。

また、駅路は全国各地で発掘されており、その特徴は道幅が一〇メートル前後、直線的に敷設されており、多少の丘陵や湿地であれば、切り通しをしたり、土を盛ったりして直進性を保っている。直線的に敷設されたため駅路は条里制という土地区画の基準線とされることも多く、現在でも地割りとしてその痕跡を留めている場合がしばしば認められる。こうした地割りや『延喜式』の駅家の名前（基本的に地名を冠している）などから、全国規模で路線復元がなされている。それによると駅路の総延長距離は約六三〇〇キロメートル、その路線構成や通過位置は現在の高速道路とよく似ていることが指摘されている（図18）。

律令国家が駅制を正式な緊急通信制度としたのは、その確実性と所要時間が短いことによる。たとえば大宰府と平城京間の約六五〇キロメートルの移動に要した時間を比較すると、駅路を軍事など真に緊急の時に用いた場合は片道五日程度であるが、海路だと短くとも一五日前後、多くの場合、三〇日程度を要している。また都から多賀城までの約八〇〇キロメートルの移動は、駅路を利用した場合は七―八日、海路はそもそも緊急通信に利用された形跡がない（近江 二〇一六）。

風や波といった自然の影響を受けやすい海上交通よりも、陸路のほうが緊急通信にはふさわしかった。また、物資の輸送は海路のほうが一度に多量に運べるので優れているが、奈良時代前半までは、駅路を用いた輸送を正規としていた。税の運搬はそれぞれの地域から選抜された二〇―六〇歳の男子が国司に率いられ、荷物を担いで都へと歩いて向かうという方式であった。納税がそれ以前の倭国の慣習である服属儀礼、すなわち王への貢ぎ物を制度化したものであるため、その運搬も納税者が行うのが当然とされていたようである。

ただし、運搬に要する経費が納税者の自前とされたため、特に復路の食糧不足で、命を失う者が多かったようである。この制度は次第に改められ、奈良時代後半になると税の運搬を請け負う業者が出現し、彼らが一定の報酬を得て運搬に携わるようになる。こうした流れは、海上輸送についても同様である。

陸の道から海の道へ

律令国家の交通は原則、陸路とされていたが、税の輸送以外の制度運用は、もう少し柔軟だったようである。たとえば、外交使節を都へ出迎えるために大宰府に派遣された文武元年（六九七）と和銅二年（七〇九）の使者は、水路、陸路双方から向かっている（表3）。また、『万葉集』には、都と筑紫間の官人の往来に海路が利用されたことを示す歌が何首かある。このことは、緊急通信や税の都への輸送など、律令国家にとって重要な事柄については、陸路の利用を強いたが、それ以外は、海路の利用に対して比較的寛容だったことを示している。そうした取り扱いがなされていたからこそ、前代からの海人たちも行き場を失わずに済んだのだろう。

そして、税の海上輸送に関する規制も八世紀中ごろを境に緩和される。天平勝宝八年（七五六）には山陽・南海諸国の舂米《つきよね》（脱穀した米）は海路で輸送するよう正式に定められる。このころになると、瀬戸内海の海上交通網は物資の輸送や外交使節の往来に利用され、それに従事する船乗りも多数いたようである。また、後述するように、『延喜式』では山陽道、南海道諸国などは、陸路を利用した場合の都への日数とは別に、海路を利用した場合の日数も定めている。このように海上交通の利用は奈良時代後半以降、律令の施行細則の中で制度化されていった。

寛平六年（八九四）七月一六日には「調物を進上する場合は駄（馬に荷物を載せて運ぶこと）を、官米の運送は船を原則とする」という方針が太政官により示される（『類聚三代格』）。すべての民が馬や船をもっていたわけではないので、これは実質、税の輸送をほぼ全面的に業者に委ねることにつながった。

年　月　日		記事
文武元年（697）	11月11日	坂本朝臣鹿田と大倭忌寸五百足を陸路から、土師宿禰大麻呂と習宜連諸国を海路から筑紫に遣わして新羅使を迎えさせる
大宝元年（701）	8月14日	河内・摂津・紀伊の諸国に天皇の行幸のために行宮を造らせるとともに、舟での行幸に備えるため舟38隻を造らせる
慶雲四年（707）	8月16日	水手らに租税負担を10年間免除する
和銅二年（709）	3月15日	陸・海両路をとって新羅使金信福らを召還する
	7月13日	越前・越中・越後・佐渡の舟100隻を征狄所に送る
霊亀元年（715）	5月14日	海路で庸を運ぶことによって漂流や品質の低下が起きた場合は国司が弁償する
天平二年（730）		大伴旅人ら、海路を利用し筑紫から京へ向かう
八年（736）	5月17日	国司が海上輸送できる品物とその量を定める
天平勝宝八年（756）	10月　7日	山陽・南海諸国の白米は海路を利用するよう命じる。ただし、美作・紀伊は対象外
天平宝字三年（759）	9月19日	北陸道諸国に89隻、山陰道諸国に145隻、山陽道諸国に161隻、南海道諸国に105隻の舟を造るよう命じる
六年（762）	8月　9日	唐人沈惟岳を送る使いは、海陸二路の都合のよいほうを利用し、ことごとく京に参入させる。水夫は自由に故郷に帰らせる
天平神護元年（765）	2月	京の米が高騰したので、西海道諸国に命じて自由に舟で米を京に運ぶことを許す
弘仁七年（816）	10月13日	帰化した新羅人180人を舟で入京させるよう大宰府に命じる
承和五年（838）	2月10日	山陽・南海道の国司に海賊討伐を命じる

表3　古代の主な海上交通

今ふうにいうならば、国の構造改革の一環として規制緩和による民間活力の導入を図ったということになるだろう。

しかし海路の利用に関するいわば規制緩和は、列島の東と西で新たな格差を生み出した。海上交通が公認されたのは、瀬戸内をはじめとする西日本諸国と北陸道諸国であり、東日本諸国は馬による輸送と定められた。そのため東国では水運業者は文献史料ではほとんど認められず、官物の運搬と安全を請け負う僦馬《しゅうば》という武装した陸上輸送業者が現れた。そして、九世紀後半には僦馬の中から群盗化し税を襲う者が現れ、時を同じくして西国では海賊が現れる。このことが源平合戦に象徴されるように、水軍力に優れた西国武士団、陸軍力に優れた東国武士団という違いを生み出すことにもつながるのだが、それはさておき、この政府の方針を機に東国の「海の道」の利用はますます謎に包まれてしまうのである。

『延喜式』に見える水運の利用

ここで『延喜式』に見える税の海上輸送についての規定を見てみよう。全国への調、庸、中男作物《ちゅうなんさくもつ》（一七歳から二〇歳の男子に、調の代わりに国家が納めさせた郷土の産物）の割り当てを定めた「主計式」には、各国から都までの輸送に要する日数が規定されている。陸路を原則としつつも、海路の日数を記している国がいくつかある（表4）。

その分布は基本的には北陸道諸国、山陽道諸国、南海道諸国である。西海道諸国は、大宰府へ税を納入するとされていたため、海上輸送についての定めは大宰府から都への輸送に関してのみである。定められた日数は、陸路の場合、荷を担いで都へ向かう往路（上り）の日数の半分の日数を復路（下り）の

			下り（日）	上り（日）	海路（日）	概算距離（km）
畿内	山城					
	大和		1			
	河内		1			
	摂津		1			
	和泉		2			
東海道	伊賀	近国	1	2		78
	伊勢	近国	2	4		82
	志摩	近国	3	6		172
	尾張	近国	4	7		143
	参河	近国	6	11		210
	遠江	中国	8	15		264
	駿河	中国	9	18		328
	伊豆	中国	11	22		390
	甲斐	中国	13	25		461
	相模	遠国	13	25		452
	武蔵	遠国	15	29		500
	安房	遠国	17	34		639
	上総	遠国	15	30		564
	下総	遠国	15	30		531
	常陸	遠国	15	30		618
東山道	近江	近国	0.5	1		24
	美濃	近国	2	4		94
	飛騨	中国	7	14		234
	信濃	中国	10	21		330
	上野	遠国	14	29		444
	下野	遠国	17	34		515
	陸奥	遠国	25	50		792
	出羽	遠国	24	47	52	1000
北陸道	若狭	近国	2	3		82
	越前	中国	4	7	6	117
	加賀	中国	6	12	8	197
	能登	中国	9	18	27	285
	越中	中国	9	17	27	270
	越後	遠国	17	34	36	410
	佐渡	遠国	17	34	49	
山陰道	丹波	近国	0.5	1		20
	丹後	近国	4	7		120
	但馬	近国	4	7		144
	因幡	近国	6	12		182
	伯耆	中国	7	13		236
	出雲	中国	8	15		306
	石見	遠国	15	29		424
	隠岐	遠国	18	35		
山陽道	播磨	近国	3	5	8	121
	美作	近国	4	7		198
	備前	中国	4	8	9	198
	備中	中国	5	9	12	212
	備後	遠国	6	11	15	270
	安芸	遠国	7	14	18	353
	周防	遠国	10	19		472
	長門	遠国	11	21	23	545
南海道	紀伊	近国	2	4	6	102
	淡路	近国	2	4	6	146
	阿波	中国	5	9	11	168
	讃岐	中国	6	12	12	227
	伊予	遠国	8	16	14	328
	土佐	遠国	18	35	25	329
西海道	筑前	遠国	1			
	筑後	遠国	1			11
	肥前	遠国	1	1		40
	肥後	遠国	1.5	3		100
	豊前	遠国	1	2		59
	豊後	遠国	2	4		122
	日向	遠国	6	12		277
	大隅	遠国	6	12		285
	薩摩	遠国	6	12		237
	壱岐	遠国			3	
	対馬	遠国			4	
	大宰府	遠国	14	27	30	650

※西海道は大宰府までの日程と距離。グレーは海路利用の規定のある国

表4 『延喜式』に見える諸国と都との往来日数

国	1斛あたりの費用	挾杪	水手	海運区間
三河	16束2把			
遠江	23束			
若狭	1升	4斗	3斗	勝野津—大津
越前	7把	40束	20束	比楽湊—敦賀津
能登	2束6把	70束	30束	加嶋津—敦賀津
越中	2束2把	70束	30束	曰理湊—敦賀津
越後	2束6把	75束	45束	蒲原津—敦賀津
佐渡	1束4把	85束	50束	国津—敦賀津
因幡	14束5把3分			
播磨	1束	18束	12束	国津—與等津
備前	1束	20束	15束	国津—與等津
備中	1束2把	23束	20束	国津—與等津
備後	1束3把	24束	20束	国津—與等津
安芸	1束3把	30束	25束	国津—與等津
周防	1束3把	40束	30束	国津—與等津
長門	1束5把	40束	30束	国津—與等津
紀伊	1束	12束	10束	国津—與等津
淡路	1束	12束	10束	国津—與等津
阿波	1束1把	14束	12束	国津—與等津
讃岐	6把3分	20束	16束	国津—與等津
伊予	1束2把	30束	25束	国津—與等津
土佐	2束	50束	30束	国津—與等津
大宰府	5束	60束	40束	博多津—難波津

表5　海上輸送の経費

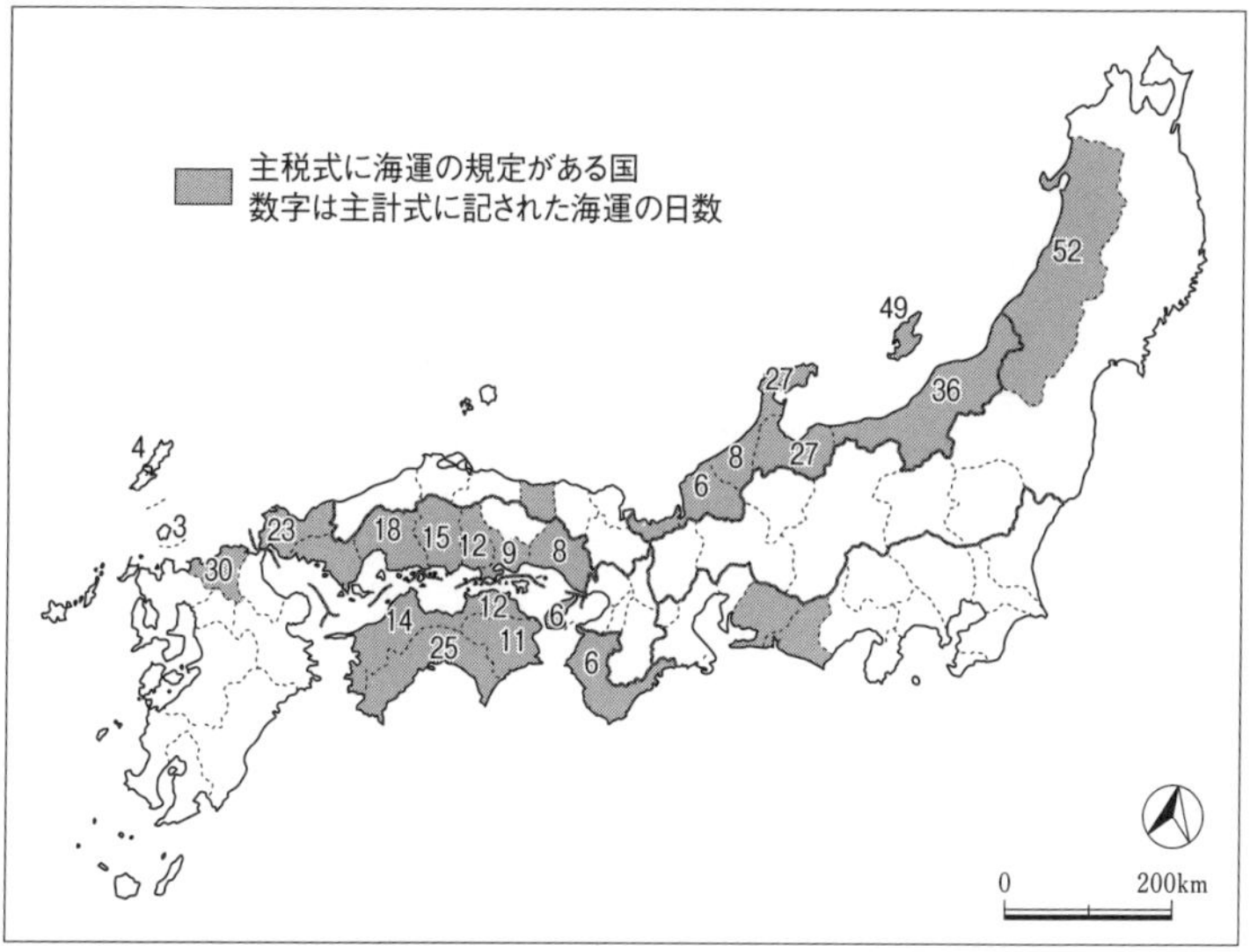

図19　延喜式に海運の規定がある国

日数と定めるなど、多分に機械的であるが、海上交通については、たとえば大宰府の場合三〇日とされており、これは通常の瀬戸内航路の移動時間と大差ないことから、ある程度、実態に即していると考えられる。

また地方財政の監察について定めた「主税式」には、いくつかの国について税を海上輸送する場合の船乗りの賃金を定めている。中には、輸送経路まで示されているものもある。たとえば山陽道諸国と南海道諸国は、それぞれの国（具体的な港の名を記さない）から與等津《よど》（淀津）までとあり、與等津から平安京までは車で輸送することとされている。この規定がある国は基本的には「主計式」で海路の日数が定められている国と重なり、船賃は一斛あたりで定められ、距離が長くなるほど高くなる。それに加えて、挾杪《かじとり》（網領《こうりょう》・船長）・水手《かこ》（運夫・船員）の賃金も与えられ、これも距離が遠くなるほど高くなっている（表5）。

しかし、これらの規定のある国は、「主計式」に海路の規定があるものと完全には一致しない。東海道諸国は「主計式」に規定はないが三河国、遠江国は「主税式」に船賃の規定がある（図19）。ただ、この両国には出発地と到着地の記載がなく、さらに船賃の記載も挾杪・水手の賃金も含めて記されるなど他国とは異なっている。一斛あたりの船賃は、三河国の場合一六束二把、遠江国の場合は二三束とされている。ちなみに備前国の場合は一斛の船賃が一束だが、挾杪の賃金は二〇束、水手は一五束、計三六束なので計算上は備前国よりも安価となる。

ただ、『延喜式』によると山陽道諸国の場合、挾杪一人に対し水手二人が五〇斛積の船一艘を操作すると定められているので、備前国の場合だと五〇斛の運搬に対し、船賃五〇束、挾杪賃金二〇束、水夫賃金三〇束で計一〇〇束。三河の場合は同様の船と仮定すると一六束二把×五〇斛で八一〇束、これは大宰府からの輸送（一斛あたり五束、挾杪賃金六〇束、水夫賃金四〇束×二人）三九〇束より高額となってしまうし、当時、稲一束は米五升と換算されているので、三河では米一斛に対し運賃が八斗一升、遠江では一斛一斗五升となり、運賃のほうが運ぶ米よりも高額になってしまう。

これについては、「民部式」や「主計式」で舂米や庸米を貢進する国が遠江国以西となっており、それ以東の国についてはそもそも米を都へ送らないので船賃について定める必要がなかったと見られているが（荒井 二〇一六）、運賃の規定の仕方そのものの違いをどう理解すべきか問題がある。このように税の海上輸送についてはわかりにくい点もある。いずれにせよ、『延喜式』に規定がないことは、規定がある国に比して税の輸送などの公的な海上交通の利用頻度が低かったことが指摘できよう。繰り返しになるが、公的な利用頻度の低さは海上交通そのものを否定しない。しかし、文献史料の乏しさは海の道の復元を困難にさせるものであり、他の海上交通路の復元とは異なる視点からのアプローチが必要となる。

その方法には、海上交通の利用に必要不可欠な港の復元、海の道を利用したと考えられる人やモノの移動記事の検討などがある。よって、次に港に焦点を当てて検討することとする。

コラム　古代瀬戸内海の海賊

海賊現る

皆さんは海賊に対してどんなイメージをもっているだろうか。多くの方には「海の略奪者」という印象があるかもしれない。実際にはどうだったのか。そして、彼らがいつ、どこに、なぜ現れたのか。

最初の海賊の記事は『続日本後紀』承和五年（八三八）二月一〇日条で、山陽・南海諸国に海賊の捕縛を命じたものである。捕縛を命じた地域からして瀬戸内海に海賊がいたことがわかる。この記事を皮切りに海賊の記事は次第に増加していく。

貞観四年（八六二）には税である官米を積んだ船が海賊に奪われ、乗組員が殺害される事件が発生し、同八年には、海賊捕縛令が出された。しかし再び賊党が蜂起して略奪がやまないので国司に捕縛に努めるよう再度、指示が出された。翌年にも繰り返し海賊捕縛令が出され、元慶五年（八八一）には、海賊捕縛のため紀貞城《さだき》らが派遣されている。

このように九世紀後半、突如として海賊による税の略奪の記事が増える。これは税の海上輸送が認められたことと関係している。多量の物資を積む船の往来が活発化すれば、それを襲う者も出てくるのは当然で、この時期、陸路の運搬においても僦馬による略奪が報告されている。

こうした海賊の発生には裏がある。八世紀後半以降、中央の貴族や寺院による土地の私有化が進み、瀬戸内でも島や浜の占有が進んだ。これは塩生産の大規模化に関わるもので、海辺で生活していた人が土地を追い出され、行き場を失い海賊化したのである。『日本後紀』延暦一八年（七九九）一一月一四日条には、備前国児島郡の百姓はもともと製塩により調庸を負担してきたが、権勢家や有力者が進出し、山、野、浜、島を独占し民の暮らしを妨害しているとある。結果、富める者はますます栄え、弱い者は疲弊していく一方であったという。製塩は海人の仕事のひとつであることからすると、土地を追われた彼らが海賊化したのも当然の成り行きだったのだろう。

このように、海運の活発化と社会不安とが海賊を生み出したのである。

ただ、海賊による税の略奪がすべて事実であったとは限らない。当時の税の輸送業者は相応の運送料を手にすることができたが、もし輸送に失敗すれば失った税を自ら補塡することとされていた。輸送者にとって大損失であるだけでなく、税の輸送の最高責任者である国司も失点とされるため、海賊に奪われたと主張する場合もあっただろう。それは、天候の急変と海賊被害については不可抗力とされ補塡の義務が免除されていたからである。

またこのころになると律令制度が弛緩し、官人の不正が相次いでいる。これは税の納入を逃れるためであったり、ライバルを蹴落としたり、また自らの失策を隠すために行われたりした。その最も苛烈なものは、税を納めた正倉に放火する事件である。当初、神火という不審火であると報告されていた火災の多くが、郡司の税横領を隠す目的や、政治批判のための放火であると後に判明している。海賊もこうした不安定な時代の中で生まれた。

藤原純友

古代の海賊の中では藤原純友《すみとも》が最も著名である。彼はもともと海賊を討伐する側にあった。純友は承平二年（九三二）に従兄弟である藤原元名《もとな》が伊予守に着任した時、伊予国司のナンバー3である伊予掾になったと考えられている。瀬戸内海で再び海賊の活動が活発化した時期である。当時、地域社会は不安な要素を数多く抱えていた。純友が瀬戸内で反乱を起こしたころ、のちに坂東諸国を武力で席巻することになる平将門は叔父たちと領地を巡る骨肉の争いに突入しつつあった。

また一〇世紀には、律令制による税制は破綻し、国を統治するはずの国司は、国家から求められる一定の税を確実に納入することにより、地方行政に関して大きな裁量権が与えられる受領《ずりょう》へと変質した。そして、農民の中でも経済的に成長した者たちはその富をもって、国司や中央貴族と結びついていった。加えて任期を終えた国司の中には都に帰らず地方に土着し、中央政界との人脈を背景に地方豪族と中央の有力者との仲介役となるなどして、地方における権威を高めていくなど社会は大きく様変わりしていた。このような中で、社会からはみ出した人々や海での活動に活路を見いだした人々が海賊化した。

ではなぜ、海賊を取り締まる側の純友が海賊化したのだろうか。それはこのころの反乱に対する国家の対応方針にも要因がある。九世紀前半までの国家は、反乱を武力で鎮圧していた。それが可能だったのは、国家が戸籍で国民一人ひとりを把握していたからである。しかし、律令制度が有名無実化すると、戸籍が捏造され、兵役を課す人を把握できなくなり、大規模な軍隊編制が困難となった。

軍事力で反乱者を圧倒することができないとなれば、選択できる方法は、相手と交渉し、慰撫することに限られる。事実、海賊が跋扈《ばっこ》する中、承平六年（九三六）に伊予守となった紀淑人《よしと》は「寛仁」をもって海賊たちを慰留し、投降させたという。投降した海賊に田畑を与え農民としたとあるように、生活の必要上、やむなく海賊行為を行っていた者には、そうした対応は有効だった。海賊を征討する立場にあったころの純友はおそらく、海賊側との交渉役を担ったのであろう。しかし、それは成功すればするほど海賊側との間に信頼関係を築かせ、彼らの主張を無視できない立場に追い込まれてしまうことにもなる。

天慶二年（九三九）、備前介藤原子高《さねたか》と、純友とも親しく備前国に土着していた藤原文元《ふみもと》との争いに介入した純友は子高を殺害してしまう。国司殺害は国家反逆と見なされるため、これをもって純友は反乱者となった。その後、彼は瀬戸内海の海賊を率い各地の国府を襲うが、天慶四年六月に伊予国で息子ともども討ち取られ、その首は都に送られた。

平安時代の瀬戸内海には複数の海賊がいたが、中には社会の大きな変動で行き場を失った者たちが多く含まれており、彼らをとりまとめたのは、反政府的な意識をもった官人であった。この時期の海賊はただ欲するままに略奪を繰り返す存在ではなく、政治的な思想があったと考えられる。

水軍領主の出現

純友の乱が鎮圧されたからといって、海賊の活動がなくなったわけではない。律令制の崩壊による社会秩序の変化は、新たな海賊を次々と生み出した。一二世紀前半には平清盛の父、忠盛による海賊

図20　来島城跡から瀬戸内海を望む
村上海賊の一派、来島村上家の本城。わずか4万平方メートルで、標高47メートルの山頂部に城が築かれている。島の周囲の海流は激しく、しかも時間により流れの方向を変える。海流の知識と操船技術がなければ船で近づくことは困難である（写真・著者）。

追捕の記事が散見されるようになる。忠盛は捕らえた海賊を自らの家人として組織化する。このころの海賊は瀬戸内海沿岸の領主によって組織化されており、物資の輸送などに携わる傍ら、略奪行為を行っていたようである。

忠盛は海賊の組織化を進めつつ日宋貿易に積極的に関与し、それにより手にした豪華な舶来品を院やその近臣に献上することにより、朝廷内での地位を次第に高めていく。それを受け継いだ清盛は、瀬戸内海の港湾を整備し、博多に新たな港を築くなどして日宋貿易への関与をさらに強めていき、これが平家の経済基盤となった。また、清盛は南方航路にも関心をもっており、南方交易の港である坊津《ぼうのつ》（鹿児島県霧島市）と関わりの深い大隅正八幡宮《おおすみしょうはちまんぐう》の社家《しゃけ》桑畑氏とも交流があった。清盛は日宋貿易だけでなく、西日本全体さらには奄美、琉球をも視野に入れた一大交易圏の構築を目指していたようである。

平家が組織した沿岸部の領主層も次第に力を蓄え、大規模な水軍を仕立てるようになる。松浦党や熊野海賊、村上海賊といった勢力がそれだ。複雑な潮の流れを熟知し、高度な操船技術を身につけた彼らは、海上輸送や水先案内などを行った。時には平家の命を受け、従わない領主を攻撃するなど、軍事的な活動も行った（図20）。

彼らは源平合戦において大きな役割を果たす。阿波国の民部大夫重能《しげよし》ら瀬戸内海の水軍を味方につけ、寿永二年（一一八三）七月の都落ち後も根強く抵抗を繰り返していた平家だったが、元暦二年（一一八五）三月二四日の壇ノ浦合戦で、源氏方による平家側の水軍の切り崩しが功を奏し、その多くが去ってしまった。平家が松浦党百余艘、山鹿《やまが》秀遠《ひでとお》三百余艘、平家水軍百余艘で壇ノ浦の最終決戦に臨んだのに対し、源氏方には摂津国の渡辺水軍、伊予国の河野水軍、紀伊国の熊野水軍の八四〇艘が集結した。源平の戦いを最終的に決定づけたのは、水軍力の差であった。

海賊と東日本

古代の海賊の記事は瀬戸内海に限定される。しかし記録がないからといって、瀬戸内以外に海賊がいなかった証拠にはならない。ただ、本文でも述べたとおり、当時の税の海上輸送は主として西国で行われていたので、陸上輸送を原則とした東国では海上における税の強奪事件そのものが、ほぼ起こりえなかったと考えられる。

時代はかなり下るが、ここで戦国大名が率いる水軍を見てみよう。東日本で大規模な水軍を率いていたのは里見氏、北条氏で、里見氏の水軍は安西氏、正木氏、吉田氏、向井氏といった房総半島の領主層であるが、北条氏の水軍の主力は伊豆国の山本氏と紀伊国から招かれた梶原氏であった。また、今川氏の領地を得たことにより編成された武田水軍も、今川水軍を率いた間宮氏、岡部氏らと志摩国から招いた小浜氏らによって構成されていた。

東日本にも房総半島と伊豆半島に伝統的な海上勢力が存在したが、それは北条氏や武田氏などの大名の水軍としては規模が小さかったため、紀伊国や志摩国などの勢力に要請し、水軍力を整えざるをえなかったことを示している。しかし、逆の見方をすれば房総半島と伊豆半島には規模は小さいとはいえ、瀬戸内海の海上勢力と同質の集団がいたことがわかる。応神五年の伊豆への造船命令や古代の海部なども含めて考えれば、海人の伝統が戦国期まで脈々と受け継がれていたのかもしれない。

なお、紀伊国や志摩国は太平洋の海上交通の要であり、そこには瀬戸内海や太平洋航路を知り尽くした集団がいたようである。薩摩藩が江戸時代後期から明治時代にまとめた古文書集『旧記雑録《きゅうきざつろく》』前編に収められた「渋谷重興《しげおき》軍忠《ぐんちゅう》状写」によれば貞和三年（一三四七）に、薩摩国の浜崎城や東福寺城を熊野海賊以下、数千人が海と陸から襲ったとある。また、文久三年（一八六三）中津湊から江戸への年貢米輸送船の監視役を果たした豊後国日田の農民である富右衛門《とうえもん》の道中日記によると、伊勢安《あ》乗《のり》湊（三重県志摩市）から浦賀（神奈川県横須賀市）までの所要日数はわずか一日であったことが知られる。こうした海上交通の担い手となった集団の起源が古代以前までさかのぼる可能性は十分に考えられ、彼らが太平洋の海の道の主役であったことは疑いなかろう。

第三章
太平洋航路を復元する
寄港地はどこか

奈良県天理市東殿塚古墳出土鰭付楕円筒埴輪線刻絵画
(天理市教育委員会『西殿塚古墳・東殿塚古墳』より転載)

一　記された港

瀬戸内の港と航路

潮の流れや風の影響を大きく受ける航海において、長距離ならば寄港地の確保は必要不可欠である。極論すれば、寄港地にふさわしい条件を満たす地形が沿岸部にどの程度の間隔でどれほどあるかが、その航路の利用を決定する。

では、寄港地にはどのような条件が必要か。文献史料や発掘調査成果から推定してみよう。まず、豊富な文献史料が残る瀬戸内航路を見ていくこととする。瀬戸内海の港はしばしばその名が史料に登場し、そのうちいくつかは現在に残る地名から、およその場所がわかり、その地理的条件や周囲の遺跡の状況から、古代の港の条件のいくつかが見えてくる。

図21　瀬戸内海航路と主な港
行基五泊は延喜14年（914）、三善清行が醍醐天皇に提出した政治意見書「意見封事十二箇条」に見える。その起点となる河尻泊が整備されるのは延暦4年（785）以降であるので、8世紀後半以降に瀬戸内海において大規模な港湾整備がなされた可能性がある。なお、先の意見書には港湾の荒廃が記されている。

瀬戸内航路が最も具体的にわかる史料は、『万葉集』巻一五に採録された天平八年（七三六）六月に難波を出発した遣新羅使が詠んだ歌の題詞である。巻一五の一四五首はすべてこの遣新羅使に関わるもので、三六一二番以下には瀬戸内海の寄港地の場所が記されるものもある（図21）。

確認できる寄港地は武庫の浦（武庫川河口付近か）、玉の浦（岡山県倉敷市玉島か）、神島の磯廻《いそみ》の浦（岡山県笠岡市か広島県福山市）、備後国水調《みずき》郡長井《ながい》浦《うら》（広島県三原市糸崎港）、安芸国豊田《とよだ》郡風速浦《かぜはやうら》（広島県竹原市）、安芸国安芸郡長門島（広島県倉橋島）、周防国熊毛《くまげ》郡熊毛浦（室津半島の西海岸か）であり、このとき一行は熊毛浦を出航した後に周防国佐婆海《さばのうみ》で漂流し豊前国下毛《しもげ》郡分間《わくま》浦（大分県中津市）に寄港、七月初旬に大宰府に到着している。

現在地に比定されている長井浦、風速浦、長門島、熊毛浦は周囲を島によって囲まれ外洋と隔てられているため、風の影響が少なく海流が比較的ゆるやかな場所であることが共通している（海上保安庁「第六二二三号　広島湾及安芸灘潮流図」）。また、熊毛浦と推定されている室津半島周辺には柳井茶臼山古墳《やないちゃうすやまこふん》・神花山古墳《じんかやまこふん》・白鳥古墳《しらとりこふん》があることから、海上交通の要衝をおさえる豪族がかつて存在したと推定され、その港湾をその後も使用したと考えられる。他の三つは古墳時代の遺跡はなく律令制導入以後に新たに整備した港であったと想定される（図22・図23）。

瀬戸内海沿岸に新旧の港があることは、行基が開いたとされる五つの港（行基五泊）からもうかがわれる。行基五泊とは、東から河尻（淀川河口の地）、摂津大輪田泊（神戸付近）、魚住泊（兵庫県明石市）、

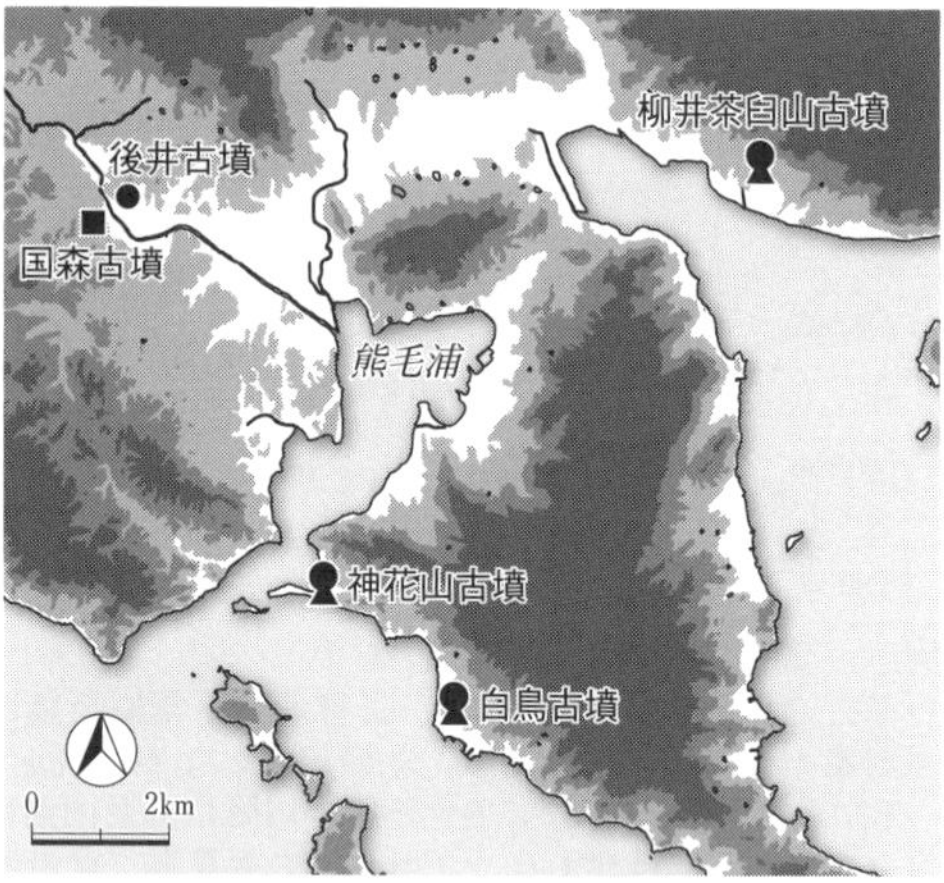

図22　柳井茶臼山古墳と港
かながわ考古学財団によると海上交通と密接に関わりが指摘できる海浜型前方後円墳は全国に186あり、そのうち前期古墳は109、中期は38、後期は37であり、前期に最も目立つことがわかる（かながわ考古学財団　2015）。

図23　柳井茶臼山古墳から見た瀬戸内海（写真・著者）

韓泊《から》（加古川河口か）、播磨茶生泊《むろう》（兵庫県たつの市室津）である。その間隔はほぼ一日分の航路にあたる。行基が開いたか否かは定かではないが、これらはもともと港にふさわしい場所を利用したというよりも、航海の安全のために一日の航行距離をもとに人工的に開いた港なのだろう。

このうち茶生泊は霊亀元年（七一五）前後に成立したとされる『播磨国風土記』に「室原泊」の名で見え、風を防ぐ地形にちなんでこの名がついたとある。周辺に古墳時代の遺跡はなく、後背の平野面積も狭いなど、先の熊毛浦とは様子が異なる。さらに水深は深い。こうした状況は魚住泊と類似している。また、河尻、韓泊は大河の河口部にあたる。行基五泊は先に見た遣新羅使が寄港した港とは立地条件がやや異なっており、その利用も主に平安時代以降に認められることからすると、これらは平安時代に外洋船の寄港地として整備された港と考えられる。

このほか、瀬戸内航路に利用された港として各種の史料にその名が見える娑麼《さば》（山口県防府市佐波）、豊浦津（下関市長府）などは、外洋と港とを隔てる島がないが、周辺海域の海流は安定している。そして、豊浦津は航海の難所である関門海峡の入り口付近に位置しており長門国府推定地に近接する。娑麼は周防地域を代表する良港であり、古墳時代の遺跡の密度も高く周防国府・国分寺に近接する。また、幕末に長州藩の海軍局が置かれた三田尻と同所と考えられている。

港湾の条件は周囲を島で囲まれるなど、その地形的な条件により風や海流の影響を受けにくいことがあげられる。また、『万葉集』などに見える「水門」の多くは河川の河口部にあたり、規模にもよるが、それも寄港地に加えることができよう。なお、寄港地は整備時期に差があり、時代を経るごとに一定の間隔で整備されるようになったと考えられる（石村　二〇一七）。つまり、瀬戸内海には古墳の立地などから推定される伝統的な港湾、古代になってから整備される国府などに近接する港湾、さらにこうした施設の有無とは関係なく、安全な航海のために平安時代以降に整備された港湾の三者があったと考えられる。

国府津

先述したように『延喜式』「主税式」には山陽道、南海道諸国から都へ税を運ぶ際の船賃の規定があるが、その出発地と考えられるのが、国府に付随する国府津である。国府津といえば、JR東海道線の国府津駅を思い浮かべる方も多いだろうが、その名は相模国府の港があったことに由来する。相模国府は何度か移転を繰り返したようで、『倭名類聚抄』では大住郡（平塚市稲荷前A遺跡）、鎌倉時代初期成立の『伊呂波字類抄《いろはじるいしょう》』には余綾郡《よろぎ》（大磯町国府）とあるが、現在の国府津駅は余綾郡と足下郡《あしがらしも》の境界付近の足下郡側にある。

山陽道、南海道諸国にも国府津はあった。瀬戸内海沿岸でその実態が最も知られているのが讃岐国府の津である。国府津と国府はともに坂出市にあった。現在の坂出港は埋め立てにより瀬戸内海に張り出した工業地帯となっているが、古代には湾がかなり内陸に入り込んでいたようで、波静かな内海であった。仁和二年（八八六）から寛平二年（八九〇）にかけて讃岐国司を務めた菅原道真の漢詩集『菅家文草《かんけぶんそう》』によると、国府津の近くに津頭客館（松山館）という国府の関連施設があったことが知られる。文字どおり、津の近くに置かれた迎賓館である。また国府津と国府中心部とは、直線道路で結ばれていた（図24）。江戸時代に馬指し大貫と呼ばれた道がそれである。

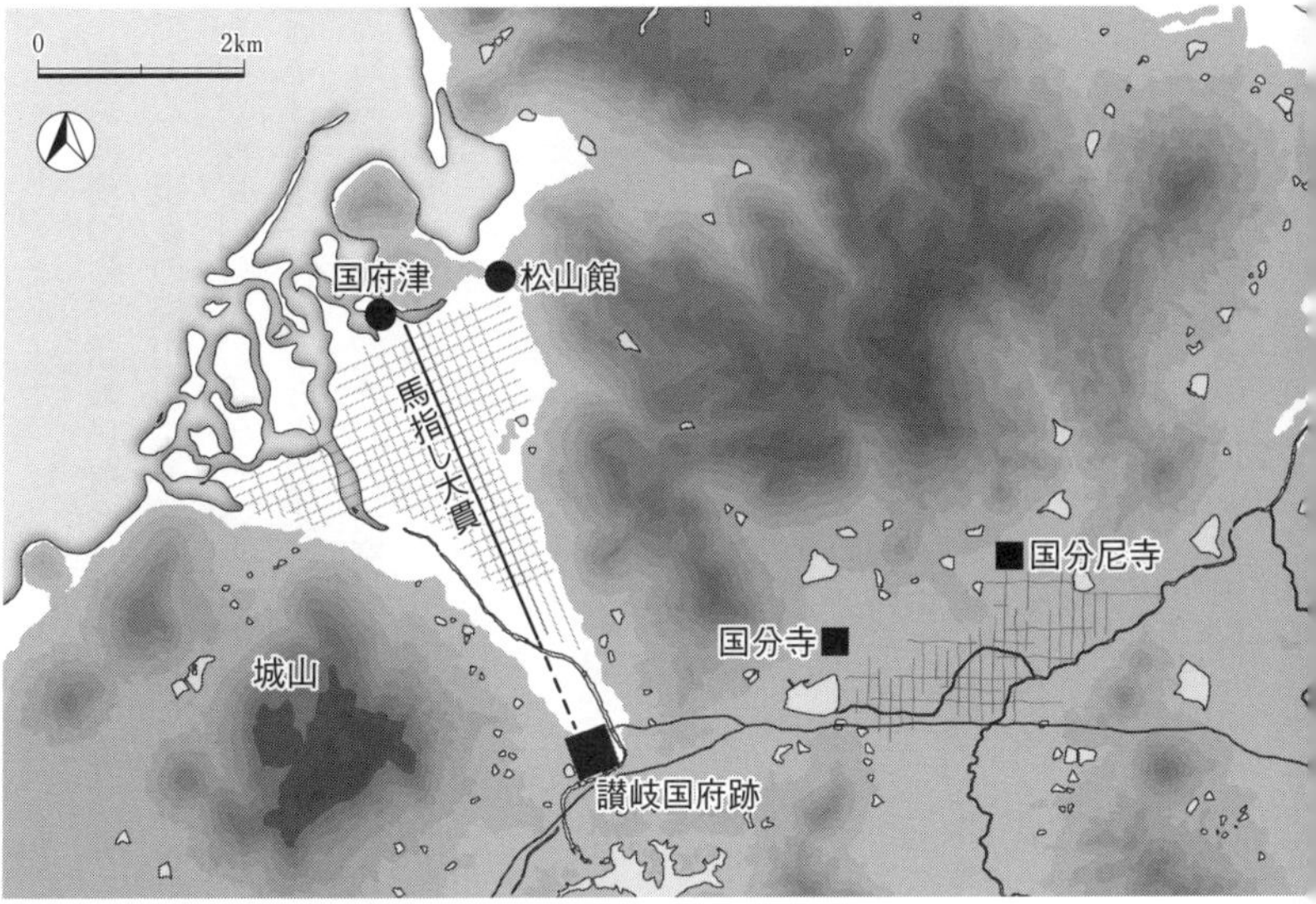

図24　讃岐国府跡と周辺の施設

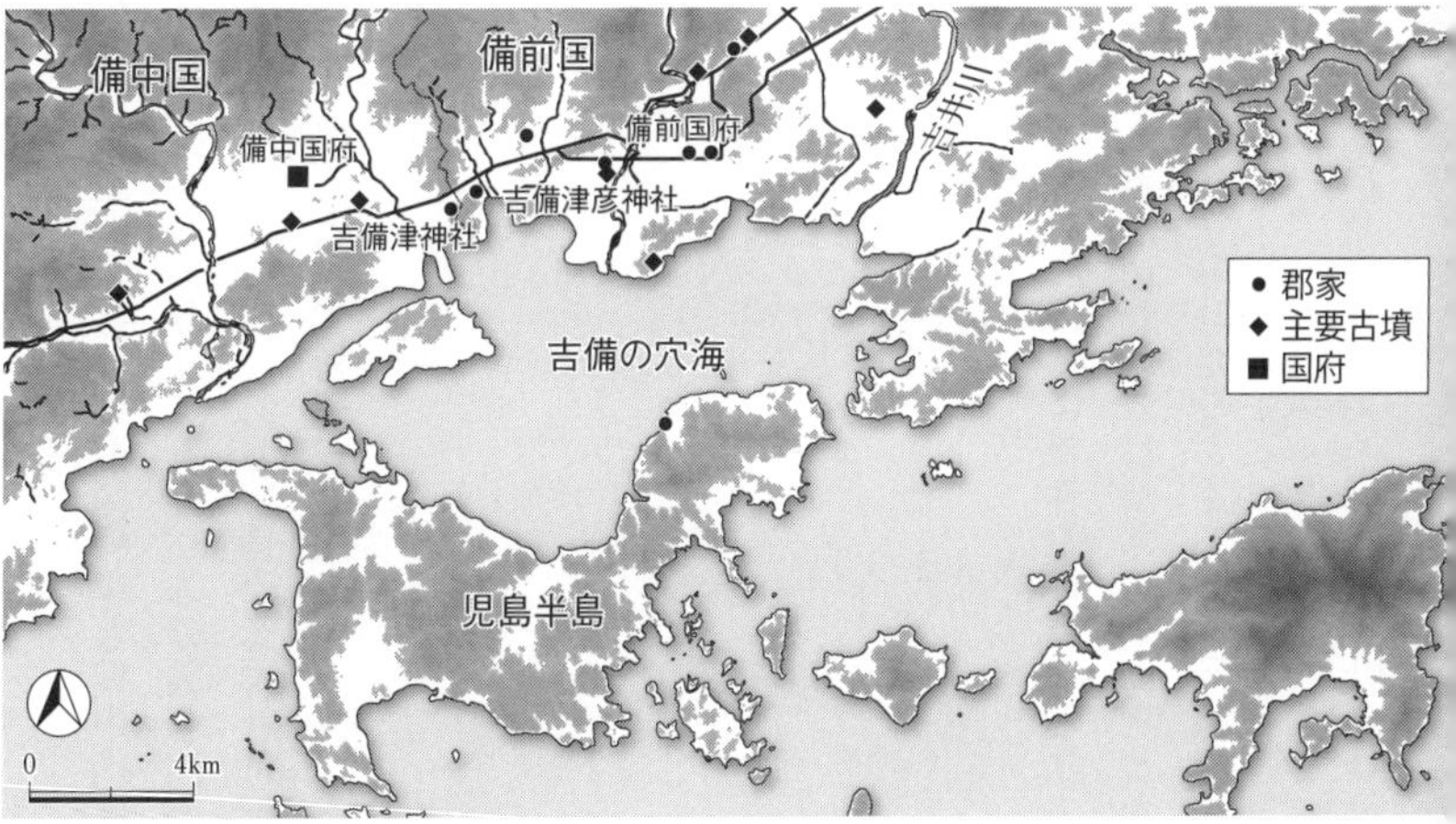

図25　備前・備中国府と国府津

瀬戸内海沿岸で讃岐国府と同様に入り海に置かれたと考えられる国府津は、備前国府津と備中国府津である。現在の岡山市中心部は、かつては吉備の穴海と呼ばれた巨大な入り江であり、この入り江そのものが瀬戸内航路の重要な寄港地のひとつであった。備前国府津は備前一宮である吉備津彦神社付近に、備中は備中一宮である吉備津神社付近に想定されている（図25）。備後国府、初期安芸国府は内陸にあり、周防国府津は先に紹介した娑麼、長門国府津は豊浦津と考えられる。

二　各地にあった天然の良港

ラグーンと港

日本の沿岸に多いのがラグーン（潟湖《せきこ》）である。沿岸の浅海の一部が河口部にできた砂洲などにより外海と切り離され、浅い湖沼となったものである。数本の細長い水路が切れ切れにできて外海とつながっており、そこを用いて船が出入りできる。外海が荒れても、砂洲に守られたラグーン内は、波穏やかであり、港を築くには格好の条件を備えている。

ラグーンは砂質海岸に自然に形成される。日本の海岸線に占める砂質海岸の割合は一九パーセント前後。中には、九十九里浜や御前崎のように非常に長大なものもある。『古事記』や『日本書紀』『万葉集』に見える古代の港の中にも、ラグーンに築かれたものがある。朝鮮半島や中国大陸との外交窓口でもあった那津《なのつ》（福岡県）や難波津、住吉津（大阪府）なども、こうしたラグーンの港であったようだ。

残念ながら、古代にさかのぼるラグーンの港は発掘されていないため、その構造は不明であるが、一二世紀ごろから一六世紀前半にかけての例として、島根県益田市の中須東原《なかすひがしはら》遺跡、中須西原遺跡を見ていこう（図26）。

図26　中須西原遺跡の港
同様の形態の中世の港湾は、博多遺跡群、高松城（高松市）、十三湊（五所川原市）などで見つかっている（写真・益田市教育委員会）。

港が見つかったのは益田潟の北岸で、益田川が運ぶ土砂が日本海と益田潟を画する砂洲をつくりだしている。両遺跡とも砂洲からラグーンへゆるやかに落ち込む砂丘裾部の傾斜に沿って多量の石を敷き詰めている。中須西原遺跡では、石敷きの間で数本の杭が見つかっており、これは船をつなぐ「繋船杭」と考えられている。ラグーンに入港した船は、そのまま浅瀬に向かい、石が敷き詰められた岸に乗り上げ、船体をロープで杭に固定していたのだろう。この船着き場の背後には、街路によって区画された町が広がっており、住居や倉庫と考えられる多数の建物跡や船の修理などに用いる金具をつくったと考えられる鍛冶炉の跡が見つかっている。

石敷きの船着き場は、数回の改修跡が認められた。益田川の堆積により次第に埋まっていくことに対応し、古い石敷きを覆うように、新しい石敷きを敷いており、船が停泊するのに必要な水深を確保するために、益田潟の中央に向けて港を移動させていった様子がうかがわれる。益田潟に限らず、ラグーンの港の多くは、河川が運んできた土砂が堆積して、水深が浅くなり、機能を果たせなくなって廃絶するものが多い。古代、最も重要とされた難波津も奈良時代の終わりにこの理由で放棄された。中須東原遺跡・中須西原遺跡の港は、一六世紀前半には放棄され、その後は南側にある今市に港が移される。

中須東原遺跡・中須西原遺跡の港の構造は、古代でもほとんど同じであったと考えられている。ラグーンに向かってゆるやかに傾斜する斜面に多少、手を加えた程度の簡単な港は、おそらく古代から中世にかけて全国各地にあったのだろう。古代の港の多くは、ラグーンという自然地形の特性を活かして築かれていた。

地図や航空写真から復元する

ここまで何度か述べてきたように、日本海航路は遅くとも弥生時代には盛んに利用されていた。日本海沿岸部に点在するラグーンの傾向を見てみよう。丹後半島には、弥生時代に中国製のガラス腕輪などが出土した赤坂今井墳丘墓が築造され、古墳時代前期に網野銚子山古墳をはじめとする全長約二〇〇メートル前後の巨大な前方後円墳が築造されていることから、この地域が日本海の海上交通の要衝であったとする見方が有力である。切り立った断崖がそびえる海岸線には、一見、良好な港などないように思えるが、丹後半島先端付近の竹野と、その西の網野には巨大なラグーンがあったと指摘されている（森一九八六）。竹野には古墳時代前期前半の全長約一九〇メートルの前方後円墳である神明山古墳が、網野には同時期の全長約二〇〇メートルの網野銚子山古墳がそれぞれのラグーンを見下ろすように立地している（図27）。

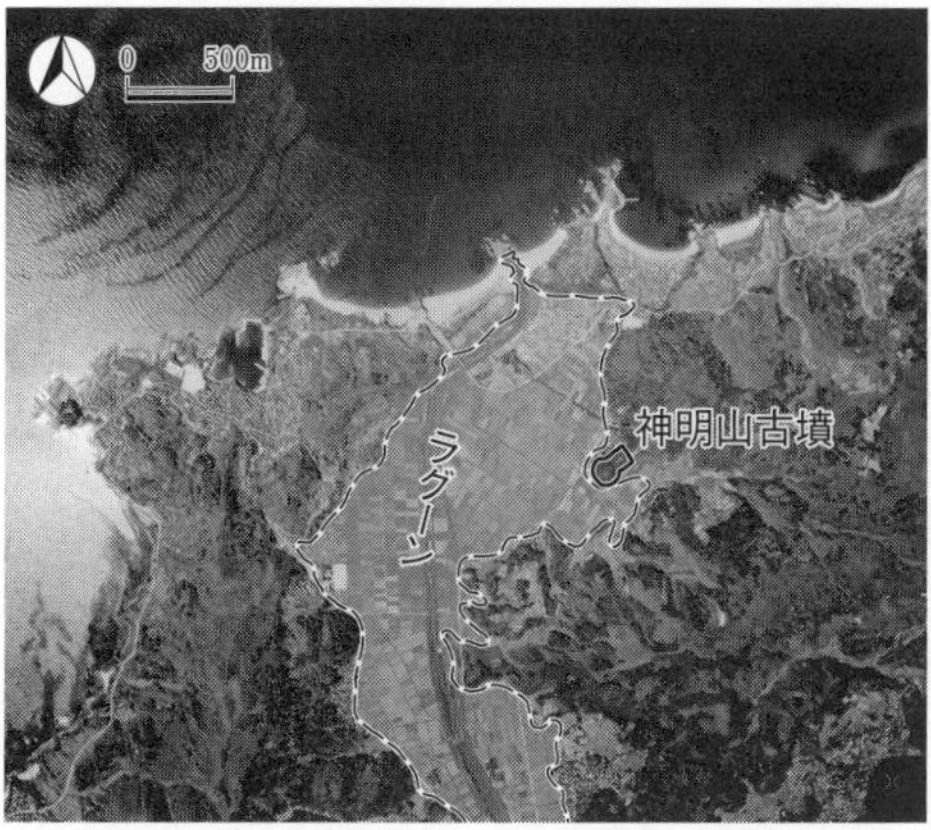

図27　神明山古墳とラグーン（国土地理院空中写真　MCG641X-C2-2）

現在はともに埋没しているため、ラグーンの存在がなぜわかるのかと疑問に思われるかもしれない。ラグーンの復元にはいくつかの方法がある。沿岸部の開発が飛躍的に進むのは、主に江戸時代中期以降に活発化する干拓と、昭和の干拓、埋め立てである。昭和の干拓や埋め立てにより消滅したラグーンは、明治時代の地形図に記されており、江戸時代の干拓であっても、江戸時代中期の伊能忠敬による日本図や中期以前の国絵図に記されていることが多い。

では絵図が残されていない場合やそれ以前に埋没したラグーンはどうだろうか。港を示す地名である「津」「浦」「泊」が残存する場合や航空写真や現代の地形図によってラグーンの輪郭が認められることによりわかることがある。ラグーンはもともと入り江だったために水はけが悪く湿地や水田となっている場合が多いので、航空写真で意外とくっきりとその輪郭が見える場合も多い。また、国土地理院が公開している治水地形分類図や国土

図28　下寺尾官衙遺跡群の主要遺構の配置と景観（2005年3月現在。南東から。川津から下寺尾廃寺まで約200メートル。写真・茅ヶ崎市教育委員会）

交通省が公開している地形分類図・表層地質図を見ると、砂洲の背後に氾濫平野、後背湿地が認められる場所があるが、その多くはラグーンの跡と見られる。もちろん、いつ埋まったのか、港に利用していたかはそれだけではわからないので、いつごろの港かは周辺の遺跡の状況もふまえて復元する必要がある。

そうした視点で日本海を見渡すと、丹後以東には代表的なものだけでも今江潟（石川県小松市）、河北潟（金沢市周辺）、邑知《おうち》潟（羽咋市）、放生津《ほうじょうづ》潟（富山市）、黒部川河口域、柏崎付近、新潟市東部から胎内市付近といった具合に、大小様々なラグーンが確認できる。また、日本海航路をたどった文物が、阿賀野川に沿って会津盆地に入っていることからすると、大河の河口付近も、重要な寄港地のひとつとなっていたと考えられる。

弥生時代以来、日本海航路が活発に用いられた背景には、以前から指摘されていたとおり、こうした港湾に適したラグーンが船の寄港にちょうどよい間隔で点在していたためと考えられる。このように、ラグーンの推定は航路の復元に有効なのである。

見えてきた郡家の港

先に見たように、国府には国府津と呼ばれる港が伴っていた。そして国府より下位の役所である郡家《ぐうけ》の中にも港を伴うものがいくつか確認されている。その代表的な事例が相模国高座《たかくら》郡家に比定されている下寺尾官衙《かんが》遺跡群である（図28）。相模川の支流である小出川を望む台地を中心に所在するこの遺跡は、台地上に郡家政庁と正倉群を配置し、台地の南裾に郡家に付随する七堂伽藍廃寺を置く。港が見つかったのは、台地の西方、現在の小出川がゆるやかに屈曲する部分の内側である。川岸の一部を東側に抉り込むようにして掘削し、それを玉石で護岸し船着き場としたものであり、岸からは倉庫の可能性がある四棟の掘立柱建物跡が見つかっている。その規模からして郡家への物資の積み卸しのために築かれた郡家専用の港と考えられている。

こうした郡家に伴う港の検出例は全国的に見るとそれほど多くはないが、後述するように福島県の太平洋沿岸の郡家には港を伴うものがいくつかある。

三　太平洋航路の港を探す

港と遺跡

太平洋沿岸地域には港湾にふさわしい場所がどの程度あるだろうか。五松山洞窟遺跡や新金沼遺跡の発掘調査の成果から、古墳時代に太平洋航路の要衝となっていたと考えられる石巻の状況を確認しよう。なお、石巻よりも北は現在でも天然の良港が点在するリアス式海岸となっており、船の寄港場所に事欠かないので、太平洋を南下して石巻へ向かうルートについてはあえて検証するまでもないと考える。

さて、**図29**は治水地形分類図と地形分類図をもとに作成した石巻中心部の地形・地質である。これを見ると現在の石巻工業港は定《じょう》川の河口に形成されたラグーンであったことがわかる。定川をさかのぼると牡鹿郡家に比定される赤井官衙遺跡に至る。赤井官衙遺跡では運河が検出されており、定川によって太平洋航路と結ばれていたと考えられる。

現在の石巻市内中心部は砂丘と後背湿地が東西方向に相互に並んでいる。石巻市内の古墳時代から古代の主立った遺跡は砂丘上に営まれた。また、市内を南流する北上川が河口手前で大きく東に湾曲する

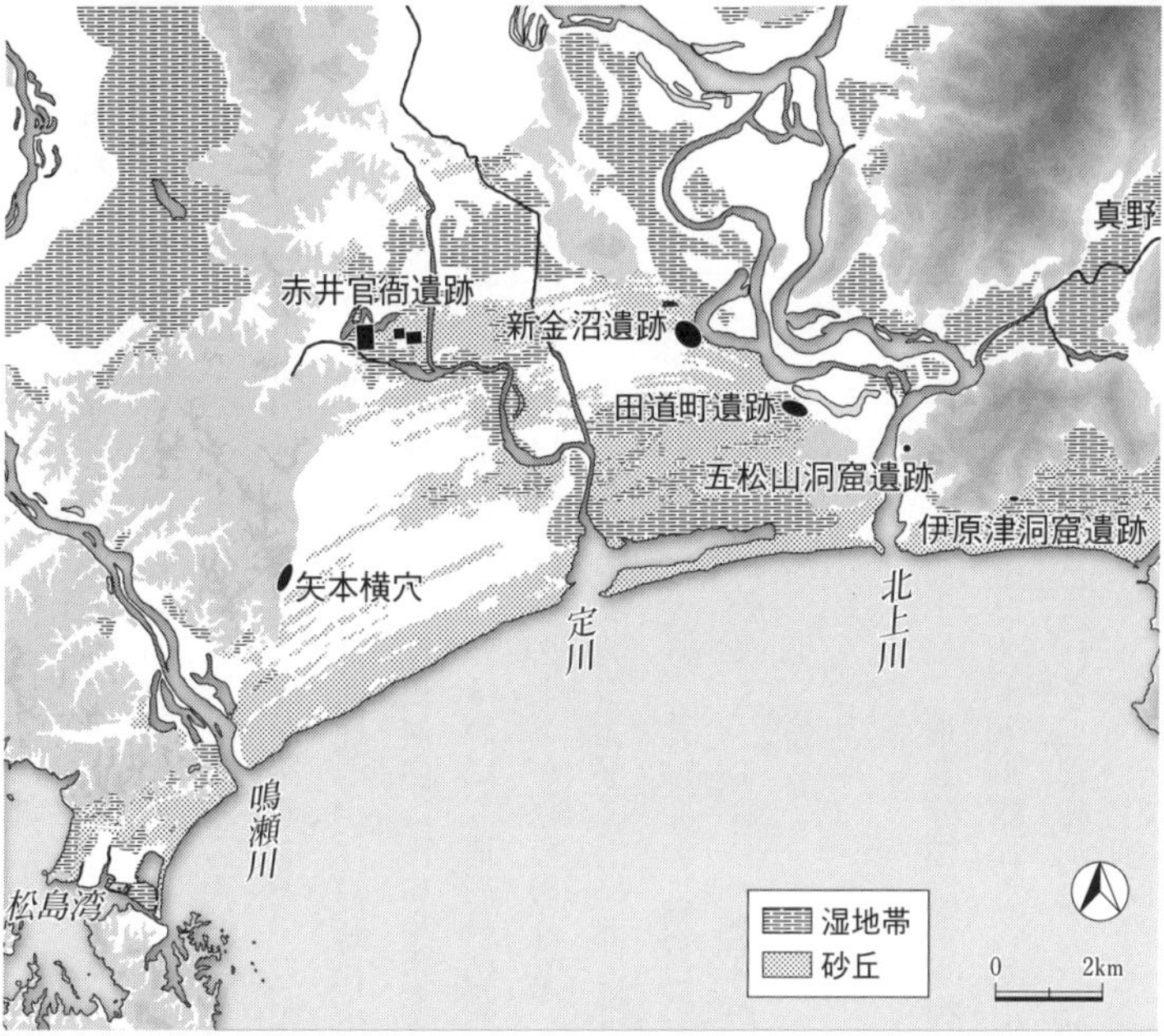

図29　石巻の地形・地質と遺跡（治水地形分類図　国土地理院ウェブサイト https://maps.gsi.go.jp/#12/38.402891/141.266670/&base=std&ls=std%7Clcmfc2&blend=0&disp=11&lcd=lcmfc2&vs=c1j0h0k0l0u0t0z0r0s0m0f1&d=mをもとに作成）

部分から北東方向に延びる広大な後背湿地である真野周辺は、沼津貝塚をはじめ、市内で最も遺跡が分布する場所である。詳しくは後述するが、この後背湿地は少なくとも古代では巨大な入り江であり、港として機能していた可能性がある。

さらに、北上川も内陸部への河川交通路として利用されていたと考えられるが、このことは改めて述べよう。

仙台平野から福島沿岸部

石巻から西には松島湾があり、ここには陸奥国府多賀城の津があったと推定されている。海岸線は松島湾の西で屈曲し南へ延び、その先では日本海沿岸地域と同様、大小のラグーンが数多く認められる。名取川河口の北側には巨大なラグーンがあり、河口部にも広浦がある。名取川をさかのぼった広瀬川流域に至ると、古墳時代前期後半築造の遠見塚古墳（仙台市）や、七世紀中ごろから八世紀前半の最初の陸奥国府と考えられる同市の仙台郡山官衙遺跡がある（図30）。これらの遺跡が名取川と河口部周辺のラグーンと無関係であったとは考えにくい。さらに名取川河口から約七キロメートル南の五間堀川河口に小規模なラグーンがあり、阿武隈川河口付近には鳥の海があるなど、近距離でラグーンが点在している。

福島県に入ってもその傾向は同様で、江戸時代中期の伊能図（大図）には今神浜（新地町今神）、松川浦、磯部村（相馬市磯部）、サヤ川河口（南相馬市釜舟戸）、海老沢浦（南相馬市浦尻）、請戸《うけいど》川河口などのラグーンが描かれている。このほかにも地形分類図からは広野町浅見川河口、いわき市夏井川河口、同小名浜港付近、鮫川河口にラグーンが認められる。

このように少なくとも陸奥国の太平洋沿岸部には、寄港地にふさわしい場所が点在しており、日本海側と比べても間隔や規模に大きな差はない（図31）。そして、古墳時代から古代の遺跡もラグーンの縁辺や河川沿いに立地するものが多く、これらの遺跡が港湾として利用されていた可能性を示している。

常陸から上総

常陸に入ると様相は一変する。地形分類図から復元される鮫川河口部より南で認められる最初のラグーンは直線距離で約五〇キロメートル離れた久慈川河口からさらに約三キロメートル南側にある。江戸時代前期の様子を描いたとされる『常陸国絵図』（茨城県立図書館所蔵）に見える正木浦がそれで、現在でもその痕跡を明瞭に確認できる。その南は約一二キロメートル離れた那珂川河口部から涸《ひ》沼にかけて

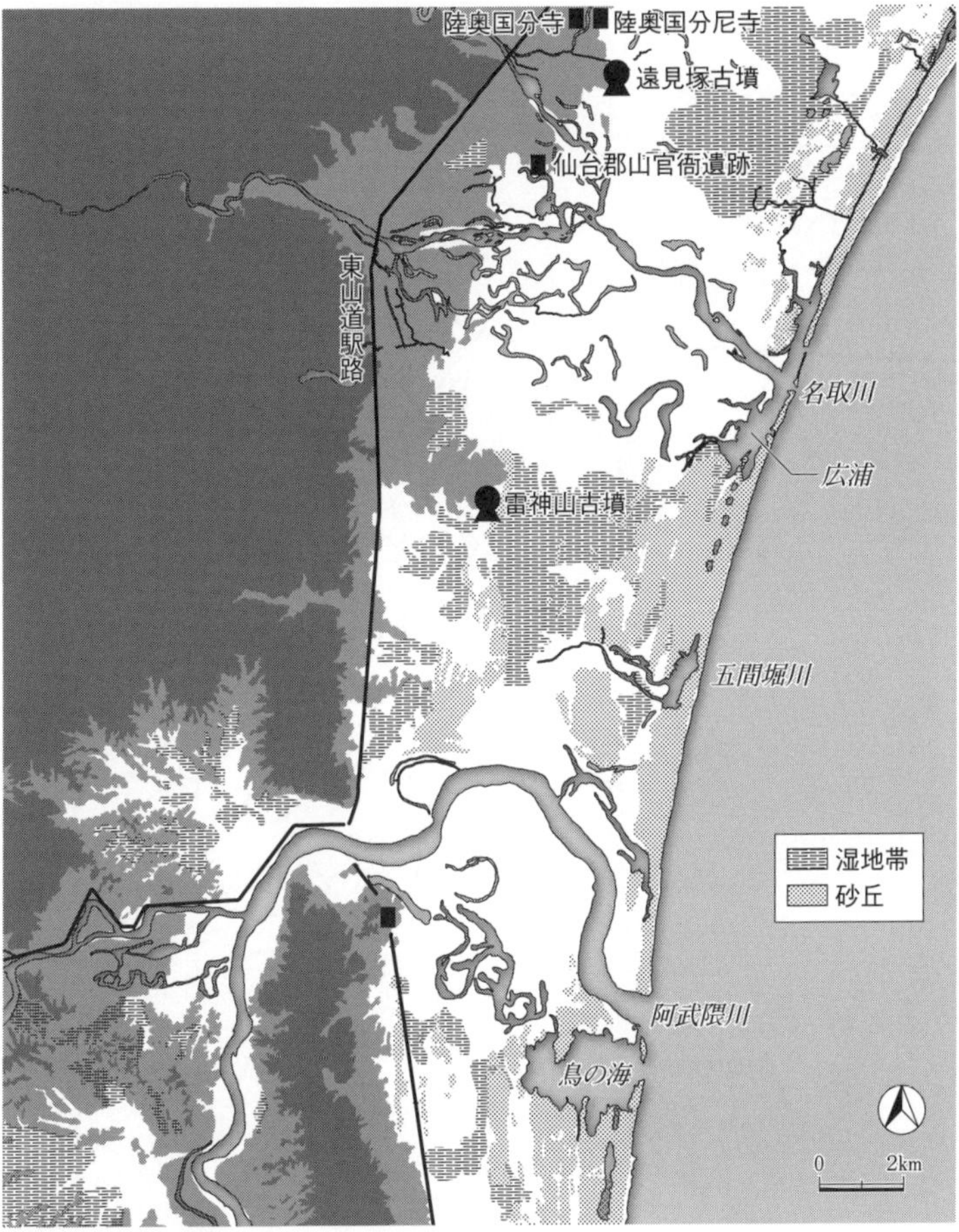

図30　仙台平野のラグーンと遺跡（治水地形分類図　国土地理院ウェブサイト https://maps.gsi.go.jp/#11/38.142927/140.953217/&base=std&ls=std%7Clcmfc2&blend=0&disp=11&lcd=lcmfc2&vs=c1j0h0k0l0u0t0z0r0s0m0f1&d=mをもとに作成）

図31　東北の主なラグーンの分布

の大規模なラグーンであり、さらにその南は那珂川河口から約四五キロメートル離れた北浦への入り口である現在の鹿島港付近となる（一一八頁図33参照）。

房総半島のラグーンには九十九里浜北部に江戸時代初期まで存在した椿海、栗山川河口（椿海から約二〇キロメートル）、南白亀《なばき》川河口（栗山川河口から約二〇キロメートル）、一宮川河口（南白亀川河口から約六キロメートル）、夷隅《いすみ》川河口（一宮川河口から約一〇キロメートル）がある（図32）。九十九里浜は中世以前、玉の浦と呼ばれており、流れ込む河川ごとに大小のラグーンが形成されていた。また、先述したように九十九里浜周辺の遺跡からは、これまでの発掘調査で多数の船が出土するなど、古くから海と人との関わりが深い地域であることが知られている。

図32　九十九里の地形とラグーン

ここまで見てきたように、陸奥国沿岸のラグーンはおおむね二〇キロメートル間隔で分布し、最長でも三〇キロメートルの距離であるのに対し、常陸国では距離が長くなっており、下総国より南は再び間隔が短くなっている。このように房総半島以北の太平洋沿岸部のラグーンの分布を見る限り、小規模ながらも天然の良港が点在する上総から下総沿岸部、大規模な港が認められるものの、その間隔が長い常陸沿岸、大小の港が点在する陸奥沿岸に区分できそうである。

このような分布状況を見る限り、関東から東北にかけての太平洋航路の利用を考える上で問題となるのは、常陸の港湾のあり方である。文献史料から明らかにされている瀬戸内航路の利用からもうかがわれるように、古代以前の航海には良好な港湾を複数確保しておく必要があった。それは、単に夜間の航海を避けるだけではなく、港湾は航海に適した風や潮を待つための場所でもあり、航海の安全を図るには必要不可欠であったためである。つまり、良好な港となる条件を備えた場所の間隔が離れている常陸において、想定される港が、房総半島から陸奥とを結ぶ遠距離海上交通の基地として利用された形跡が認められるかを確認する必要がある。そして、その形跡はじつは、陸路に隠されていた。

四　駅路・官衙の増設と海上交通

常陸国駅路と港

駅路は通常、水上交通をほとんど意識していないようだ。道路の走行方向を渡河点に向けて屈折させたりするものの、渡河点付近に駅家を設けるなどの配慮はなされていない。ましてや、海路はほとんど意識しておらず、海上交通が盛んだった瀬戸内海沿岸でさえ、山陽道駅路は備中国より西では山間部を通過している。律令国家は、陸路と海路を一体的に利用しようとする意識に欠けていたようだ。

ただ、その中でもいくつかの例外がある。ひとつは有明海沿岸ルートで、ここでは熊本平野を南北に走るルートと、佐賀平野から島原半島へと向かうルートが有明海を環状にめぐるように走っている。もうひとつが東京湾沿岸を環状に結ぶルートで、最後が常陸国の駅路である。常陸国の駅路そのものは北部を除くと内陸部を通過するが、そこから港へと向かう複数の支路が設けられている。常陸の駅路を見ていこう。

『常陸国風土記』信太《しだ》郡の条には、次の記事が見える。

榎《え》の浦の津あり。便《すなわ》ち、駅家を置けり。東海の大道《おほぢ》にして、常陸路の頭《はじめ》なり。所以《このゆえ》に、伝駅使《はゆまづかいら》等、初めて国に臨まむとしては、先づ口と手を洗い、東に面《む》きて香島の大神を拝《をろが》み、然《しか》して後に入《い》ることを得るなり。

これによれば、常陸国最初の駅家は香取海（霞ヶ浦）に面した榎浦津《えのうらのつ》駅家となる。そこでは香島神を拝んでいた。香島神は東国の平定神とされ、延暦元年（七八二）五月には、陸奥国が蝦夷戦争の勝利は香島神の霊験であると天皇に奏上し、それが認められ勲五等と封二戸が授けられた。『延喜式』「神名帳」には、陸奥国で香島神を祀る神社が、黒川郡、曰理《わたり》郡、信夫《しのぶ》郡、磐城郡、牡《お》鹿《しか》郡、行方郡で認めら

	郡	郷	共通する地名
	白河郡	丹波	丹波国
□	名取郡	磐城	陸奥国磐城郡
●	行方郡		常陸国行方郡
●		多珂	常陸国多珂郡
	曰理郡	望多	上総国望陀郡
□	宮城郡	磐城	陸奥国磐城郡
□	星河郡	白川	陸奥国白河郡
□	賀美郡	磐瀬	陸奥国磐瀬郡
	色麻郡	相模	相模国
●	玉造郡	信太	常陸国信太郡
●	志太郡	信太	常陸国信太郡
□	栗原郡	會津	陸奥国會津郡
	江刺郡	甲斐	甲斐国
		信濃	信濃国
□	膽澤郡	白河	陸奥国白河郡
		下野	下野国
●	登米郡	行方	常陸国行方郡
□	桃生郡	磐城	陸奥国磐城郡
□	牡鹿郡	賀美	陸奥国賀美郡

●は常陸国の地名と同じもの
□は陸奥国内と同じもの

表6　陸奥国の同名地名

れる。これらは、後述するように蝦夷との戦争の時にそれぞれの地域に勧進されたと考えられる。

また香島神は航海の神でもあった。『常陸国風土記』には毎年七月に船をつくって津の宮に奉納したとある。その起源はヤマトタケルのころのこととされ、中臣の巨狭《おおさ》山《やま》命が神の託宣により長さ二丈あまりの新造船三艘を奉納したことに始まるという。香島神宮では現在でも一二年に一度の式年大祭、御船《みふね》祭《さい》が行われており、これは応神朝に祭典化されたと伝えられている。

そして常陸国の新治・真壁・筑波・河内・信太・茨城・行方・鹿島・那珂・久慈・多珂郡の一一郡中、行方郡は陸奥国にもあり、陸奥国行方郡内には多珂郷が、玉造郡と志太郡には信太郷、登米郡に行方郷といった具合に、陸奥国には常陸国と共通する地名が認められる（表6）。ほかにも信濃郷、甲斐郷のように他地域の地名と共通する郷名が多く認められており、これらは、その地名が示す場所から人々が陸奥国に移住させられたことを示すと推定されている（平川 二〇一二）。

なお、榎浦津駅家は『延喜式』には見えない。諸国の駅名が網羅されている『延喜式』では常陸国の最初の駅家は榛谷《はりがや》駅家で、榎浦津駅家がある時期に榛谷駅家に改名されたという見方もあるが、下総国から常陸国に向かう駅路は延暦二四年（八〇五）一〇月につけかえられているので、榎浦津駅もそのころに廃止され、新たに榛谷駅が置かれたと見るほうがよいだろう。

『延喜式』では榛谷駅以北の駅家には、安侯《あこ》、曾祢《そね》、河内《こうち》、田後《たじり》、山田、雄薩《おさか》駅家が連なるが、河内駅家以北に置かれている駅馬はわずか二疋である。東海道駅路は中路であるので、通常ならば駅家には十疋の駅馬が置かれるのであるが、これは弘仁三年（八一二）に行われた太平洋沿岸を通る駅路の駅家廃止に伴って、常陸国と東山道駅路とを結ぶために新たに設けられた駅路と考えられる（図33）。

榎浦津駅以外にも、『常陸国風土記』には『延喜式』にはない駅家の名が見られる。行方郡には曾尼《そね》駅家、板来《いたく》駅家があったとされる。このふたつの駅家は駅家の名前と地名との照合から常陸国府と香島神宮との間に所在したと考えられ、このことから東海道駅路の本線から海岸部へ向けて延びる支路があったことがわかる。これと同様に海岸部に向かう支路には安侯駅家と信太郡家からそれぞれ平津駅家に向かう路線がある。この路線は発掘調査でも確認されており、現在でも明瞭に痕跡を留めている。

弘仁三年新設ルート
鮫川
棚島駅家
雄薩駅家
多珂郡家
藻島駅家
弘仁三年廃止ルート
山田駅家
助川駅家
久慈郡家
田後駅家
石橋駅家
久慈川
那賀郡家
河内駅家
東海道駅路
大神駅家
新治郡家
平津駅家
那珂川
安侯駅家
涸沼
真壁郡家
茨城郡家
国府
筑波郡家
曾尼駅家
曾禰駅家
行方郡家
河内郡家
霞ヶ浦
北浦
香島社
信夫郡家
板来駅家
香島郡家
榛谷駅家
榎浦津駅家
相馬郡家
香取社
茜津駅家
荒海駅家
於賦駅家
真敷駅家
利根川
山方駅家
井上駅家
0
10km

図33　常陸国の駅路

平津駅家推定地を見下ろす台地上に、那珂郡家の正倉別院（郡家とは別の場所に置かれた郡の正倉）と考えられる大串《おおくし》遺跡（水戸市）がある。

平津駅家は那珂川、涸沼川の河口近くに比定され、その前面には巨大なラグーンがあったと考えられる。立地からして、この駅家は太平洋の海上交通に伴う水駅であった可能性が高く、大串遺跡は平津駅家で積みおろしされる物資を保管する施設だった可能性がある。

『日本後紀』弘仁三年（八一二）一〇月二八日条には、安侯、河内、石橋、助川、藻島《めしま》、棚島駅家が廃止されるとともに、新たに小田（山田の誤記か）、雄薩、田後駅家が置かれたとある（図33）。このうち、助川、藻島、棚島駅家の三駅は、太平洋沿岸を北上するルートにある。『続日本紀』養老三年（七一九）閏七月条に「石城国に始めて駅家一十処を置く」という記事があるが、これは常陸国府から石城国に向けて東海道駅路が延伸されたことを示しており、常陸国府より北の駅家はこのときに置かれたと考えられる。これまでは東海道駅路の終点は、東海道北端の国である常陸国府であったが、石城国が新たに東海道の国に加えられたことにより、駅路の延伸と駅家の設置が行われたのだ。この駅路は、石城国が神亀五年（七二八）に再び陸奥国に併合され消滅した後も九〇年ほどの間、海道と呼ばれ維持される。

そして常陸国以北の太平洋に沿った駅家が廃止された弘仁三年は、国家と蝦夷との間で三八年もの長きにわたって繰り広げられた戦争が終結した翌年であるので、この太平洋沿岸の駅路は蝦夷との戦争を意識してつくられたものだったと考えられる。

このように、常陸国の駅路からは、他の東海・東山道駅路とは異なり、海上交通との密接な関わりが認められ、さらに海岸沿いの路線を駅路として長らく維持するなど、国家が海に沿った陸上交通にも力を注いでいたことがわかる。それは、蝦夷政策の一環であり、陸奥国へ兵士や軍事物資、兵糧を海上輸送するために、他国に例を見ない交通網を整備したと考えられる。

このことは文献史料にもうかがわれる。『続日本紀』天応元年（七八一）二月三〇日条には、相模・武蔵・安房・上総・下総・常陸国に命じて陸奥国の軍所に穀十万斛を回漕したとある。また、延暦二年（七八三）四月一五日条の記事からは、坂東八国から陸奥国の鎮所《ちんじょ》（蝦夷戦争の基地か）に、このころ継続的に糈米を運ばせていることがわかり、『日本後紀』延暦二三年（八〇四）正月一九日条にも武蔵・上総・下総・常陸・上野・下野・陸奥国から陸奥国小田郡中山柵（宮城県石巻市、登米市、涌谷町の三説がある）に糒《ほしいい》（一度蒸した米を乾燥させた携帯食）を運ばせているのが見える。

八世紀後半、律令国家は陸奥国で蝦夷を相手に大規模な軍事活動を行っており、穀や糒は兵粮として送られた。また、発掘調査によれば当時の常陸国の郡家正倉は大規模なものが多く、九世紀には礎石建ち瓦葺きとなるものもある。さらに、安侯駅家の推定地である東平遺跡（笠間市）における倉庫群、大串遺跡のような正倉別院なども合わせ、常陸国には備蓄施設が多数、置かれていたこともわかっている。これらの施設も、陸奥国に送る穀物を蓄えていたのだろう。

陸奥国での軍事活動を強く意識した道路網とそれに連動する水上交通網。それこそが常陸国の古代道路網の特徴であった。陸奥国に送る穀類の調達は広く坂東一円に課せられたものであった。おそらく、上野・下野国の穀の中には、東山道駅路を通って陸路で搬入したものもあっただろうが、天応元年の記

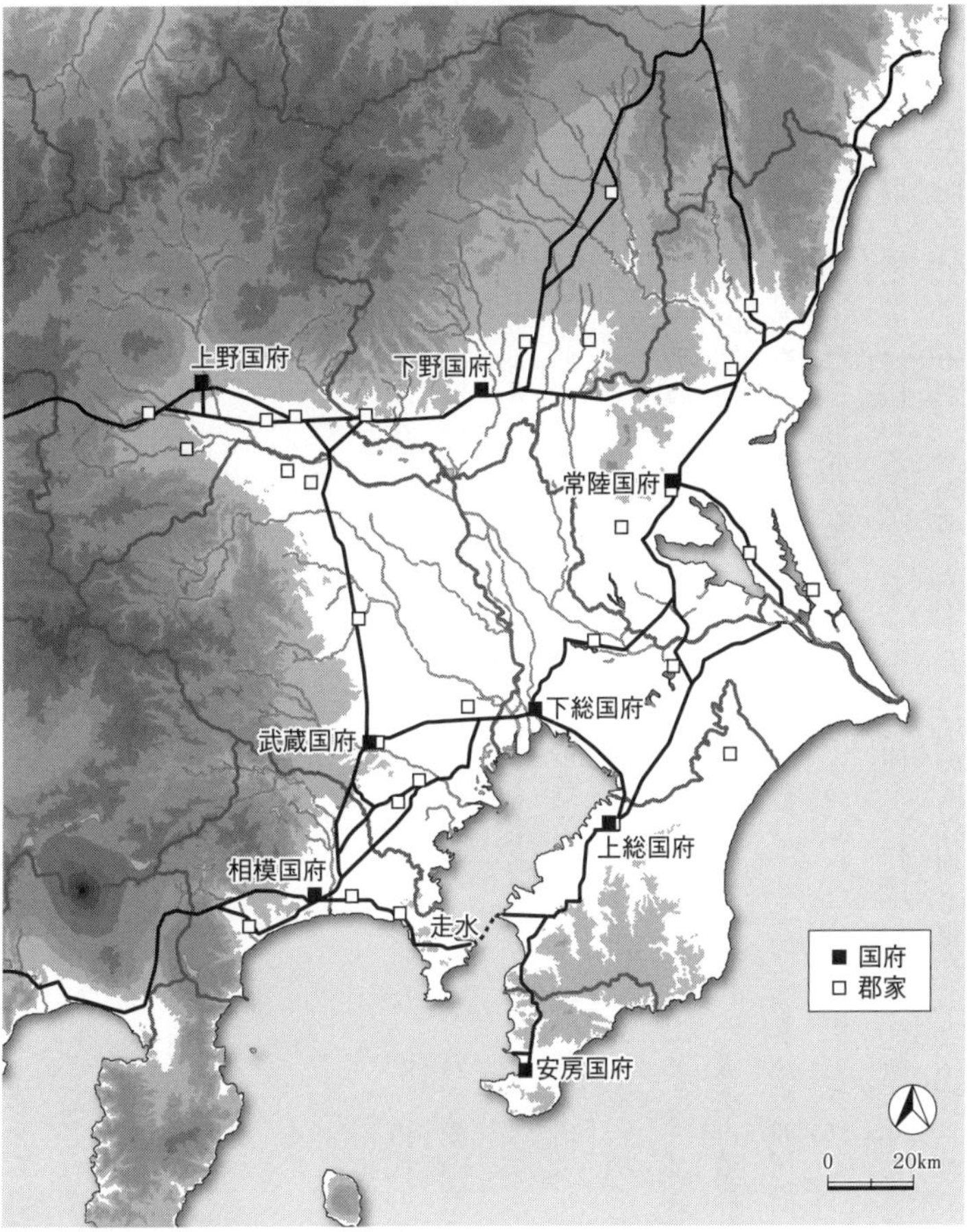

図34　関東の駅路

事にあるように大量の穀を運ぶためには、主として海路が利用されたと考えられる。

なお、坂東の駅路網はそれぞれの国の国府を連結するように環状に敷設されている（図34）。坂東諸国で集められた穀をはじめとする軍事物資は、それぞれの国府で数量や品質が検査され、常陸国を経由し陸奥国へ水上輸送されたのだろう。環状の駅路網は、検査と輸送を効率的に行うために整備されたと考えられる。

常陸の古墳と海の道

先に見たように、常陸国北部には、さほどラグーンが認められないが、古代の道路網の実態からすると、遅くとも奈良時代には寄港地の整備が進められていた。そして、前方後円墳の分布からすると、これらの港は古墳時代以来の伝統的な港を整備した可能性が高い。

福島県浜通り地域や仙台平野の前期古墳の分布を見ると、倭王権と陸奥の太平洋沿岸地域とのつながりは海の道を介したものであったと考えられる。そのことは常陸における古墳の分布からも裏付けられる。常陸には香取海と呼ばれた霞ヶ浦があるが、ここは利根川をはじめとする河川を経由する内水交通と太平洋の海の道との結節点であった。常陸の古墳は、先に紹介した磯浜古墳群のように太平洋に面する海浜部につくられたものに加え、香取海の周辺、そしてそこに注ぎ込む河川沿いに分布する。これらの古墳に葬られた豪族たちが水上交通と関わりをもっていたことが想定される。

また、香取大禰宜家《おおねぎけ》に伝わる応安七年（一三七四）に作成された「海夫注文《かいふちゅうもん》」には、常陸五三津、下総二四津が記されているが、その多くが主要古墳の所在地と重なると指摘されている（日高 二〇一五）。

このことは、古墳時代の港湾が中世にも踏襲されている可能性を示す。当然ながら、古代の港湾も古墳時代の港湾の位置を踏襲していたのであろう。

さらに第一章で紹介した石巻市新金沼遺跡から出土した古墳時代前期の土器は、ひたちなか市や鹿嶋市出土のものと類似していること、五松山洞窟遺跡出土の圭頭大刀と同種の大刀が北茨城市から出土していることからすると、少なくとも古墳時代前期と後期に常陸沿岸部と牡鹿との間で、海の道を利用した直接的な交流が行われていたと想定されることも、このことを裏付けている。

常陸国においては江戸時代に外海東廻り航路が整備されるまで利根川などの内水交通を利用していたように、それ以前でも内水交通と海の道を結接させることにより、香取海などに寄港地を整備し利用していたのだろう。

福島県浜通り地域の郡家

常陸国では伝統的な海上交通と密接な関係をもった陸路が整備されていることが確認できるが、常陸国から北はどうだろうか。先に見たように陸奥国沿岸には大小のラグーンがあり、天然の良港には事欠かなかっただろう。それに留まらず郡家も海上交通を強く意識しているようである。

郡家は郡庁、正倉院、館、厨家《くりや》などからなり、寺や祭祀場を伴うものも多い。郡家の規模や施設の配置などは郡家ごとに大きく異なる。それは、郡家は地方豪族である郡司により運営されるため、その地域の経済力や技術力によっても規模に違いが表れるし、また、収納する穀物の量によって倉の数や大きさにも差が出てくる。現在の市町村役場の建物の規模や姿が自治体の規模や人口によって違うように、

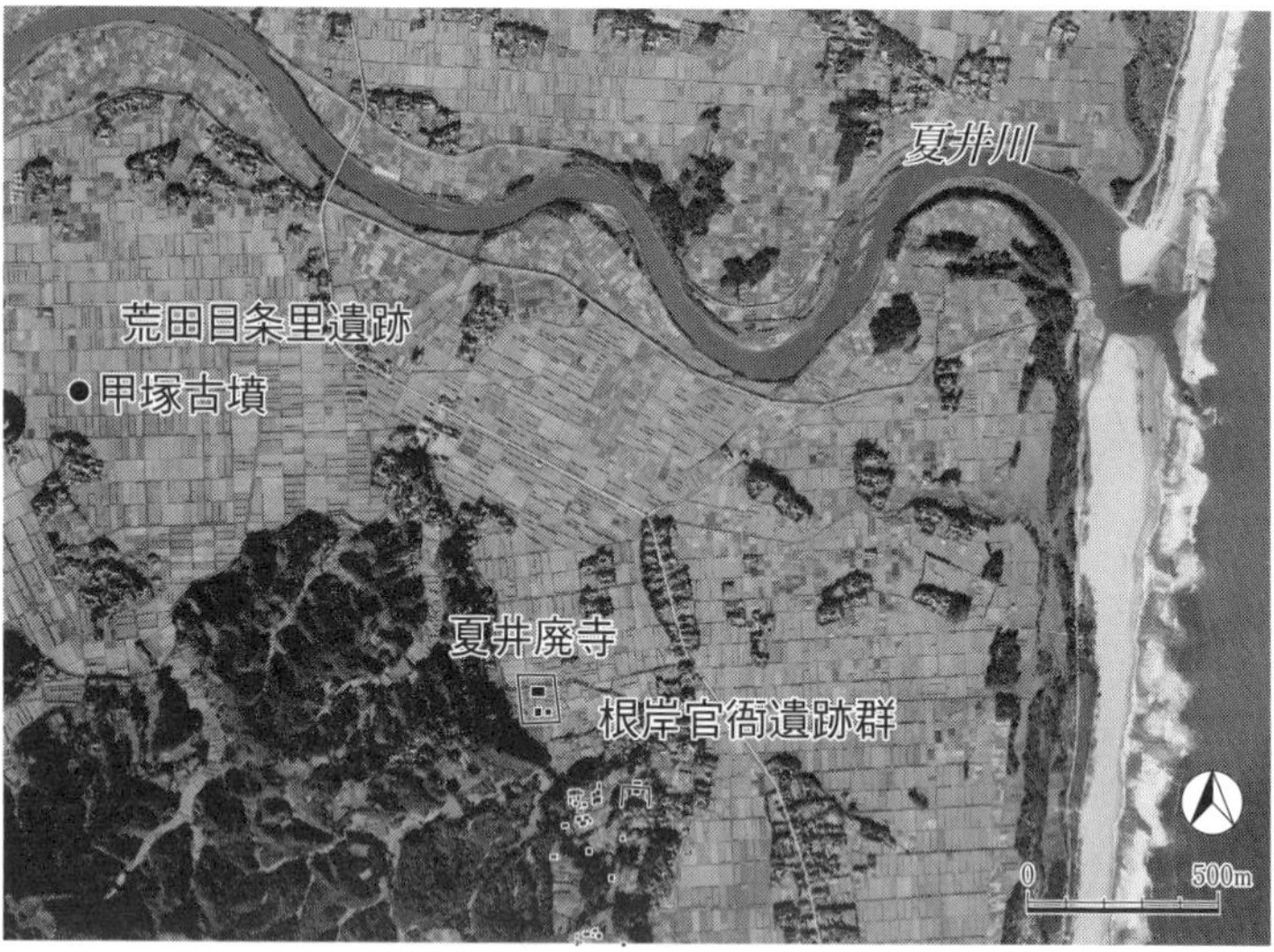

図35　根岸官衙遺跡群と周辺の遺跡（国土地理院空中写真　MT0617X-C2-9をベースに作成）

古代の郡役所も個性的であった。

　その中でも、浜通り地域の郡家は規模も大きく、施設も整っているものが多い。浜通りに郡家は五カ所ある。南から菊多郡家（いわき市郡《こおり》遺跡）、磐城郡家（同　根岸官衙遺跡）、標葉郡家（双葉町郡山五番遺跡）、行方郡家（南相馬市泉官衙遺跡）、宇多郡家（相馬市黒木田遺跡）である。このうち、発掘調査が行われ、内容が判明した根岸官衙遺跡、泉官衙遺跡は史跡に指定されている。

　根岸官衙遺跡は発掘調査によって郡庁、正倉院、館と考えられる施設が確認されている。郡家の北東には夏井川河口のラグーンがあり、太平洋航路の寄港地として利用されていたと考えられる。また、周辺には夏井廃寺や、郡家の祭祀場であり、かつ郡行政の実務の一端を担った荒田目《あっため》条里《じょうり》遺跡がある（図35）。郡家がつくられた時期は七世紀後半であり、太平洋を望む丘陵上に立地し、夏井川河口のラグーンには当時の港湾遺跡の存在も想定されている。また、荒田目条里遺跡からは、「立屋津長伴部福麿《たちやつちょうともべのふくまろ》」と記された木簡が出土していることから付近に立屋津と呼ばれた港があったこと、そして運河と考えられる溝が見つかっていることから、夏井川下流域には立屋津とつながる水上交通網が張り巡らされていた可能性がある。まさに、水上交通と一体となった郡家である。

ただ、荒田目条里遺跡で見つかった運河と考えられる溝の開削時期は古墳時代中期にさかのぼるとされている。つまり郡家がつくられるはるか以前に夏井川から水を引き込む水路が整備されていたのである。

いわき市には古墳時代前期後半につくられた全長一一二メートルの玉山古墳や、後期中ごろ築造の全長一〇〇メートル前後の塚前《つかまえ》古墳、後期前半の規模こそ全長五〇メートル前後だが関東の影響を受けた多様な人物埴輪が出土した神谷作《かみやさく》一〇一号墳がある。荒田目条里遺跡付近には後期末から終末期の直径三七メートルの円墳である甲塚古墳、六世紀後半から七世紀代の複数の横穴墓がある。これらの遺跡の分布から、この地域は古くから海上交通による関東や近畿との結びつきがあったと考えられている。

根岸官衙遺跡は郡家を構成する諸施設がすべてそろっていて郡家の規模や構造がわかるだけでなく、太平洋の海上交通を強く意識していることがうかがわれる。また、夏井廃寺は塔の西側に東面する金堂を置き、その北に講堂を配置する川原寺式の伽藍配置であるが、この伽藍配置は地方寺院では、多賀城に付属する多賀城廃寺、大宰府に付属する観世音寺など限られた寺院でしか採用されておらず、いずれも国家の支配拠点の中でも重要な施設に付随する寺院に限られている。このことからも磐城郡家は、

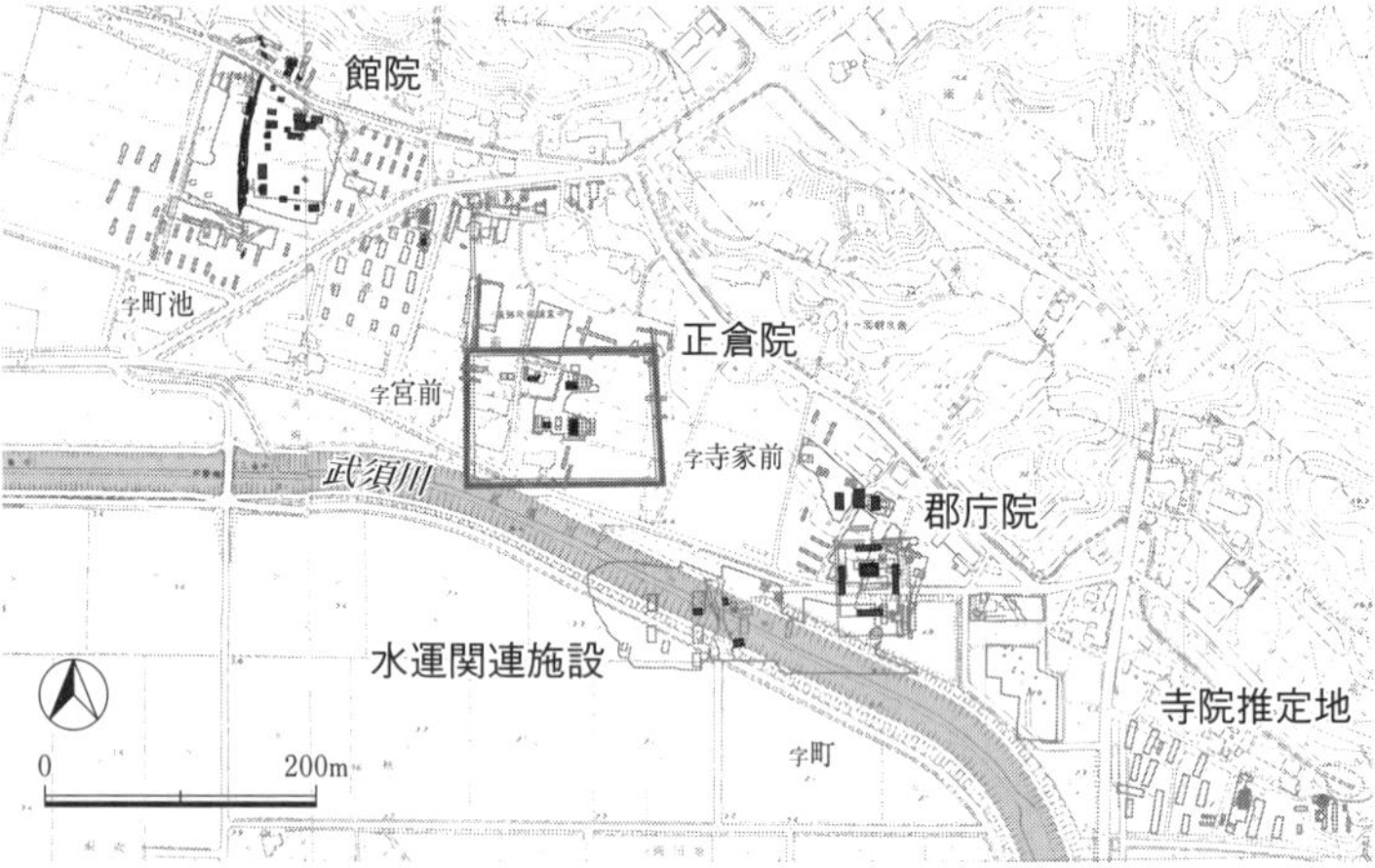

図36　泉官衙遺跡群の構造（図・南相馬市教育委員会より。一部改変）

全国で六百余りある郡家の中でも、特に重要な郡家であったと考えられる。また、石城国が置かれていた時代には、石城国府として機能していた可能性も指摘されている（平川　二〇一二）。

泉官衙遺跡も中央との関係をうかがうことができる。発掘調査では郡庁、正倉院、館、厨家に加え、郡寺や運河と考えられる溝とそれに付随する建物群が見つかっている。郡庁の建物は整然と配置されており、区画内部を玉石敷きとするなど、その景観は中央の役所を彷彿とさせる。また、根岸官衙遺跡と同様、海岸に近い立地と運河の存在はこの郡家が太平洋の海上交通を意識していることを示している。成立時期は七世紀後半であり八世紀になって整備される点も根岸官衙遺跡と同様である（図36）。

さらに、行方郡には大規模な製鉄遺跡が複数、存在することが発掘調査で確認されている。七世紀後半から始まるこの地域での鉄生産は、律令国家の東国経営、蝦夷との戦争において重要な役割を果たしたことが容易に想像でき、この地域は国家により直接支配されていた可能性が考えられる。

以上見てきた浜通り地域のふたつの郡家からは国家による太平洋の海上交通への強い関与が想定できる。また、標葉郡家とされる郡山五番遺跡でも太平洋を望む丘陵上に郡家と寺が建てられ、その丘陵の南を流れる河川に船着き場が設けられていることが確認されている。規模や構造はまだ不明な点が多いが、先のふたつの郡家と立地がよく似ている。このように、浜通り地域の郡家は海の道を強く意識して設置され、八世紀になって郡家を結ぶように陸の道がつくられたのだろう。それは、蝦夷政策という政治的な事情によると考えられ、国家と蝦夷との間の戦争が海陸の交通網の整備を進めたといえよう。

なお、『続日本紀』によると宝亀五年（七七四）に陸奥国行方郡家が火災に遭い、穀類二万五四〇〇斛が焼けたとある。この前年には、下野国、上野国でも同様の火災が発生している。ともに政治批判による放火であったと考えられている。この年は、のちに三十八年戦争（宝亀五年から弘仁二年〈八一一〉）と呼ばれる国家と蝦夷との戦争が始まった年である。国家と蝦夷との戦争は東国の人々が望んだことではなかった。

コラム　水中遺跡と海の道

元寇

遺跡は陸上にあるものだけとは限らない。日本列島沿岸の海底にもたくさんの遺跡がある。その代表的なものに鎌倉時代の元寇に関わる鷹島《たかしま》海底遺跡（長崎県松浦市）がある。元寇とは、モンゴル帝国による日本侵攻であり、文永の役（一二七四）と弘安の役（一二八一）の二度にわたる博多湾への元軍の来襲が知られる。時の執権、北条時宗は西国の御家人らに国土防衛を命じた。御家人らは大いに奮戦し防御したが元軍の侵攻を食い止めたのは、突如襲った台風であった。弘安の役では、襲来した四四〇〇艘の船の大多数が、沈没したと伝わる。

この沈没地点が長崎県鷹島沿岸であり、海岸では古くから沈没した元船の積み荷と考えられる遺物が多数、採集されている。元軍侵攻の実態を如実に示すものとして、最も多く採集されたのは陶器類である。江南《こうなん》軍が出航した揚子江沿岸地域産のものが多数を占め、そのほとんどが大量生産の粗製品であった。急な出撃命令を受けてあわただしく資材の準備を行ったことが伝わってくる。また、『蒙《もう》古襲来絵詞《こしゅうらいえことば》』に現れる「てつはう」も採集されている。陶器製の円弾の中に火薬と陶磁器の破片を詰めたものであり、公益社団法人日本煙火協会による再現実験によると、鎧兜をも貫く高い殺傷能力をもつ可能性があるそうだ。また、刀や鏃《やじり》、甲などの武器・武具類も見つかっており、元軍の装備の一端がうかがわれる。

二〇一一年には、実際に沈没した元軍の船そのものが発見されるなど、これまで文献史料や絵巻物によってのみ知られていた元寇の具体像が明らかになりつつある。

海の道を知る手がかり

鷹島海底遺跡に限らず、水中にある遺跡は陸上の遺跡にはない多様な情報をもっている。たとえば、香川県丸亀市手島沖の海底では、沈没船から日向でつくられた弥生土器が見つかっている。これにより、日向―讃岐という航路が弥生時代に存在したことがわかった。このルートは『日本書紀』の神武東征ルートにも通じるものであり、書紀の記事の真偽は別としても、この海上ルートが実在したことを示している。

また福岡県相島《あいのしま》沖では、「警固《けご》」の文字が記された平瓦が海底で見つかっている。この瓦は斜ケ浦《ななめがうら》瓦窯跡（福岡市）産で、平安京から同じ道具でつくられた瓦が出土している。斜ヶ浦瓦窯でつくられた瓦が海路で平安京に運ばれたことがわかった。

さらに新潟県沖全域では、中世に能登半島でつくられた珠洲《すず》焼が古くから漁業の網にかかって引き揚げられている。珠洲焼の分布は北陸から北海道南部に及び、これらが海路を利用して北へと運ばれたことが引き揚げ品から確定した。こうした例はほかにも多く認められ、水中遺跡からの出土品は物資の輸送経路を知る上で重要である。しかしながら、現時点では太平洋岸での水中遺跡の発見例は、近世・近代のものが中心で、中世以前にさかのぼるものは少ない。

陸・水際・水中遺跡

ここまで沈没船の事例をいくつか紹介してきたが、水中遺跡には陸上の遺跡が地盤沈下や自然災害により沈降したものもあれば、何らかの理由で、船上あるいは陸上から水域に投げ込まれた物が集積したものなどもある。また、沈没船をはじめ水流の影響で、もともとあった場所から、物がたまりやすい地形に移動したものもあり、その形成要因を知るのが難しい場合もある。

そういう難しさはあるものの、水中遺跡と陸上の遺跡の関連を見ると、じつに様々な世界が見えてくる。たとえば江戸城築城の時、伊豆半島では沿岸部を中心に石垣に用いる安山岩が幕府の命を受けた諸大名らによって盛んに切り出されており、東岸では熱海市から東伊豆町、西岸では沼津市戸田の山中や海岸に多くの石丁場跡が残る（**図37**）。慶長九年（一六〇四）から始まる江戸城公儀御普請による造営では、諸大名が争うようにして良好な石材を産出する場所と江戸への積み出し港をおさえている。このとき江戸へ石を運ぶためにつくられた船は記録に残るだけでも三八五艘にも及び、最盛期には三〇〇〇艘にも及んだという。

山中で切り出し加工された石材は石材運搬用の石曳道《いしびきみち》を通って港へと向かい、そこから船で江戸城の普請現場へと運ばれた。輸送の際には海難事故も何度か発生し、慶長一一年には鍋島勝茂の船一二〇艘をはじめとする計一九六艘の石材運搬船が暴風雨により転覆したとある（『台徳院殿御《だいとくいんでんご》実紀《じっき》』慶長一一年五月記事）。このほかにも石材運搬船の漂流記事もあれば、記録にはないが熱海市初島沖では、葵紋がある瓦を積んだ船が沈没していることが確認されている。つまり、陸上の遺跡と水際の遺跡、水中遺跡の三者を視野に入れて考えれば、採石から運搬、石積みに至る江戸城の石垣普請の様子をひとつのストーリーとしてとらえることができるのである。

また、水中遺跡に注目することによって陸上の遺跡にも新たな視点が加わる。鹿児島県徳之島では島内の三町（徳之島町、天城町、伊仙町）が連携して水中遺跡の調査を行った。中世の徳之島ではカムィ焼という陶器が生産され、それが北は長崎県、南は先島諸島まで広く分布しているが、その積み出し港はこれまでわからなかった。

図37　伊豆半島の石丁場（沼津市戸田）
伊豆半島とその周辺における江戸城の石丁場は7市6町で170カ所以上、認められている（写真・著者）。

それというのも徳之島に限らず、南島の海岸はリーフ（海岸からやや離れた沖合に存在するサンゴ礁）が発達しているため、大型船を接岸できる場所に乏しく、沖合に停泊し小舟を行き来させて船の荷を積みおろしていたからである。しかし、大量の物資を積みおろした場所には、破損した品が少なからず落ちている。また、沖には船を固定する時に用いた碇が残っていることもあり、それらを手がかりに島のどこで積み荷をおろしたかを探すことができる。港には積み荷を一時保管する施設や船の修理に用いる金属を加工する鍛冶の跡などが残っていることが想定され、さらにそこから遠くない場所には海運を取り仕切っていた有力者の館があるかもしれない。つまり、水中遺跡や水際の遺跡の調査は陸上の遺跡の存在や性格を考える上でも大きなヒントを与えてくれるのである。

そうした意味では、太平洋の海の道の利用を知るため、そして太平洋沿岸の遺跡の性格を知るためにも、今後、海底遺跡や水際の遺跡にも大いに注目する必要がある。

第四章

蝦夷戦争と海上交通

軍事利用された海の道

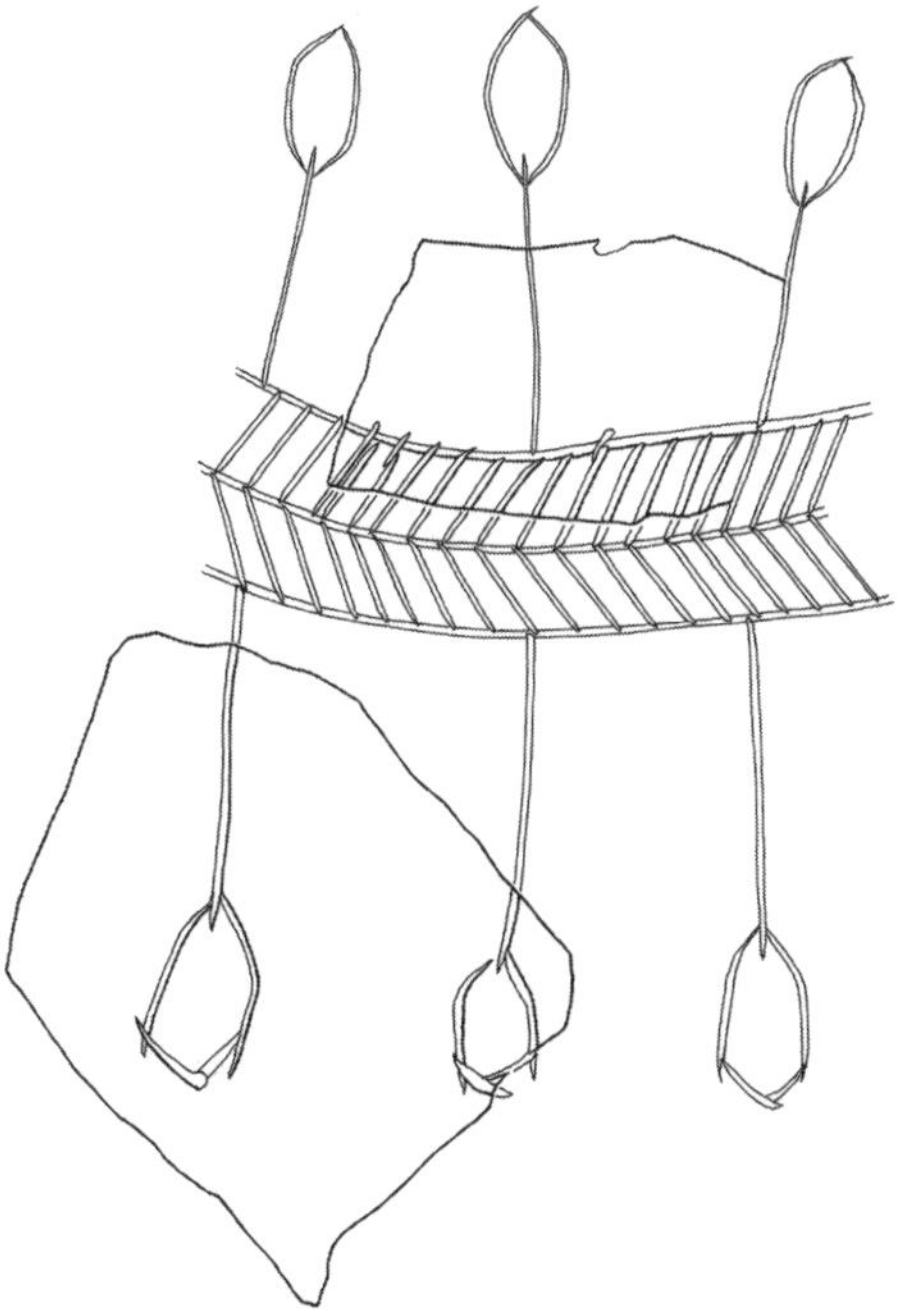

奈良県田原本町唐古・鍵遺跡出土土器線刻画
（田原本町教育委員会蔵・提供）

一　交易から始まった古代国家と蝦夷

阿倍比羅夫の「遠征」

前章で見た、蝦夷政策によって整備された太平洋沿岸の海の道が蝦夷戦争においてどのように利用されたか、人と物の移動について見ていこう。先述したとおり、太平洋を北上し陸奥国へと向かう海の道を利用したことがわかる文献の記述は乏しい。しかし、港湾の分布を視野に入れると、『日本書紀』や『続日本紀』から、八世紀から九世紀にかけて行われた蝦夷戦争における太平洋航路の活発な利用が見えてくる。

『日本書紀』に蝦夷の記事が現れるのは景行二七年二月一二日条であるが、倭王権が最初に大規模に蝦夷と接触したのは、斉明四年（六五八）四月条以降（斉明四年是歳条、同五年三月是月条、同六年三月条、五月是月条など。ただし書紀編纂時に混乱がある）に見える阿倍比羅夫の遠征である。このときは越から日本海側を船で移動し北海道南部まで行ったことが知られている。大化三年（六四七）に渟足《ぬたり》柵（新潟市か）がつくられていることからすると、このころの国家による支配領域は新潟県域までであったと推察できる。

比羅夫の遠征は、倭国の北側に広がる地に向けた支配領域拡大の準備として行われた、いわば示威偵察であったと考えられる。また、比羅夫遠征のもうひとつの目的は北方との交易にあった。『日本書紀』は、比羅夫と粛慎《みしはせ》《あしはせ》（第五章に詳述）との接触を伝えるが、そのファーストコンタクトは、双方が接触をせずに交互に品物を置き、ともに品物に満足した時に取引が成立する沈黙交易という、コミュニケーションのない交易だった。粛慎との交易は失敗に終わり戦争に及ぶのだが、比羅夫は蝦夷との交流に成功し、蝦夷を饗応し禄を与えるなどしている。

比羅夫の活動を『日本書紀』はあたかも征服戦争のように記すが、その内容のほとんどは北方の民との交流で、戦の記事は渡島の蝦夷から乞われた粛慎との一戦のみであり、それも沈黙交易が不調に終わったことを受けて戦闘に及んだという。また『日本書紀』はこの遠征により、国家の支配領域が拡大したかのように記すが、実際には越国の中に出羽郡が設置されたのが和銅元年（七〇八）、奈良時代直前になってようやく現在の山形県庄内地方まで倭国の領域に組み込まれたにすぎず、北海道南部にまで及んだ比羅夫の遠征は国家領域の拡大には直接つながっていない。ちなみに、鎌倉時代の初めごろでも日本の支配領域の北限は外ヶ浜（津軽半島）までであった。

ただ、比羅夫の遠征を契機に、倭国と蝦夷の交流が活発化したようで、第一章で紹介した唐の高宗に蝦夷のことを語った遣唐使は、比羅夫の遠征の記事の直後、斉明五年（六五九）七月三日に蝦夷を伴って難波を出発している。そして、その後『日本書紀』には蝦夷を饗応したという記事などが目立つようになる。

なお、この比羅夫の遠征の後、倭国の支配領域は次第に北へと広がっていくが、八世紀初頭までは軍事的な手段を用いた形跡がほとんど認められない。特に七世紀代は蝦夷との小競り合いの記事は二度認められるが、それ以外の記事は倭国側が蝦夷を饗応したという記事や、戦闘を伴わない蝦夷の服属記事である。これらの記事からは、倭国と蝦夷は敵対せず、むしろ友好的に接しており、交易と饗応、禄の授与などを繰り返して、徐々に蝦夷を従えていった様子がうかがわれる。そして、新たに支配領域に加わった土地には支配拠点としての城柵を置き、郡を設置し、時には関東から移民を行った。これと同じことは太平洋側でも見られる。

国家と交易する蝦夷

先に述べたように倭国の日本海側の支配拠点は大化三年に置かれた渟足柵であったが、太平洋側にも最初の陸奥国府と考えられる仙台郡山官衙遺跡（仙台市）が、七世紀中ごろには設置されたと見られている。その後、神亀元年（七二四）に陸奥国府は多賀城へと北上する。天平九年（七三七）には玉造柵（宮城県大崎市説と加美町説がある）がつくられているが、牡鹿郡は多賀城がつくられるよりも早く倭国の支配領域に含まれていたことが、牡鹿郡家と考えられる赤井官衙遺跡が七世紀末に成立したことからわかる。そして牡鹿郡以北にも早くから倭国と結びつきをもっていた人々がいたことが『続日本紀』霊亀元年（七一五）一〇月二九日条から知られる。

> また、蝦夷須賀君古麻比留《すがのきみこまひる》ら言さく、「先祖より以来、昆布を貢献《たてまつ》れり。常にこの地に採りて、年時闕《か》かず。今、国府郭下《かくか》、相去ること道遠く、往還旬《じゅん》を累《かさ》ねて、甚だ辛苦多し。請はくは、閇《へ》村に便《たより》に郡家を建て、百姓と同じくして、共に親族を率いて、永く貢を闕かざらむことを」とまうす。並にこれを許す。

閇村の場所については『日本後紀』弘仁二年（八一一）の記事に見える幣伊《へい》村と同じ場所（岩手県大槌町から普代村あたり）と考えられている。これではあまりに北すぎるという見解もあるが、七世紀中ごろの竜田御坊山古墳（奈良県斑鳩町）からは、岩手県久慈産の琥珀を用いた石枕が副葬されているので、その可能性は十分にありうる。

この短い文章には実に興味深い内容が含まれている。それを列挙しよう。

①古麻比留は先祖代々、三陸の昆布を毎年欠かさず納めていたとあるので、閇村からの昆布の貢納は奈良時代以前にさかのぼること。

②昆布の産地は北海道から三陸沿岸にかけてであることから、古麻比留の居住地は太平洋沿岸であり、霊亀元年の段階で三陸沿岸の郡家の北限は牡鹿郡家（赤井官衙遺跡）であるので、その北側の桃生郡以北、日本国の支配地外であること。

先にも述べたように『日本書紀』や『続日本紀』などの蝦夷に対する記載は、野蛮な異民族であり、国家により教化されるべき人々と一貫して扱われているので、古麻比留が国家を慕って自発的に昆布を貢納しているように記されている。しかし、古麻比留は律令の規定が適用されない蝦夷であり、制度上国家に対し何の義務も課せられていない。それなのに輸送の困難をおしてまで昆布を毎年、納めているということは古麻比留自身も何らかの見返りを得ていたと考えるのが妥当だろう。

具体的にいえば、古麻比留の行為は「交易」であったと考えられる。事実、昆布は都において高級食材として扱われており、それ以外の北方の品々も都で珍重されていた。一方、蝦夷の地とされた東北北部や北海道からは、奈良時代から平安時代にかけて鉄器が普及していることが知られ、これは国家との交易により得ていたと考えられている。古麻比留の要求は自分たちの居住地近くに、交易の場を設けてほしいというだけのものであり、国家もそれに応えている。このように、蝦夷と国家との交易は双方にとっても魅力的なものであった。

三十八年戦争と物資輸送

奈良時代中ごろ以降、時の政府は新たな城柵を設置しつつ支配領域を北へ北へと拡大しながら律令制による支配を企てた(図38)。それが蝦夷の反発を招き、宝亀五年(七七四)に蝦夷が桃生《ものう》城を襲うという事件が発生する。その後三八年にも及ぶ政府と蝦夷との戦争の幕開けである。

この一連の戦争については『続日本紀』が詳しく伝えている。特に延暦八年(七八九)の紀古佐美《きのこさみ》による征討は軍の編制と軍事物資の調達に関する細かな記録がある。征討前年の延暦七年三月二日には、陸奥国と東海・東山・北陸道諸国に命じて、七月を目途に兵糧を多賀城に運び込むよう命じ、翌日には東海・東山道諸国と坂東諸国の兵五万二八〇〇人を徴発し、翌年三月までに多賀城に集結するよう命じている。先に見たように、天応元年（七八一）の征討の折には、兵糧を船で輸送しているので、この時も船での輸送と考えられる。

この征討は結局失敗に終わる。古佐美の言い訳とも取れるような、桓武天皇への書簡による奏上から、蝦夷戦争の実態が見えてくる。敗れた古佐美はすぐさま、軍を解散するのだが、その理由として前線へ

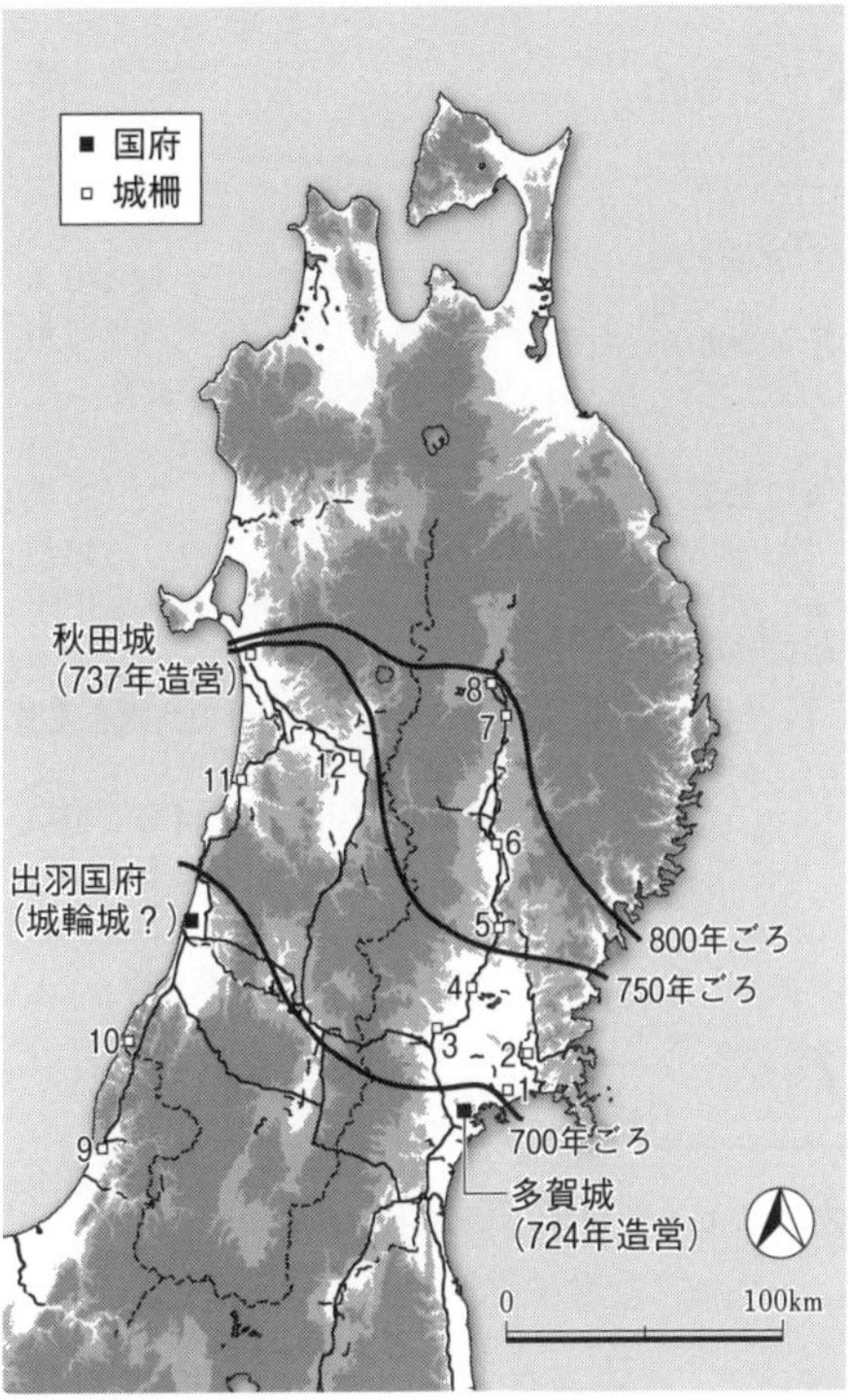

1　牡鹿柵（牡鹿郡家）737年初見
2　桃生城　758年造営
3　玉造柵　737年初見
4　伊治城　767年造営
5　覚鱉城　780年造営
6　胆沢城　802年造営
7　徳丹城　814年初見
8　志波城　803年造営
9　磐舟城　648年造営
10　都岐沙羅柵　658年造営
11　由利柵　780年初見
12　払田柵　9世紀初頭か

図38　城柵の北進

の物資輸送の困難さをあげている。『続日本紀』延暦八年六月九日条には以下のように記される。

胆沢の地は、賊奴《ぞくど》の奥区《あうく》なり。方に今、大軍征討して村邑を翦《か》り除《そ》けども、餘党伏し竄《かく》れて、人・物を殺し略めり。また、子波《しは》・和我《わが》は僻《さ》りて深奥に在り。臣ら遠く薄《せ》め伐たむと欲へども、粮運《らううん》艱《かん》有り。その玉造塞《たまつくりのき》より衣川営に至るまで四日、輜重《しちょう》の受納二箇日なり。然るときは往還十日なり。衣川より子波の地に至るまで、行程仮令《たと》へば六日ならば、輜重の往復十四日ならむ。惣《すべ》て、玉造塞より子波の地に至るまでは往還二十四日の程なり。途中にて賊に逢ひて相戦ひ、及《また》雨に妨げられて進むことえぬ日は程の内に入らず。河陸両道の輜重一万二千四百四十人、一度に運ぶ所の糒六千二百十五斛、征軍二万七千四百七十人、一日に食ふ所は五百四十九斛なり。此を以て支度するに、一度に運ぶ所は僅に十一日を支ふるのみなり。

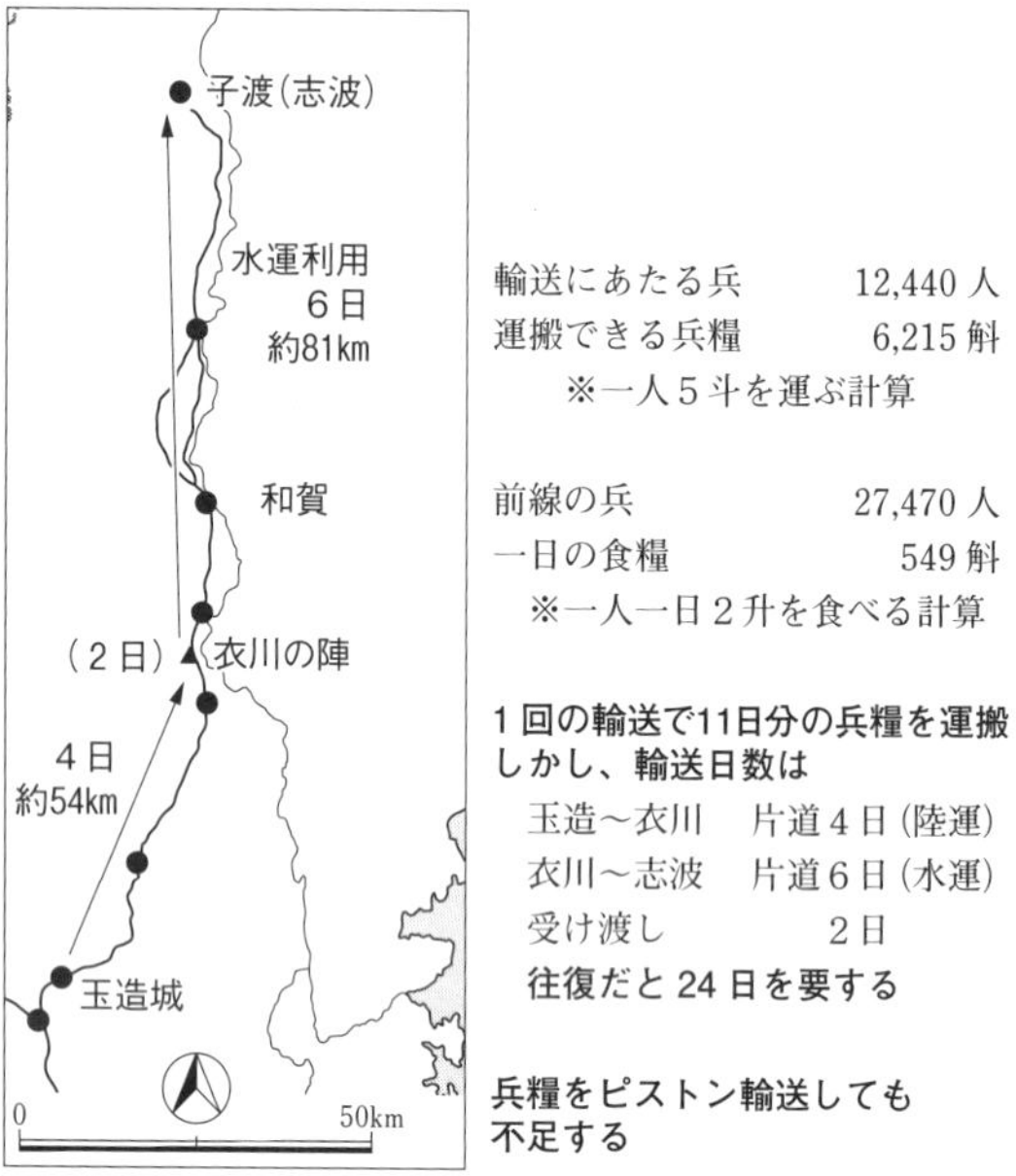

子渡(志波)
水運利用
6日
約81km
和賀
(2日)
衣川の陣
4日
約54km
玉造城
0
50km
輸送にあたる兵 12,440人
運搬できる兵糧 6,215斛
※一人5斗を運ぶ計算
前線の兵 27,470人
一日の食糧 549斛
※一人一日2升を食べる計算
1回の輸送で11日分の兵糧を運搬
しかし、輸送日数は
玉造〜衣川 片道4日(陸運)
衣川〜志波 片道6日(水運)
受け渡し 2日
往復だと24日を要する
兵糧をピストン輸送しても
不足する

図39 古佐美による征討の「コスト計算」

細かな数値をあげるものの、机上の計算のみによるものであろう（図39）。ここに「河陸両道の輜重」とあるように、輸送の一部は北上川水運を利用していた。その区間は衣川から最前線の子波（紫波）までと考えられる。本当に一回あたり六二一五斛の糒を船で運ぶとするならば五〇斛積みの船だと一二五艘が必要となる。なお、北上川水運を想起させる記事が同書の宝亀一一年（七八〇）二月二日条にも見え、北上川をさかのぼって蝦夷を討ちたいが、北上川が凍っていて叶わないとある。これらの記事から蝦夷との戦いのために多数の船が集められていたことがわかる。

また、古佐美はもうひとつ興味深い言い訳をしている。延暦八年七月一七日条の以下の記事に見える。

所謂《いはゆる》胆沢は、水陸万頃《ばんけい》にして、蝦虜《えみしども》存生《いきながら》へり。大兵一挙して、忽《たちま》ち荒墟《こうきょ》と為る。餘《よ》燼《じん》仮《たと》へ息むとも、危きこと朝の露の若し。至如《しかのみならず》、軍船纜《ともづな》を解きて船艫《ぢくろ》百里、天兵の加ふる所、前に強敵なく、海浦《かいほ》の窟宅、復人烟《じんえん》に非ず。山谷の巣窟、唯鬼火のみを見る。慶快《けいかい》に勝へず、飛駅《ひやく》して上奏す。

これは、先の敗戦を勝利だと言い換えた、いわば古佐美の詭弁である。古佐美がいうには、今回の戦いで村を焼かれた蝦夷にはもう戦う力が残っておらず、味方の軍船が天兵を連れて攻め込めば、蝦夷を全滅させることもできる、と。

この奏上は天皇をあきれさせただけだった。ただ、大量の軍船による天兵の侵攻と述べているところは興味深い。従軍の兵の中には海路、陸奥国に向かった者があったことを示すのかもしれない。そして、実際に海路で蝦夷戦争に参加した形跡がある人物がいるのだが、それを紹介する前に、もう少し蝦夷戦争と北上川水運について触れておきたい。

兵站基地徳丹城と北上川水運

弘仁二年（八一一）閏一二月一一日、征夷将軍、文室綿麻《ぶんやのわたま》呂《ろ》は、坂上田村麻呂が延暦二二年（八〇三）に北上川と雫石川合流地近くに蝦夷政策の最前線基地として造営した志波《しば》城（盛岡市）がしばしば水害に遭っているので、移転を嵯峨天皇に奏言した。それが許可され、翌年の三月ごろに志波城の南一〇キロメートルの地点に規模を縮小して徳丹《とくたん》城が新たな前線基地としてつくられた。

図40　徳丹城と地形（国土地理院空中写真　USA－R1424－95をベースに作成）

徳丹城は矢巾町の北上川の西方約二キロメートルの地点に位置する。沖積平野の微高地に立地し、約三五〇メートル四方の規模をもち、材木列で周囲を囲み、七〇－八〇メートルの間隔で櫓を建てており、内部には官衙建物群がある。付近には、約二〇メートルの幅で北上川に向けて延びる、東西方向の河川あるいは運河の跡と考えられる窪地がある。このことから、この城柵が北上川水運を意識してつくられたことがわかる（図40）。

先に見た古佐美の征討は玉造柵を兵站基地としていたが、北上川をさかのぼっていくと下流から桃生城、伊治《いじ》城（栗原市）、覚鱉《かくべつ》城（一関市か）があり、徳丹城も志波城も北上川流域にある。これらの城柵の分布からすると、北上川河口から上流への水運を利用した物資の輸送も十分に想定できよう。

二　蝦夷戦争に動員された人々

俘囚とされた紀伊の人

『続日本紀』神護景雲三年（七六九）一一月二五日条に次のような話がある。

陸奥国牡鹿郡の俘囚《ふしゅう》外少初位上勲七等の大伴部押人《おおともべのおしひと》言さく、「伝え聞かくは、「押人らは本《もと》是れ紀伊国名草郡片岡里の人なり。昔者《むかし》、先祖大伴部直、夷《えみし》を征ちし時、小田郡嶋田村に到りて居《お》りき。その後、子孫、夷の為に虜にせられて、代を歴て俘《ふ》と為れり」ときく。幸い聖朝運を撫《ぶ》し、神武《しんぶ》辺《へん》を威《い》すに頼りて、彼の虜庭《りょてい》を抜けて、久しく化民《けみん》と為る。望み請はくは、俘囚の名を除きて、調庸の民と為らむことを」とまうす。これを許す。

蝦夷戦争に紀伊国名草郡片岡里（和歌山市）から従軍した大伴部押人の先祖は小田郡に定住したが、その子孫が蝦夷の捕虜となり、その後、戸籍編纂の時に先祖の来歴が正しく伝わらなかったため、俘囚（国家の支配下の蝦夷）の身分とされてしまった。その誤りを正し、調庸の民、つまり天皇の民である「公民」の身分に戻してほしいという訴えである。

大伴部氏とは、大伴氏の部曲《かきべ》（私有民）である。大伴氏は武芸をもって大王に奉仕した氏族で、大伴家持の「族《やから》を諭す歌」にあるように、大王の親衛隊を任じた。もともとの姓は「連《むらじ》」、八色の姓（六八四年）により「宿禰《すくね》」。陸奥国とのかかわりも深く、奈良時代に陸奥鎮守府将軍に任じられた一三人のうち、大伴古麻呂（七五七年任命）、駿河麻呂（七七三年任命）、家持（七八二年任命）の三人が大伴一族であるなど、同一氏族の中から複数名の将軍を輩出した。また、弟麻呂《おとまろ》が征東大使（七九一年任命、七九四年に征夷大将軍）に、益立《ますたて》（七六一年任命）、真綱《まつな》（七八〇年任命）が副将軍に任じられている。

大伴部押人の先祖がどの戦争に従軍したのかはわからないが、征討には主として東国の兵力が動員されたにもかかわらず、紀伊国の人物が参加したということは、大伴氏に率いられ、はるばる陸奥国に赴いたと考えられる。また、押人の先祖が陸奥国への定住を選んだのは何も彼の意思によるとは限らない。奈良時代、蝦夷との戦争により拡大した国家の支配領域には、開発や律令制を定着させるため、移民が行われているので、押人の先祖の陸奥国残留も、新たな支配領域の経営のためだったのだろう。

大伴氏は海上交通とも深く結びついていたようだ。『日本書紀』欽明元年九月五日条によると武烈大王の時代に大連となった大伴金村は、住吉（大阪市住吉大社の付近で古代には住吉津があった）に宅を構えていたことが知られ、『万葉集』には、「大伴の御津の浜」「大伴の高師の浜」と詠われている。「御津」は難波津、「高師」は現在の大阪府高石市一帯のことであり、いずれも古代の重要な港であり、金村やその子の磐《いわ》、狭手彦《さでひこ》らは、ここを拠点に外交や外征に携わっている。

なお、時代は下るが、大伴氏は貞観八年（八六六）の応天門の変により伴善男らが処罰されたことにより衰退し、次第に中央政界から姿を消すが、その末裔を称する者は、相模（鶴岡八幡宮社職家）、大隅（肝付家）、三河（三河伴家）、伊豆（伊豆伴家）などで認められる。いずれも海に面した国であることが注目される。

紀伊の大伴氏

大伴氏の同族は全国に広く分布している。大伴連氏は摂津・信濃・紀伊に分布し（大伴部氏から連姓を賜った者は陸奥国黒川・白河郡で確認される）、大伴部の管理者と考えられる大伴直氏は、三河・甲斐・武蔵・安房・出羽・筑前国（大伴部直氏は三河・武蔵・美濃・紀伊国）、同じく大伴部を率いた大伴君氏は、越後・肥前・肥後国に分布する。中でも、安房の大伴直氏は安房国造に任じられていることが注目される。また、紀伊国の大伴連氏は人数も多かったようで、名草郡、那珂郡で確認されている。

ちなみに大伴部氏は、三河・相模・甲斐・武蔵・安房・下総・常陸・美濃・上野・下野・陸奥・出羽・越前・越中・越後・出雲・石見・隠岐・播磨・安芸・周防・紀伊・伊予・肥前・肥後・豊前・薩摩・筑後国といった広い範囲に分布している（太田　一九四二）。

大伴氏は倭王権設立時からの有力豪族であり、倭王権による支配領域の拡大にも大きく関わったため、このような幅広い同族や部曲の分布が見られるのであるが、ここで注目したいのが、部民制が整備される六・七世紀において大伴連氏が海上交通の便に恵まれた大阪湾岸を中心に分布していることである。加えて、『倭名類聚抄』によると、大伴連氏や大伴部氏が多く住んでいた「伴部郷」が、肥前国小城郡、安房国長狭郡、常陸国多珂郡（内陸部では常陸国真壁郡、陸奥国会津郡）といった具合に、太平洋岸に点在している。このことは、大伴氏が海上交通に関わっていた可能性を示唆する。そして、大伴連氏や大伴部氏が多く住んでいた紀伊は海上交通に深く関わった紀氏の本拠であったことも注意を要する。

大伴氏と紀氏

古墳時代から古代の海上交通を語る際に紀氏の存在を忘れてはならない。紀氏にはふたつの系統がある。ひとつは武内宿禰《たけうちのすくね》を祖とすると伝える「臣」姓を賜った紀氏で、その本拠地は大和国平群郡にあったとされる。もうひとつが紀伊国名草郡周辺を本拠とする「直」姓を賜った紀氏である。武内宿禰の母は紀直氏の遠祖である菟道彦《うじひこ》の女《むすめ》の影媛と伝え、武内宿禰も紀国造宇遅彦《うちひこ》命の女、宇之媛《うのひめ》命を妻とし、紀臣氏の祖、紀角宿禰《きのつののすくね》が生まれたとあり、両者は系譜を異にするものの何らかのつながりがあったとされる。

紀直氏は紀国造となり、代々国造職とともに日前《ひのくま》神宮・國懸《くにかかす》神宮の祭祀を受け継ぐなど祭祀色も濃い氏族である。それに対し紀臣氏は、古くは朝鮮半島遠征や経営に携わるなど、大伴氏と同様、海上交通との関わりが想定される。七世紀後半ごろからは中央貴族として活躍する一方で、大伴氏と同様、軍事氏族としての性格ももっていた。陸奥国経営でも紀古佐美や広純らが征東大使や鎮守将軍に任じられている。

紀直氏が本拠とした紀ノ川河口部は、古墳時代には外交窓口として栄えていたようだ。紀直氏の奥津城とされる岩橋《いわせ》千塚古墳群は紀ノ川下流部の左岸にあり、天皇塚古墳や将軍塚古墳をはじめとする複数の古墳から馬具など朝鮮半島や中国大陸からもたらされた副葬品が出土している。紀ノ川沿いの古墳からも、同様の副葬品の出土が認められるなど、紀ノ川流域に朝鮮半島や中国大陸との海上交通を担った一族が分布し、その河口部が港湾として機能していたことは疑いない。さらに、紀伊国には海部郡（和歌山・海南・有田市の一部）があり、海部直氏の居住が認められており、彼らが紀直氏に率いられ海上交通を担った可能性も指摘されている。

また、紀直氏の同族は和泉・河内・肥前国に、紀臣氏の同族は周防・和泉・紀伊・阿波・讃岐・伊予・豊前・伊賀・美濃国にいたことが認められる。紀臣氏の同族が瀬戸内海でも紀伊から阿波、讃岐、伊予といった南海道諸国に広く分布することから、瀬戸内航路のうち、四国沿岸ルートを紀臣氏が掌握していた可能性が考えられる。

再度振り返ってみよう。紀ノ川河口には紀氏と大伴氏とが重なり合うように分布していた。特に紀氏は同族の分布から、瀬戸内の四国経由の海上交通に深く関わっていた可能性が高い。一方の大伴氏は、大伴部氏が播磨、安芸、周防といった瀬戸内でも山陽道諸国に分布することから瀬戸内海の中国地方経由の海上交通に深く関わっていた可能性が高い。つまり、この両者が瀬戸内海の海上交通の担い手になっていたと考えられる。そして、大伴氏は大伴部氏、大伴連氏の分布から東国への海上交通へも関与していたと考えられる。紀伊国名草郡出身の大伴部押人が蝦夷征討に加わっていたという記述と、彼の本拠が海上交通に深く関わった大伴氏と紀氏の本拠地であったことから想像すれば、押人の先祖が大伴宿禰（連）氏に従い海路、蝦夷の地に向かったのかもしれない。

ここまで見てきたように、東海地方から紀伊半島を経由して難波に向かう海上ルートは「応神紀」から認められるが、その逆ルートの利用を具体的に示す記録は古代の文献史料には認められない。ただし、中世になると、紀伊国付近から陸奥国への海上交通の形跡を示す文書がある。延元三年（一三三八）九月二九日付「北畠親房書状」（『松井家文書』）では、南北朝の抗争中に、劣勢を強いられていた南朝方の義良《のりなが》親王と北畠親房らが伊勢国大湊（三重県伊勢市）から東国へ向かい出航したが、遠州灘で遭難し、それぞれ別の場所に漂着したことが述べられる。常陸国神宮寺城に到着した親房は、親王の安否を確認するため結城親朝《ちかとも》宛に書状を送り、親王が奥州に到着したと聞いたが宇多（福島県宇多郡）なのか牡鹿郡なのかと聞いている。この記事から中世には伊勢国大湊から陸奥国へ向かう太平洋航路が存在したことがわかる。

移住させられた蝦夷

蝦夷戦争により従軍のため陸奥へ移された人もいれば、陸奥以南へ送られた蝦夷もいた。俘囚の一部は強制移住（移配《いはい》）させられ、移住先で生計が立てられるようになるまで、俘囚料という名目で国司から食糧を支給され、庸・調の税が免除された。

移配された俘囚の数は『続日本紀』に記録が残るものだけで二〇〇〇人、『延喜式』「主税式」に記された俘囚料の合計は一〇九万五五〇九束で、その数は四五六五人の俘囚を養うことができる量という。また、俘囚料を支出している国は三五カ国である。『延喜式』「主税式」から推定される俘囚が最も多く移配された国は肥後国の七二二人、次いで近江国の四三七人、以下、常陸国と下野国がともに四一六人、播磨国が三一七人となっている。

最初の移配は神亀二年（七二五）に行われ、一四四人が伊予国に、五七八人が筑紫に、一五人が和泉に送られた。続いて天平一〇年（七三八）には一一五人が駿河国を経由して摂津に移配された。三十八年戦争が始まると、大規模な移配が全国各地に対し行われるようになるが、移配先の暮らしになじめなかった蝦夷の反乱事件が何度か発生している。弘仁五年（八一四）には出雲国で、貞観一七年（八七五）には下総国で、元慶七年（八八三）には上総国で俘囚による反乱が起こっている。

彼らが陸路で移配させられたのか、海路なのかは不明だが、蝦夷戦争に物資や兵員を積むのに多数の船が使われたとするならば、そのうちいくつかは帰路を俘囚の移配にあてたのかもしれない。

三　太平洋沿岸の神社と蝦夷戦争

式内社から読み解く蝦夷戦争

『延喜式』巻九・一〇は、官社の名を列挙した「神名帳」である。官社とは毎年二月の祈年祭に神祇官から幣帛《へいはく》（捧げ物）を受ける神社であり、全国二八六一社が国・郡ごとに列挙されている。これらの神社を「式内社」という。特に陸奥国と出羽国の式内社は、国家の支配領域の拡大、すなわち蝦夷政策との関わりが想定されており、『続日本紀』には蝦夷戦争の時、政府軍が苦境に陥った時に霊験を現した神のこともしばしば現れている。また、その分布が東山道駅路沿いや城柵付近、前章で見たラグーンの港近くや川沿いに認められる例が多い。こうした式内社の分布から、その成立と蝦夷政策とを結びつけて考える見方がある（真山 二〇一三）。そして、陸奥国における式内社の分布は、当時の水陸の交通網を復元するヒントを握っている可能性がある。

また、神社は祭神によってどんな霊験を示すかの違いがあるとともに、もともとどこにいた神なのかといった、いわば本籍地がある。たとえば現在全国各地の八幡神社に祀られる八幡神は、一四世紀に成立した『八幡宇佐宮御託宣集』によると、最初は大分県の宇佐で祀られた中国からの渡来神であった。宇佐は国東半島の付け根にあたり、『豊後国風土記』には、九州に遠征した景行大王が、「彼《そ》の見ゆるは、若《け》し《だ》、国の埼《さき》ならむ」といったことから、国埼郡と呼ばれるようになったとある。

『続日本紀』天平九年（七三七）四月には、新羅の非礼を神に告げるための使者が、伊勢神宮、大神社《おおみわ》（奈良県桜井市の大神神社）、筑紫の住吉（福岡市の筑紫住吉社）、香椎宮（福岡市）とともに八幡神にも派遣されたとある。そして、養老四年（七二〇）に起こった隼人の反乱によりその地位が一気に高まる。『続日本紀』はこの戦争と八幡神の関わりについて多くは語らないが、『八幡宇佐宮御託宣集』には八幡神がこの戦いで大いに霊験を発揮したとある。これを契機に八幡神は神功皇后の胎内で朝鮮半島出兵を経験した誉田皇子《ほむだのみこ》（応神大王）の神霊で、天皇家の祖先神であり、かつ戦の神とする縁起が加わり信仰を集めた。それがやがて桓武平氏や清和源氏など武士の信仰を集めたことにより、全国各地に八幡神が勧進された。ちなみに東北への最も古い八幡神の勧進は、坂上田村麻呂による鎮守府八幡宮（岩手県奥州市）と伝えられている。

戦の神

陸奥国の式内社は一〇〇座あり、式内社の数が多い郡を順にあげると、牡鹿郡一〇社、行方郡八社、磐城郡・白河郡・栗原郡・胆沢郡七社、桃生郡六社となる（**表7**）。式内社の北端は志賀理和気《しかりわけ》神社（岩手県紫波町）で、祭神は武甕槌命《たけみかつち》（香〈鹿〉島神）・経津主命《ふつぬし》（香取神）である。社伝によると延暦二三年（八〇四）に坂上田村麻呂が東北開発のために勧進したと伝える。志賀理和気神社が所在する紫波町付近は、九世紀初頭における国家の東北経営の最前線にあたり、志波城（八〇三年造営）、徳丹城（八一一年造営）がつくられている。この神社は、徳丹城の南方約七キロメートルの地点、東山道駅路と北上川の間に位置しており、社伝のとおり国家による陸奥国北方経営との関係が考えられる（**図41・表7**）。

ここで、武甕槌命、経津主命、坂上田村麻呂のという三つの名をあげたが、陸奥国には、これに加え景行大王の命により西へ東へと奮戦した伝説の王子、ヤマトタケルを祭神としたり、その伝承を伝える式内社が目立つ。共通するのは「戦の神」であり、このことも式内社と蝦夷戦争との関わりを示している。

武甕槌命と経津主命は『日本書紀』には、葦原中国平定の時に下界に降りた軍神で、前者は鹿島神宮、後者は香取神宮の主神として東国の平定神として祀られた。この二柱を祭神とする神社は陸奥国の式内

祭神・伝承に係る人物			社伝など
香島・香取神	日本武尊	坂上田村麻呂	
	●		
▲			
			天武8年（679）役小角勧請
	▲		
	▲		
●			
●			
			大宝3年（703）巨勢麻呂創祀
●		●	
●	▲		
●	▲		
	▲		
●	▲		
●			
	●		
	●		
			790年頃対馬海神神社より勧請

	所在郡	社名	所在地	主な祭神
1	白河郡	都都古和気神社	福島県棚倉町	味耜高彦根命・日本武尊
2	白河郡	伊波止和気神社	福島県古殿町	戸隠大神・手力男神
3	白河郡	白河神社	福島県白河市	天太玉命・中筒男命・衣通姫命
4	白河郡	八溝嶺神社	茨城県大子町	大己貴命・事代主命
5	白河郡	飯豊比売神社	福島県白河市	飯豊比賣神
6	白河郡	永倉神社	福島県西郷村	伊弉諾命
7	白河郡	石都都古和気神社	福島県石川町	味秬高彦根命
8	刈田郡	苅田嶺神社	宮城県蔵王町	天之水分・国之水分・蔵王大権現
9	名取郡	多加神社	宮城県仙台市	伊弉諾尊
10	名取郡	佐具叡神社	宮城県名取市	猿田彦大神
11	宮城郡	伊豆佐売神社	宮城県利府町	伊豆佐比賣命
12	宮城郡	志波彦神社	宮城県塩竈市	志波彦神
13	宮城郡	鼻節神社	宮城県七ヶ浜町	猿田彦命
14	宮城郡	多賀神社	宮城県多賀城市	武甕槌命
15	黒川郡	須伎神社	宮城県大衡村	伊弉諾尊
16	黒川郡	石神山精神社	宮城県大和町	大山祇神・保食神・大歳神
17	黒川郡	鹿嶋天足別神社	宮城県富谷町	武甕槌命・経津主命
18	黒川郡	行神社	宮城県富谷町	猿田彦命
19	賀美郡	飯豊神社	宮城県加美町	保食神
20	賀美郡	賀美石神社	宮城県加美町	猿田彦神
21	色麻郡	伊達神社	宮城県色麻町	五十孟神・経津主神・武甕槌神
22	玉造郡	温泉神社	宮城県大崎市	大己貴命・少彦名命
23	玉造郡	荒雄河神社	宮城県大崎市	大物忌神
24	玉造郡	温泉石神社	宮城県大崎市	大己貴命・少彦名命
25	亘理郡	鹿嶋伊都乃比気神社	宮城県亘理町	武甕槌神
26	亘理郡	鹿嶋緒名太神社	宮城県亘理町	武甕槌神
27	亘理郡	安福河伯神社	宮城県亘理町	速秋津比売神
28	亘理郡	鹿嶋天足和気神社	宮城県亘理町	武甕槌神
29	信夫郡	鹿嶋神社	福島県福島市	武甕槌命
30	信夫郡	黒沼神社	福島県福島市	沼中倉太珠敷命
31	信夫郡	東屋沼神社	福島県福島市	少名彦那神
32	信夫郡	東屋国神社	福島県福島市	日本武尊
33	信夫郡	白和瀬神社	福島県福島市	日本武尊
34	志太郡	敷玉早御玉神社	宮城県大崎市	豊玉姫命・玉依姫命

表7　陸奥国の式内社
（●主祭神、▲由緒に名が登場または祭神とした時期があったもの）

		●	
			貞観元年（859）勧請
			天武2年（673年）創祀
			武内宿禰創祀
●			神護景雲の頃の創祀
			大同元年（806）創祀
		●	
			仁徳55年渡海安全のため創祀
●			
	▲		
	●		
	▲		
●	▲		
●			
	▲		
			天平神護元年（765）創祀
	▲		

35	磐城郡	大国魂神社	福島県いわき市	大己貴命
36	磐城郡	二俣神社	福島県いわき市	品蛇和気命
37	磐城郡	温泉神社	福島県いわき市	大己貴命
38	磐城郡	佐麻久嶺神社	福島県いわき市	五十猛命
39	磐城郡	住吉神社	福島県いわき市	表筒之男命
40	磐城郡	鹿嶋神社	福島県いわき市	武甕槌神
41	磐城郡	子鍬倉神社	福島県いわき市	稲倉魂命
42	標葉郡	苕野神社	福島県浪江町	高龗神・闇龗神
43	牡鹿郡	零羊埼神社	宮城県石巻市	豊玉彦命
44	牡鹿郡	香取伊豆乃御子神社	宮城県石巻市	香取伊豆乃御子神
45	牡鹿郡	伊去波夜和気命神社	宮城県石巻市	伊去波夜和気命
46	牡鹿郡	曾波神社	宮城県石巻市	志波彦神
47	牡鹿郡	拝幣志神社	宮城県石巻市	高皇産霊尊
48	牡鹿郡	鳥屋神社	宮城県石巻市	猿田彦神
49	牡鹿郡	大嶋神社	宮城県石巻市	底筒男神・中筒男神・表筒男神
50	牡鹿郡	鹿嶋御児神社	宮城県石巻市	武甕槌命・鹿島天足別命
51	牡鹿郡	久集比奈神社	宮城県石巻市	彦火火出見命
52	牡鹿郡	計仙麻神社	宮城県石巻市	倉稲魂命・豊玉彦命
53	桃生郡	飯野山神社	宮城県石巻市	稚産霊神・保食神・大山津見神
54	桃生郡	日高見神社	宮城県石巻市	天日別尊・天照大神・日本武尊
55	桃生郡	二俣神社	宮城県石巻市	水戸神・船戸神
56	桃生郡	石神社	宮城県石巻市	多岐津比賣命
57	桃生郡	計仙麻大嶋神社	宮城県気仙沼市	瓊瓊杵命・誉田別尊・軻遇土神
58	桃生郡	小鋭神社	宮城県石巻市	小田神・賀茂別雷神・賀茂建角見神
59	行方郡	高座神社	福島県南相馬市	伊志許理度売命
60	行方郡	日祭神社	福島県南相馬市	天照大御神・高皇産靈神
61	行方郡	冠嶺神社	福島県南相馬市	少彦名命・天津彦火邇邇芸命
62	行方郡	御刀神社	福島県南相馬市	経津主神
63	行方郡	鹿嶋御子神社	福島県南相馬市	天足別命
64	行方郡	益多嶺神社	福島県南相馬市	大国主大神
65	行方郡	多珂神社	福島県南相馬市	伊邪那伎命（多珂荒御魂命）
66	行方郡	押雄神社	福島県南相馬市	押雲根命
67	栗原郡	表刀神社	宮城県栗原市	素戔嗚尊
68	栗原郡	志波姫神社	宮城県大崎市	天鈿女命
69	栗原郡	雄鋭神社	宮城県栗原市	速須佐之男命

	▲		
	▲		
●			
	●▲		
		●	大同２年（807）勧請
			仁和元年（885）創祀
		●	大同２年（807）勧請
●			
●	●		養老２年（718）勧請
			武内宿禰創祀
●		●	延暦23年（804）勧請
			欽明11年創祀
●			
	●		敏達元年（572）創祀
	●		
		●	

70	栗原郡	駒形根神社	宮城県栗原市	大日孁尊・天常立尊・吾勝尊
71	栗原郡	和我神社	宮城県栗原市	武烈天皇
72	栗原郡	香取御児神社	宮城県栗原市	経津主神
73	栗原郡	遠流志別石神社	宮城県登米市	倭健命
74	胆沢郡	磐神社	岩手県奥州市	伊邪那岐命
75	胆沢郡	駒形神社	岩手県奥州市	駒形大神
76	胆沢郡	和我叡登挙神社	岩手県奥州市	
77	胆沢郡	石手堰神社	岩手県奥州市	天忍穂耳命
78	胆沢郡	胆沢川神社	岩手県奥州市	神八井耳命・須佐之男命
79	胆沢郡	止止井神社	岩手県奥州市	大日靈命・邇邇藝命・大山祇命
80	胆沢郡	於呂閇志神社	岩手県奥州市	神八井耳命・須佐之男命
81	新田郡	子松神社	宮城県大崎市	武甕槌命
82	磐瀬郡	桙衝神社	福島県須賀川市	日本武尊・武甕槌神
83	会津郡	伊佐須美神社	福島県会津美里町	伊弉諾尊・伊弉冉尊・大毘古命
84	会津郡	蚕養国神社	福島県会津若松市	保食大神・稚産霊大神・天照大御神
85	小田郡	黄金山神社	宮城県涌谷町	金山毘古神・天照皇大神・猿田彦命
86	耶麻郡	磐椅神社	福島県猪苗代町	大山祇命・埴山姫命
87	斯波郡	志賀理和気神社	岩手県紫波町	経津主神・武甕槌神・大己貴神
88	気仙郡	理訓許段神社	岩手県大船渡市	理訓許多神・素盞嗚神
89	気仙郡	登奈孝志神社	岩手県大船渡市	登奈孝志神・稲田姫命
90	気仙郡	衣太手神社	岩手県大船渡市	衣太手神・天照大神
91	安積郡	宇奈己呂和気神社	福島県郡山市	瀬織津比売命
92	安積郡	飯豊和気神社	福島県郡山市	御饌津神
93	安積郡	隠津嶋神社	福島県郡山市	建御雷之男神
94	柴田郡	大高山神社	宮城県大河原町	日本武尊・橘豊日尊
95	宇多郡	子負嶺神社	福島県新地町	豊受比売之命
96	伊具郡	熱日高彦神社	宮城県角田市	天津日高彦火邇邇杵命・日本武尊
97	伊具郡	鳥屋嶺神社	宮城県丸森町	鵜鶿草葺不合尊
98	磐井郡	配志和神社	岩手県一関市	高皇産霊尊
99	磐井郡	儛草神社	岩手県平泉町	稲倉魂命
100	江刺郡	鎮岡神社	岩手県奥州市	大己貴命

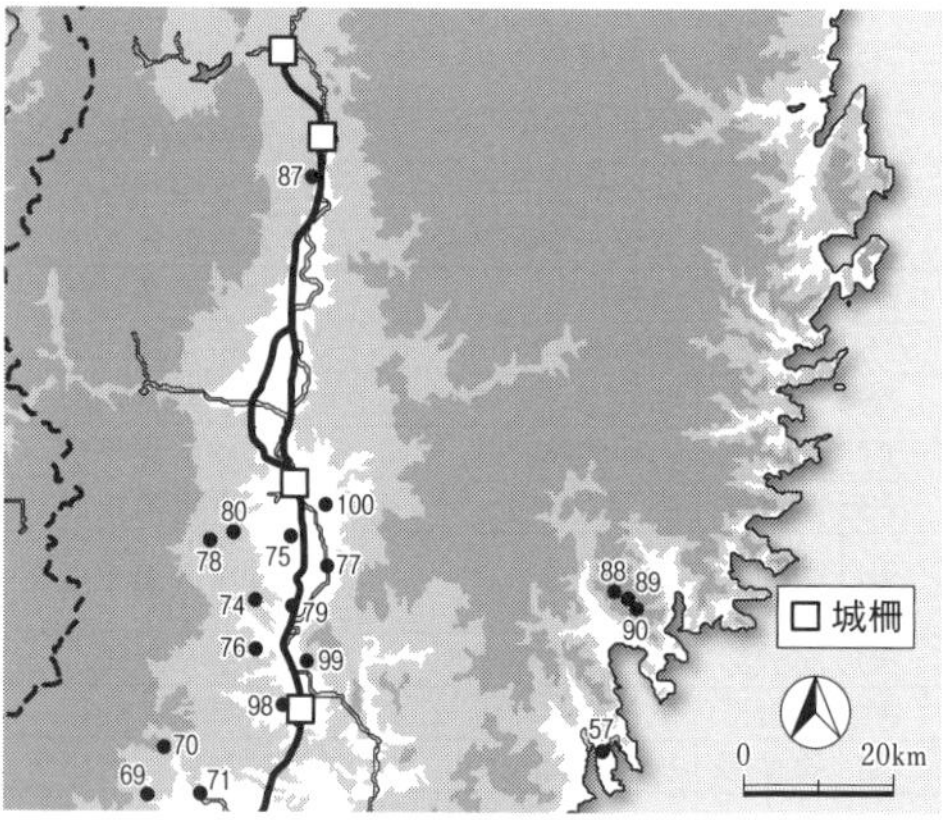

図41　陸奥国の式内社の分布１

社だけでも一六社、『日本三代実録』貞観八年（八六六）正月二〇日条によれば、陸奥国内の鹿島神宮末社は三八社とある。これは、この神が国家による陸奥国経営と強く関係していることを示している。その分布範囲は幅広く、二社以上認められる郡は、式内社では牡鹿郡、亘理郡、行方郡、磐城郡で、いずれも海沿いの郡である。それに対し末社は磐城郡一一、宇多郡七、小田郡四、宮城郡・色麻郡三、標葉郡・亘理郡二で、現在の福島県から宮城県南部の海岸沿いに二二社が集中する。

　また、ヤマトタケルを祭神としたり、勧進などを伝えたりする神社は、東山道駅路が通過する栗原郡に四社、信夫郡と白河郡に二社が認められるが、福島県北部から宮城県南部の沿岸部にあたる行方郡と亘理郡にそれぞれ三社、北上川流域の桃生郡に二社といった具合に地域的に偏りを見せる。

　さらに、坂上田村麻呂の関わりを伝える神社は、色麻郡の伊達神社（21）、胆沢郡の胆沢川神社（78）、磐井郡の儛草《まいくさ》神社（99）のように東山道駅路沿いでも北側で認められる。太平洋に面した磐城郡大国魂神社（35）、標葉郡苕野《くさの》神社（42）にも田村麻呂伝説が伝わる。大国魂神社は夏井川河口から約三キロメートルの地点にあり、苕野神社は請戸港の南側に近接するなどいずれも海上交通との関係が考えられる場所である。このことは、田村麻呂の遠征にあたって福島県沿岸の港湾が利用された可能性を示している。

次に海岸に面した郡の式内社について詳しく見ていこう。

陸奥国式内社と遺跡から

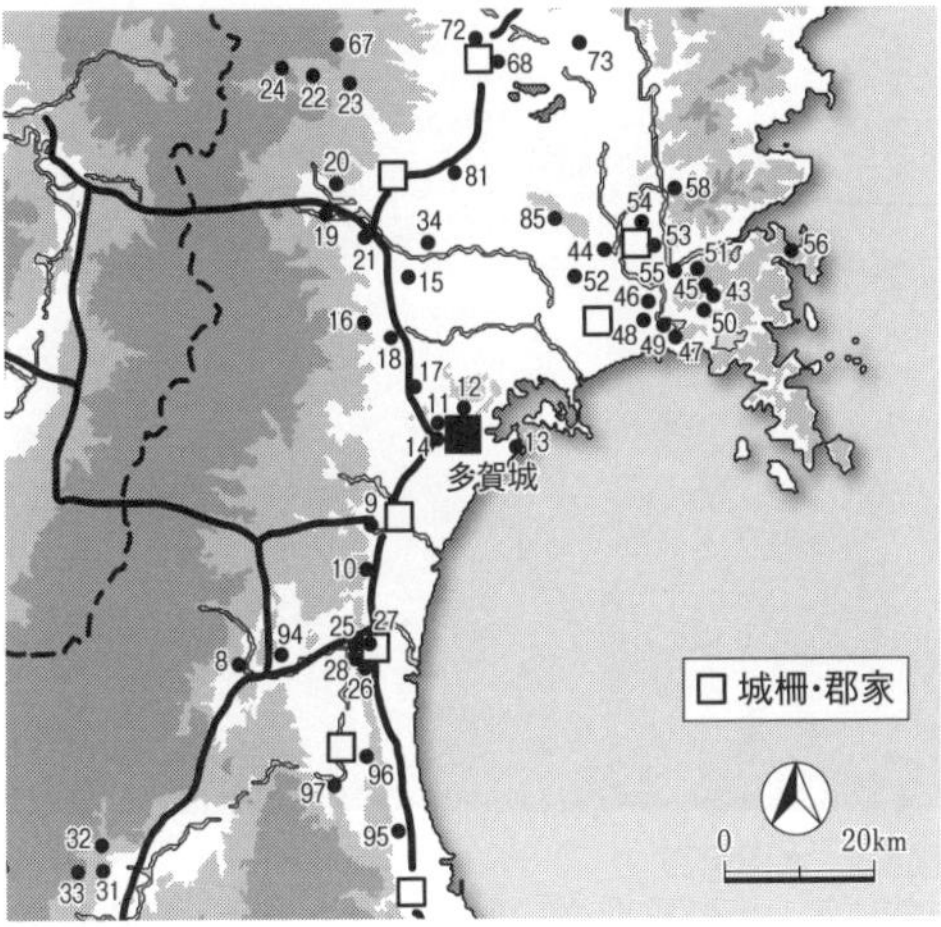

図42　陸奥国の式内社の分布２

沿岸部で複数の式内社のある郡は、気仙郡三社、桃生郡六社、牡鹿郡一〇社、亘理郡四社、行方郡八社、磐城郡七社である（図42・表7）。気仙郡の三社については不明な点が多いが、桃生郡と牡鹿郡に所在する一六社は、太平洋沿岸に立地するものと、北上川流域に立地するもの、入り江に面して立地するものとに大別できる。

太平洋に面する神社は、気仙沼湾に浮かぶ大島に所在する桃生郡計仙麻《けせま》大嶋神社（57、気仙沼市）、北上川（追波川）河口近くにある桃生郡石《いし》神社（56、石巻市）、それに加え宮城郡になるが、七ヶ浜半島の垂水山の頂に立地する鼻節《はなぶし》神社（13、七ヶ浜町）である。式内社は交通の要衝に置かれるという見方をとれば、これら海岸沿いの式内社は港湾との関係が想定される。計仙麻大島神社は瓊瓊杵《ににぎ》命、誉田別尊を祭神とし、承和年中（八三四—八四七）の創祀と伝える。石神社の祭神は宗像三女神の一人で航海の神、多岐《たぎ》津比賣《つひめ》命である。神功皇后の時代あるいは神亀二年（七二五）の創祀と伝える。鼻節神社の祭神は伊勢の五十鈴川にいた神、猿田彦命であり、航海の安全の神として信仰された。なお、この場所は多賀城の津への入り口があったと考えられている。

　入り江、内海に面する神社には牡鹿郡の零羊埼《ひつじがさき》神社（43）、伊去波夜和気命《いこはやわけのみこと》神社（45）、鹿嶋御《み》児《こ》神社（50）、久集比奈《くすひな》神社（51）の四社がある。いずれも、もともと石巻市真野に所在していたといわれる。真野は第三章に述べたように国土地理院による治水地形分類図によると広大な後背湿地となっており、縄文時代には沼津貝塚の存在が示すように入り海であり、昭和初期までは、大小の沼が所々に残っていて入り江の名残を留めていたという。また真野村「安永風土記」には「小島　右往古入江之節小島ニ御座候」とある。

　いつごろ陸地化したのかは定かでないが、この付近からかつて古代の丸木船が出土していることと、

図43　水沼窯跡
1981年、土砂採取中に偶然発見された。窯の構造や出土遺物の形状、文様が12世紀前半の渥美半島のものと類似しており、同地域からの工人の移動が考えられている（写真・石巻市教育委員会）

中世には水沼窯がつくられていることが注目される。この窯でつくられた製品の特徴や窯の構造から、愛知県渥美半島の陶工が築いた窯と考えられている（図43）。操業時期は一二世紀前半であり、製品は平泉で出土していることから、渥美半島の陶工を呼び寄せたのは、奥州藤原氏であったと考えられている。石巻と平泉は北上川によって結ばれており、さらに北上川本流と水沼窯が入り江もしくは河川で結ばれていたと考えれば、この地が陶器生産の場所に選ばれたのも理解しやすい。なお、真野には藤原秀衡が創建したとの伝承をもつ遮那山長谷寺がある。

零羊埼神社は、現在は石巻市内を見下ろす牧山の山頂にある。祭神は海の神、豊玉彦《とよたまひこ》命で、社伝では応神天皇の時代に神功皇后の勅願により西国から東奥鎮護の神として祀られたという。伊去波夜和気神社は、創祀年代は伝わっていないが、祭神は猿田彦神、武甕槌神、経津主神ら五柱である。この三神は陸奥国一宮である塩竈神社でも祀られている。また、武甕槌命と経津主神は塩竈神社の祭神である塩土老翁《しおつちのおじ》神の先導のもと、東北の平定を行ったとされているように、倭王権による東北経営に関わる神である。鹿嶋御児神社は、現在は日和山山頂にあり、武甕槌神とその子鹿島天足別命を祭神とする。久集比奈神社は、現在は上品山山頂にあり、彦火火出見《ひこほほでみ》命を祭神とする。

なお、石巻市の北上川右岸には奈良から平安時代の役所跡の可能性が指摘されている田道町《たみちちょう》遺跡がある。この遺跡からは銅製の帯金具と延暦一一年（七九二）の出挙（利子付き貸借を示す）木簡が出土している。出挙木簡には、「真野公穴万呂」の名が見える。「真野」は式内社が集中する真野に通じ、真野を本拠とする有力な一族と考えられる。また、「公」姓は八世紀後半には、服属した蝦夷に与えられる例が多く認められている。蝦夷は通常、調庸などの税を免除されるが、出挙が行われているということは、真野氏は天皇の民と同様の扱いを受けていたことがわかる。

次に北上川沿いの式内社についても見ていこう。牡鹿郡には、曾波《そば》神社（46）、拝幣志《はへし》神社（47）、鳥屋神社（48）、大嶋神社（49）、桃生郡には日高見神社（54）、二俣神社（55）、小鋭《おとの》神社（58）、飯野山神社（53）がある。いずれもおおむね現在の流路に沿って分布しており、このうち、日高見神社と飯野山神社はヤマトタケル伝説を伝える。先に見たように蝦夷との戦争では北上川水運が利用されていたが式内社の分布も、このことと関係するのだろう。

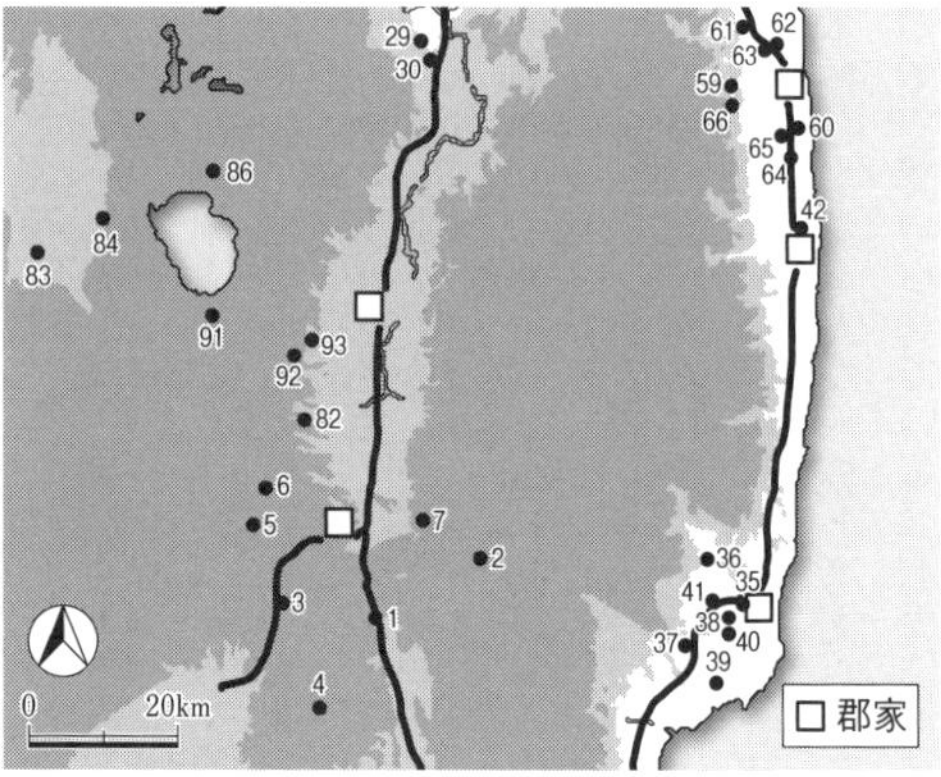

図44　陸奥国の式内社の分布３

曰（亘）理郡に目を転じると、式内社四社のうち三社（25・26・28）が武甕槌神を祭神とし、三社がヤマトタケルによる創祀を伝える。式内社は四社ともに古代の港の可能性がある鳥の海の西方約五キロメートルの範囲内にある。

行方郡の八社のうち海岸近くにあるのは四社である。ヤマトタケルによる創祀を伝える御刀《みと》神社（62）は真野川河口から約二・五キロメートル、多珂神社（65）は太田川河口から約三キロメートル、鹿嶋御子神社（63）は真野川を約五キロメートルさかのぼった左岸、押雄《おしお》神社（66）は新田川河口から六キロメートルの地点にある。

磐城郡の七社のうち、海岸線に近いものは二社である。大国魂神社（35）についても先のとおりであるが、この場所は磐城郡家の関連施設である荒田目条里遺跡の間近に位置する。このことも田村麻呂の遠征にあたって太平洋ルートが利用され、磐城郡家（根岸官衙遺跡）が兵站輸送基地として利用された可能性を示している。航海の神である住吉神社（39）は小名浜港の北北西約五キロメートルに位置している（図44・表7）。

ここまで見てきたように沿岸部における式内社の分布は、北へ行くほど濃密になる傾向を示し、特に曰理郡と牡鹿郡、桃生郡では、港湾や北上川の河川交通との関係が指摘できそうである。

蝦夷戦争と海の道

国家の蝦夷政策にとって太平洋の海の道は、軍事物資や兵の輸送のために重要な役割を果たした。そのため、国家は常陸国において港湾と連結するように陸路を整備し、陸奥国南部には海に面した場所に港を伴う郡家を整備した。陸奥へ向かう船は、天然の良港であるラグーンや郡家の港を寄港地として、多賀城の津である松島湾や北上川河口に物資や人を輸送したと考えられる。

蝦夷政策に必要な物資の輸送は史料に断片的にしか現れないものの、式内社の分布、郡家の分布や規模などから、太平洋の海の道が盛んに利用されていた可能性を指摘できよう。また八世紀から九世紀の蝦夷戦争において重要な港湾として利用されたと考えられる場所は、前方後円墳や古墳時代の遺跡の分布が顕著であるため、古墳時代以来の伝統的な港湾であったと考えられる。このことは太平洋の海の道は、蝦夷政策のために新たに整備されたのではなく、古墳時代にはすでに利用されていたと見るのが適当だろう。

では、古墳時代後期から奈良時代までの間、すなわち七世紀の太平洋航路の利用はどうであったか。そして、その担い手は誰だったのか。次に人と物の移動という観点を中心に、このことについて考えてみたい。

コラム　紀古佐美の蝦夷征討

紀古佐美の憂鬱

延暦八年（七八九）五月、北上川のほとりに茫然と立ちすくむ男の姿があった。きらびやかな甲冑に身を固めた姿は、いかにも大軍を率いる将のいでたちであったが、冑の下の男の顔は武人というよりむしろ、都にあって政治に携わる文官のものであった。

男の名は、紀古佐美。従四位上という官位をもつ高級官人であり、かつ国政を運営する参議の一員でもある。奈良時代は位階五位以上が貴族とされ、名門氏族の出身者か、よほど有能でなければ、この身分に到達できなかった。

紀一族といえば『古今和歌集』の選者のひとりである紀貫之が有名である。紀氏は本文中に述べたように、古墳時代以来、紀ノ川流域や奈良盆地西北部を基盤とした有力氏族であった。その血統は奈良時代にも尊重された名門氏族であり、官位に恥じないだけの有能な官人を多く輩出している。

古佐美は有能な官人であり、生まれは天平五年（七三三）、三〇歳をすぎたあたりから、才能を見いだされ順調に昇進を遂げる。宝亀一一年（七八〇）に、陸奥国で起こった大規模な蝦夷の反乱（伊治呰麻呂《これはりのあざまろ》の乱）に征東副使（副将軍）のひとりとして従軍し、その功績により従五位上から三階級特進を果たし、従四位下に叙せられた。桓武天皇のもと中衛中将《ちゅうえちゅうじょう》という武官の要職に就き、左大弁《さだいべん》という文官の要職を兼務するなど、五〇代にして政権の中枢を担う立場にまで昇っていた。

この古佐美が、なぜ北上川のほとりに茫然自失の体で立ちすくんでいたのか。そこまでの経緯を紹介しよう。

名門の生まれ

古佐美と陸奥国との関わりは、宝亀一一年（七八〇）の伊治呰麻呂の乱に始まる。呰麻呂は蝦夷の出身であったが、早くに国家に帰順し、伊治郡（栗原市全域と大崎市の一部）の大領《たいりょう》を務めていた。その彼がもともと不仲だった牡鹿郡の大領、道嶋大楯《みちしまのおおたて》と古佐美の従兄弟で陸奥守の紀広純《ひろずみ》を殺害した上、多賀城を襲い焼き払ってしまった（図45）。

宝亀五年の桃生城の事件のころ、蝦夷の中には国家に反発する一団が生まれていた。何が蝦夷を反乱に駆り立てたのか。その理由は『続日本紀』には何も記されていない。国家の正史は、常に国家が正しく、逆らう者は理由はどうあれ悪であった。呰麻呂の事件も、大楯への個人的な怨恨が原因とされ、事件の背景が矮小化されて伝えられている。

図45　多賀城跡（写真・筆者）

呰麻呂が起こした事件はすぐさま都へ伝えられた。都では、事件発生の七日後には征討軍が組織された。征東大使に任命されたのは、中納言従三位藤原継縄《ふじわらのつぐただ》。征東副使は、正五位上大伴益立《おおとものますたて》と正五位上紀古佐美。当時の軍隊編制では将軍には名門氏族出身の政府高官が充てられ、軍事的な経験や才能をもつ者が脇を固めるという態勢がとられていた。この部隊編制において実際の軍事を任せられたのは、大伴益立だったようである。益立は軍事氏族、大伴氏の一員で桃生城や雄勝《おがち》城、伊治城の築城に携わるなど、陸奥国での実績も十分な人物であった。

　古佐美は軍事的な経験はなかったが、殺害された紀一族の広純の後を襲うかたちで陸奥国との関わりをもつことになる。この戦いの結果は、客観的に見て蝦夷軍の勝利で終わる。征討軍の被害は伝わらないが、蝦夷軍の戦死者は四〇〇〇人のうち七〇人。しかも首領らは健在。政府側は国司が殺され、多賀城も焼かれ、さらに征討のために多額の経費を費やした。事実、この戦争で実質的に征討軍の指揮をとった大伴益立は、戦果をあげられなかった責任を問われて降格の憂き目に遭っている。

　しかし、益立とともに最初から副使として戦闘に参加した古佐美は、さしたる功績をあげていないにもかかわらず、三階級特進。どうも解せない人事であるが、いずれにせよ、これを契機に古佐美は出世の階段を一気に駆け上がり、紀広純亡き後の紀一族を代表する人物の一人となる。

征東大将軍拝命

宝亀一一年の蝦夷戦争は不成功であった。このことは、誰よりも桓武天皇がわかっていた。「今度こそ蝦夷戦争に終止符を打つ」。そうした強い決意を固めた天皇は、征討へ向けての周到な準備を命じる。

延暦七年（七八八）三月二日に、陸奥国と東海・東山・北陸道諸国に七月を目途に兵糧を多賀城に運び込むよう命じ、翌日には東海・東山道諸国と坂東諸国の兵五万二千八百余名を徴発し、翌年三月までに多賀城に集結するよう命じた。また、宝亀一一年の戦争に従軍した兵はすべてを徴発した。

必勝の備えは整った。そして、その軍を率いる征東大将軍に任命されたのが、紀古佐美であった。古佐美は延暦七年一二月に天皇から大将軍の証しである節刀《せっとう》を賜った。節刀は本来、天皇しかもたない軍の指揮・命令権、生殺与奪の権を一時的に臣下に委嘱したことを示すものであり、これによって、将軍の命は天皇の命となる。翌年三月九日、多賀城に集結した征討軍は、すぐさま蝦夷の本拠地である胆沢を目指し進軍した。

古佐美は有能であった。ただ、能吏であったが軍人向きではなかった。与えられた兵から多賀城と各城柵の守備にあたる兵、兵糧の輸送を行う兵を差し引いた三万を前線に配備することができる。対する蝦夷軍はいくら多く見積もっても四千程度。およそ八倍の兵で戦うのだから、数の力で圧倒できるはずという数的な優位性のみで勝てると古佐美は確信した。そうなると問題は、どう勝つかということだけである。天皇に自分の能力を存分に示した上での勝利。古佐美が自らに課した使命はそれであった。

古佐美の脳裏には、常に宝亀一一年の戦争における大伴益立の姿があった。益立が叱責され処分されたのは、兵をなかなか進めなかったこと、そして大量の軍備と兵糧を浪費したこと、そして天皇への前線の状況報告を怠ったことにあった。だったら、速やかに進軍し、速やかに敵を滅ぼし凱旋する。その作戦ともいえない作戦が古佐美の軍略であった。だからこそ、兵が多賀城に集まるやいなや、敵の本拠である胆沢への進軍を開始したのである。もちろん、征討軍出発の報告を急使によって天皇のもとに届けることも忘れていなかった。

三月九日に多賀城を出発した征討軍は、三月二八日には衣川を渡り、そこに軍を三つに分けて陣を敷いた。蝦夷の本拠地の間際まで兵を進めた古佐美は、そのことを天皇に報告するとともに、いよいよ戦争へと突入しようとした。

阿弖流為

大軍が現れたというのに胆沢の地は静かだった。ただし、静けさの中には隙あらば征討軍に襲いかかろうという蝦夷の獰猛な気配が常に漂っていた。古佐美はその気配に恐怖した。宝亀一一年の戦争の時も、蝦夷軍はどこからともなく現れ、征討軍に襲いかかり、そして消えていった。そのため、数に勝る征討軍が次第に疲弊し、個々に分断され討ち取られていったのであった。その記憶が進軍の判断を押しとどめた。

いたずらに時間だけが流れていった。一方、蝦夷軍も今回の戦いの不利を十分に承知していた。宝亀一一年の戦争の時には四千人集まった兵も、今回はその半分も集まらなかった。蝦夷も戦いに疲れていた。

蝦夷兵を率いる阿弖流為《あてるい》は征討軍撃退の策を練っていた。その策とは、たとえ何があろうとも自ら戦いを仕掛けず、征討軍の進攻を待って地の利のよい場所で迎え撃ち、それを分断し個別撃破するという、これまで蝦夷軍が行ってきた作戦を今回も繰り返すというものであった。地の利は我にある。阿弖流為は兵の少なさを、地の利と実戦経験によって補おうとした。

古佐美もこの蝦夷の作戦を知っていたからこそ、進軍をためらった。同時に速やかに勝つという当初の目標から遠ざかってきたことに対する焦りも膨らんできた。その古佐美のもとに天皇からの使者がやってきた。使者は天皇からの書状を古佐美に渡した。一読した古佐美は、すぐに将軍たちを呼び、進軍を命じた。

悪夢のような敗戦

天皇からの書状の日付は五月一二日。古佐美がこの地に陣を敷いたのが三月二八日だったので、もう四〇日以上も兵を動かしていないことになる。天皇の書状は、動かない征討軍をいぶかしむ内容であった。「天皇が不審に思われている。このままだと、それが怒りになり、大伴益立の二の舞いにならないとも限らない。蝦夷がどう出るかは別にして、今はともかく進軍しなければならない」。見えない敵に向かって征討軍は北上川を東へと渡り進攻を開始した。

征討軍の作戦は、軍を前・中・後の三軍に分け、中軍と後軍からそれぞれ二千名の兵を選抜し、北上川を越えて阿弖流為の本拠を攻める。本拠を攻められて蝦夷軍が動揺した隙を見計らって、前軍が渡河し先に渡河した四千と合流して、蝦夷の村々を焼き払うというものであった。

三万の兵のうち、四千のみにて敵地に進軍させる。見えない蝦夷の姿に怯える古佐美や征討軍首脳部は全兵力を動員することをためらった。征討軍が奥地に入ったのを見計らって、蝦夷が兵站を分断したら三万の兵はたちまち飢えるのではないかとか、予想もしない大兵力が待ちかまえているのではないかとか、様々な不安が頭をよぎった。

決死の覚悟で北上川を東へと渡った四千の兵だったが、その進軍は驚くほど順調だった。阿弖流為の本拠を守る兵はわずか三百。突然の征討軍の出現に驚いたのか、さして抵抗することなく退いていく。征討軍は逃げる蝦夷を追いながら、蝦夷の村々を焼き払っていく。しかし、合流するはずの前軍の姿はいつまでたっても見えない。このころ、前軍は突如、現れた蝦夷軍により渡河を阻まれていた。

そして、征討軍四千の前に現れたのは味方ではなく、蝦夷軍の精鋭八百であった。兵の数では征討軍が勝るとはいえ、相手はゲリラ戦のプロフェッショナルともいえる集団。どこからともなく現れては、征討軍を分断し討ち取っていく。この攻撃に耐えきれなくなった兵は、退却を余儀なくされる。一度、退勢となった軍はもろい。武器を捨て逃げる征討軍の兵に蝦夷兵が容赦なく襲いかかる。さらに逃げようとする征討軍の眼前に、蝦夷の新手四百が現れ挟撃する。逃げ場を失った兵たちは、重い鉄の甲を着たまま次々と北上川に飛び込んだ。

『続日本紀』の記事は、このときの戦いの両軍の被害を次のように伝えている。

・蝦夷の損害　戦死八九人、焼かれた集落一四、焼かれた家八百、その他武器などを押収
・征討軍の損害　戦死二五人、矢による負傷者二四五人、溺死者一〇三六人、武器・武具を捨てて裸で渡河して逃げ帰った者、一二五七人

必勝を期して送り出された征討軍が、蝦夷戦争史上、最大の敗北を喫してしまったのである。率いる征東大将軍、紀古佐美が北上川のほとりに茫然と立ちつくしていたのはこのためである。

この惨憺たる結果が示すように、この戦いは古佐美の完敗である。ただ、本文でも述べたように、古佐美はこれを勝利と言い張った。もちろん、それは認められなかったのだが、結果として、国家による度重なる遠征は、蝦夷を疲弊させ、この敗戦から一二年後の延暦二〇年（八〇一）、坂上田村麻呂の手により蝦夷戦争は事実上、終結した。このことを伝える史料は、『日本紀略』延暦二〇年九月二七日条にあるたった一行である。

「征夷大将軍坂上宿禰田村麿等言ふ。臣聞く、云々、夷賊を討伏す」

第五章
太平洋を行き交う人々
七世紀の太平洋航路と担い手たち

福岡県うきは市珍敷塚古墳壁画復元図部分
（うきは市教育委員会蔵・提供）

一　房総半島と陸奥の結びつき——武射氏と大伴直氏

陸奥国出身の出世頭

奈良時代の中央政界で異例の出世を遂げた陸奥国出身者、道嶋嶋足《みちしまのしまたり》。彼こそが謎の七世紀の太平洋航路を解く手かがりを与えてくれる人物である。牡鹿郡の大領を務めた一族の出身で、若いころに都に出仕し、天平勝宝五年（七五三）、大初位下《だいそいのげ》（律令制の位階のうち最下位にあたる）の時、丸子《まるこ》から牡鹿連に改賜姓された。以後、軍事面で活躍する。天平宝字八年（七六四）九月の藤原仲麻呂の乱では、御璽《ぎょじ》、駅鈴《えきれい》争奪戦の時、上皇方として坂上苅田麻呂《かりたまろ》とともに戦い、藤原仲麻呂の三男、訓儒麻呂《くずまろ》を射殺した。この武功により、従七位上から一一階昇進して従四位下に昇叙《しょうじょ》し、宿禰姓を賜わり、翌月には授刀少将兼相模守に任ぜられた。翌天平神護元年（七六五）に近衛員外中将に任ぜられ、こののち道嶋宿禰に改姓した。

天平神護二年には正四位下、正四位上と急速に昇進し、神護景雲元年（七六七）に陸奥国大国造に任ぜられる。延暦二年（七八三）正月八日に卒去《しゅっきょ》するまで、近衛中将（中衛中将）を務めるかたわら、下総守や播磨守といった地方官や、内廐頭《ないきゅうのかみ》を兼務した。卒伝には、体軀や容貌が雄壮で士気に溢れ、生来より騎射に優れていたとある。

彼の異例の出世は、藤原仲麻呂の乱という中央の政変によるところが大きい。仲麻呂敗北後、上皇方についた者が、破格の昇進を遂げている事例が多く認められている。その点では、時代を見る目があったのだろうが、宝亀五年（七七四）からの三十八年戦争のきっかけが、天平宝字三年（七五九）の雄勝城・桃生城築城などに象徴される蝦夷支配強化にあるならば、牡鹿郡出身の嶋足の出世は国家の蝦夷政策とも関係がありそうである。

事実、宝亀元年（七七〇）には蝦夷の首長である宇漢迷公《うかめのきみ》宇屈波宇《うくはう》が陸奥国府の支配の及ばない地に一族を率いて逃げ去り、城柵を襲うと宣言した事件が発生した時、道嶋嶋足らが派遣され事実関係の検問を行っている。また陸奥国大国造に任命された後の神護景雲三年（七六九）には、彼の奏上により、陸奥国各郡の豪族へ大規模に賜姓がなされるなど、陸奥国内の行政にも深く関与しているさまがうかがわれる。

道嶋嶋足とは何者か

道嶋嶋足自身は牡鹿郡出身者であるが、道嶋一族の出自については、古くから蝦夷出身とする説と関

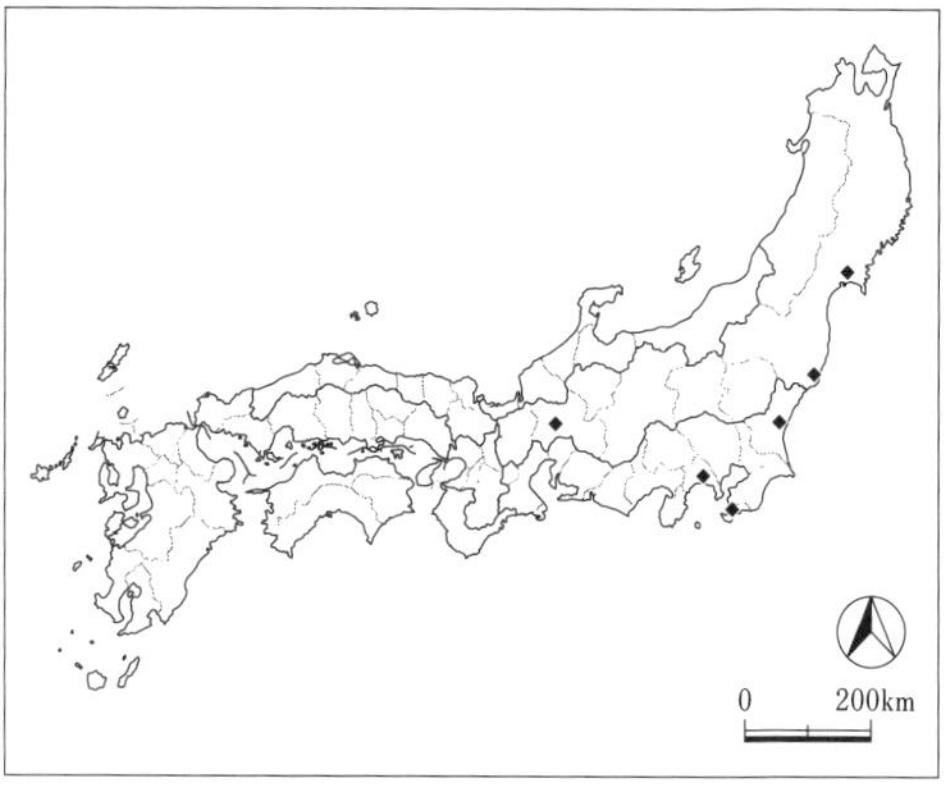

図46　丸子氏の分布

東からの移民の子孫とする説とがあった。国家に帰順した蝦夷には通常、伊治公呰麻呂のように八世紀以降に「公」姓が与えられたが、嶋足は、最初は無姓の丸子、そして牡鹿連↓牡鹿宿禰↓道嶋宿禰と賜姓されており一度も「公」姓が与えられていないことから蝦夷出身ではないとする見方が近年は優勢である。

嶋足の同族として名が知られた人物には道嶋大楯がいる。大楯は牡鹿郡大領であったが、宝亀一一年（七八〇）に伊治公呰麻呂により殺害された。大楯はつねづね、呰麻呂を卑しい蝦夷と罵《ののし》っていたという。上治《かみはり》《かみはる》郡（宮城県栗原市付近）の大領を務めていた呰麻呂は宝亀九年（七七八）六月、前年行われた海道・山道蝦夷の征討での戦功により、地方在住者としては最高の官位である外従五位下を与えられており、大楯が呰麻呂を蝦夷と罵っていたのも、蝦夷でありながら優遇された呰麻呂に対する大楯のやっかみなのかもしれない。

では道嶋一族はいつ、どこからやって来たのか。そのヒントは彼の最初の氏姓である「丸子」にある。丸子氏は飛鳥時代に大連を務めた大伴金村の孫、頰垂《ほたり》が丸子を名乗ったことに始まるという説と、「丸」は「ワニ」とも読むことから、大和の豪族和爾《わに》氏と関わりがあるという説とがある。古代の氏とは血縁・地縁によって結びついた同族集団であり、男系の祖先をたどると同じ人物から発するという伝承を共有していた。その結びつきは、一族の誰かが他地域に移っても切れないどころか、むしろ同族であることが地域間交流につながるほど強固であった。つまり、「丸子」氏の分布をたどれば、牡鹿郡の丸子氏のもともとの出身地が見えてくるのである（図46）。

丸子氏の居住は陸奥国（養老年間のものと考えられる「陸奥国戸口損益帳」および、福島県いわき市荒田目条里遺跡出土木簡など）、安房国朝夷《あさい》郡・安房郡（『万葉集』、平城京出土木簡）、相模国鎌倉郡・餘綾《よろぎ》郡（『万葉集』『駿河国正税帳』）美濃国不破郡鮎川五十戸《さと》（石神遺跡出土木簡）で確認できる。また陸奥国には宮城郡と安積郡にそれぞれ丸子郷があり、ここも丸子一族の居住地であろう。

このように丸子氏の分布は、確認できた例は少ないものの、安房国、相模国の海岸部に認められることは注意してよいだろう。そして、安房国の丸子と牡鹿郡の丸子とを結びつける考古学的な証拠が矢本横穴で確認されている。

矢本横穴に葬られた人々

牡鹿郡家跡と考えられる赤井官衙遺跡の南西約五キロメートルの地点に大規模な横穴墓群である矢本横穴がある（図47）。七世紀中ごろから九世紀初頭にかけて築造されたもので、急峻な丘陵斜面を掘りこんでつくられており、総数は一〇〇基を超える。赤井官衙遺跡に近接し、郡家成立前から郡家が存続した九世紀初めごろまで、連綿と墓がつくられていること、官人の持ち物と考えられる遺物が副葬されていることから、牡鹿郡家の官人たちの墓であったと考えられている。

これまでに約四〇基が発掘調査され、豊富な副葬品と人骨が出土している。人骨の大半が北部九州・山口弥生人、東日本古墳人、現代日本人の形質に類似するが、一部は東日本縄文人、続縄文人、北海道アイヌのグループに類似することが示されている。副葬品には、刀剣類や鉄鏃、馬具などの鉄製品、玉類（岩手県久慈産の琥珀玉を含む）、官人が身に着ける腰帯、「大舎人《おおとねり》」（宮中で宿直・警護や雑事に従事した下級の役人）と墨書された土器などがある。

また、東海や上総、武蔵南部でつくられた土器も多数出土した。さらに、横穴墓には、羨道と玄室との間に著しい段差をもつ高壇式横穴墓が含まれている（**図48**）。このような形態は長柄《ながら》横穴群（長柄町）など上総地域の太平洋岸に多い。高壇式横穴墓の築造時期は矢本横穴の造営開始時である七世紀中ごろから後半である。同様の横穴墓が陸奥国の他地域では認められていないことから、上総地域とこの地域とが直接、結びついていた、さらにいえばこの地に最初に葬られた人物は上総出身者であった可能性が高い。

赤井官衙遺跡は七世紀末の成立であるが、それ以前にこの場所には七世紀中ごろに成立する集落、赤井遺跡があった。この集落から出土する土器には関東系のものが多く含まれており、関東からの移民が地元の人々とともに暮らした集落と考えられている。そして七世紀後半から官衙が成立する直前には、集落の外周を溝と材木塀で囲むようになり、そこからは関東系の土器や浜名湖西岸で生産された湖西産須恵器が出土している。これらは同時期の矢本横穴から出土する土器と共通する。このことから赤井遺跡と矢本横穴は七世紀中ごろの関東からの移民らのもので、全国的に評（大宝元年〈七〇一〉に郡に改められる）が置かれるころに、官衙として整備され、赤井官衙遺跡となったと推測される。そして七世紀

上：図47　矢本横穴全景
下：図48　矢本横穴で見つかった高壇式横穴墓
（写真・東松島市教育委員会）

中ごろの集落の居住者には、この地域の統治のために派遣された政治的な移民が多くいた可能性が高い。また郡司には地域の有力者が任じられ、世襲を基本としたことからすると、移民のリーダーはのちに牡鹿郡大領としてその名が見える道嶋氏すなわち丸子氏の可能性が高い。

なお、丸子氏の分布が認められた安房国は、養老二年（七一八）に上総国から分国され、天平一三年（七四一）に上総国と合併、天平宝字元年（七五七）に再分割という経過をたどっている。もともと上総と安房は一体的な地域であった。

武射臣

先述したように道嶋嶋足は神護景雲三年（七六九）に、陸奥国各郡の豪族への賜姓を朝廷に申請した。賜姓された人物はいずれも陸奥国の郡司クラスの有力者だったと考えられるが、この中にも房総半島と牡鹿郡との関わりを示す者がいる。

彼らのもともとの氏は丈部《はせつかべ》・丈部直・春日部・宗何《そが》部・靫《ゆげい》大伴部・大伴部・吉弥侯《きみこ》部で、いずれも「部」がつくことから、王族もしくは畿内の有力豪族に率いられ奉仕する部民の出身であることがわかる。丈部は阿倍氏の部民で遠江以北の東国や北陸に多く、春日部は安閑大王の后である春日山田王女の名代の民、宗何部・大伴部・吉弥侯部はそれぞれ蘇我氏、大伴氏、毛野臣の部民である。

このときの賜姓では丈部氏と丈部直氏は、阿倍＋居住地の地名＋臣姓が与えられ、大伴部氏も大伴＋居住地の地名＋臣姓が与えられるなどの居住地の地名を姓に含むという法則が認められるが、春日部氏のみは武射《むさ》臣であり居住地の地名を冠していない（表8）。武射臣とは上総国武射郡（千葉県山武市周辺）

旧		新	居住地
丈部	子老・国益・賀例努ら１０人	阿倍陸奥臣	白河郡・賀美郡・標葉郡
丈部直	継足	阿倍安積臣	安積郡
丈部	大庭	阿倍信夫臣	信夫郡
丈部	嶋足	安倍柴田臣	柴田郡
丈部	庭虫ら２人	阿倍会津臣	会津郡
丈部	山際	於保磐城臣	磐城郡
春日部	奥麻呂ら３人	武射臣	牡鹿郡
宗何部	池守ら３人	湯坐曰理連	曰理郡
靫大伴部	継人・弟虫ら８人	靫大伴連	白河郡・黒川郡
大伴部	三田ら４人	大伴行方連	行方郡
大伴部	人足	大伴苅田臣	苅田郡
大伴部	福麻呂	大伴柴田臣	柴田郡
吉弥侯部	人上	磐瀬朝臣	磐瀬郡
吉弥侯部	文知	上毛野陸奥公	宇多郡
吉弥侯部	老人・大成	上毛野名取朝臣	名取郡・賀美郡
吉弥侯部	足山守ら７人	上毛野鍬山公	信夫郡鍬山郷
吉弥侯部	豊庭	上毛野中村公	新田郡仲村郷
吉弥侯部	広国	下毛野静戸公	信夫郡静戸郷
吉弥侯部	念丸ら７人	下毛野俯見公	玉造郡俯見郷

表８　神護景雲３年の賜姓

を本拠とする豪族の氏姓であり、「国造本紀」には武社国造が見え、和爾氏と同祖と伝える。ちなみに春日山田王女は仁賢大王と和爾氏出身の糠君娘《ぬかきみのいらつめ》の間に生まれた。

東国の国造で「臣」姓は珍しく、また春日氏や小野氏、粟田氏といった有力豪族を生み出した和爾氏と同族と主張するなど、畿内と関わりの深い豪族であったと考えられる。春日部氏が「武射臣」の姓を賜ったのは、春日部氏の出身地が上総国武射郡あるいは武射郡に近接する山辺郡武射郷だったからではないか。

武射臣の本拠武射郡は、九十九里海岸に面しており、この地域には五世紀中ごろ以降、一四〇〇基を超える古墳が築造されている。特に六世紀後半以降の造墓が活発で、七世紀初頭には一辺六〇メートルにも及ぶ方墳、駄《だ》ノ塚古墳がつくられている。これらの古墳が築造された背景には、六世紀後半ごろからこの地域の首長の力が倭王権の中で有力になったか、あるいは畿内の豪族がこの地に派遣されたためと考えられる。

また、七世紀末には真行寺廃寺（成東町）が造営されるが、この寺は出土した墨書土器から「武射寺」と称していたことがわかっている。武射臣氏の氏寺として建てられたのであろう。この寺からは藤原京内に所在する小山廃寺（奈良県明日香村）出土の瓦とよく似た文様の軒丸瓦が出土しており、同種の瓦は関東では二日市場廃寺（市原市・古代では市原郡）からしか出土していない。この瓦に限らず、房総半島の寺院から、まれに畿内の寺院の瓦とたいへんよく似た文様の瓦が出土するが、それらの瓦は周辺の寺院にほとんど拡散せず、二、三の限られた寺院のみに用いられている。これは畿内の有力者と密接なつながりをもっていた氏族が畿内系の文様の瓦を葺く寺院を造営した可能性を示す。真行寺廃寺の例は畿内と二日市場廃寺の所在する市原郡の勢力と密接なつながりがあったことを示している。ちなみに、市原郡は上総国府、国分寺・国分尼寺の所在地であり、郡内には海部郷がある。

武射臣氏は倭王権との密接なつながりにより、六世紀後半ごろにこの地で急速に力を蓄え、七世紀代には安房から上総東部で最大の勢力を誇ったのではないだろうか。

上総国武射郡と王権

武射氏の話をもう少し続けよう。房総半島には大和と同じ地名が点在している。武射郡の隣の山辺郡、安房国の平群郡は、大和の郡名と共通している。大和の山辺郡は和爾氏の本拠地であり、平群郡は紀氏の本拠地のひとつである。そして武射郡の名も高市郡「身《む》（牟）狭《さ》」に通じる。共通する地名は、先に見たように移民などの人の移動、同族の分布によって生じる場合が多い。

大和の身狭は『日本書紀』欽明一七年（五五六）一〇月条に、蘇我稲目が渡来人を使役して設置した大身狭屯倉、小身狭屯倉に見える。また、同書皇極三年（六四四）正月条には蘇我倉山田石川麻呂の弟、日向《ひむか》を身狭臣と記すことから、大和の身狭は蘇我一族と関わりの深い土地であったことがわかる。このことと石舞台古墳に代表されるように前方後円墳の造営終了後に現れる大型の方墳は蘇我氏との関わりが深いとする考古学からの見地（白石　二〇〇〇）などから、上総の武射と蘇我氏との密接な関係を指摘する見方がある（川尻　二〇〇九）。

また、武射郡の南には、山辺郡、長柄郡、埴生郡、夷隅郡が置かれたが、「国造本紀」によると武社国造の南は伊甚《いじみ》国造の領域であった。『日本書紀』安閑元年四月一日条によれば、この地には春日山田王女に献上された伊甚屯倉があった。そして武射郡にも屯倉の存在を想像させる長倉郷、大蔵郷がある。屯倉は倭王権による地方支配の拠点や、王権に対する奉仕の場としての役割を果たしていたことが考えられている。また、伊甚国造の領域と考えられる埴生郡と夷隅郡には、古墳時代前期の前方後円墳はあるものの、中期以降は造墓活動が停滞している。このことと伊甚屯倉献上の記事、武射郡における造墓活動の活発化から考えて、伊甚国造の勢力は古墳時代中期以降に停滞し、代わりに倭王権の権威を背景に、武社国造がその勢力を伊甚国造の領域にまで広げたと指摘されている。

このように、房総半島には倭王権と関わりの深い場所がいくつかあるが、武射郡周辺は倭王権中枢部との関わりが特に濃密に認められる地域であり、そこに勢力基盤を置いた武射氏は房総半島における国家権力の代行者としての役割を担っていたと考えられる。

日本海の比羅夫と太平洋の武射氏

関東と牡鹿との海の道を利用した交流には、三つの波が確認できる。第一の波は新金沼遺跡で関東系の土器が出土する古墳時代前期後半、第二の波は五松山洞窟遺跡がつくられる六世紀末から七世紀初頭、第三の波は関東からの移民による集落と考えられる赤井遺跡が成立するとともに矢本横穴がつくられ始める七世紀中ごろである。特に第三の波は、移民の集落が後に官衙として整備されること、官人の墓となる矢本横穴の築造がこの時期から開始されるなど、政治的な色彩が濃い。牡鹿郡大領となる丸子氏や、武射臣の姓を賜る春日部氏も、この時期に移民として牡鹿に来た可能性がある。

このように七世紀中ごろの移民は、七世紀後半以降の倭王権による東北支配にもつながるが、ここで注意を要するのは、七世紀中ごろという時期である。これは日本海側で阿倍比羅夫による北方遠征が行われていた時期と合致し、また、このあとには倭国の支配領域外から先祖代々、昆布を貢納していたという須賀君古麻比留の記事が現れる。つまり、比羅夫の遠征とほぼ同時期に、太平洋側でも倭王権による示威偵察と蝦夷との交易を目的とした北方視察団の派遣が行われた可能性が考えられる。

このように考えるのは、次の理由からである。

①海人の中でも倭王権による政治的な意図により編成された海部が坂東では唯一、上総で認められ、海部が東北への太平洋航路に関与したとみられること。

②七世紀中ごろの奈良県斑鳩町の竜田御坊山古墳から久慈産の琥珀製枕が出土している。これは、古麻比留の例以外にも、三陸沿岸の特産品の貢納がこの時期にすでに行われていることを示すもので、

三陸の蝦夷との接触が確認できること。
③阿倍比羅夫の遠征が行われる直前、『日本書紀』斉明元年（六五五）七月一一日条には、難波で越（日本海側）の蝦夷九九人と陸奥（太平洋側）の蝦夷九五人を饗応したとあり、当時の倭国の東北への関心は、日本海側だけでなく、太平洋側にもあったこと。
④『日本書紀』斉明五年三月条には越国司阿倍比羅夫に褒美が授けられているが、同時に陸奥国司（律令制による国司とは異なり、中央から臨時に派遣された者か？）も比羅夫とまったく同様の褒美が授けられていることから、陸奥国側でも比羅夫と同等の功績をあげた人物がいたと考えられること。
比羅夫の遠征記事は『日本書紀』斉明四年四月、是歳、五年三月、六年三月、五月の各条に見られるが、内容の重複や表現の異同が大きい。『日本書紀』の編纂時に蝦夷に関する記載が混乱したものだろう。また『日本書紀』には渟足柵や磐舟柵の設置記事はあるが、同時期にほぼ同じ目的で置かれたと考えられる仙台郡山官衙遺跡の記事は見えないなど陸奥の太平洋側の記事が欠落している可能性がある。これらのことから、太平洋側の北方視察団の記事は、欠落したか、比羅夫の記事に混同されてしまった可能性も考えられよう。

では、太平洋側の使節として誰を想定できるか。阿倍比羅夫を畿内の阿倍氏の一員と考えるか、越国の豪族と考えるかによって異なってくる。④からは、比羅夫と陸奥国司は同格であったと考えられ、比羅夫がもし、畿内の阿倍氏であるならば、太平洋側にも日本海側と同様、畿内の有力豪族が派遣されただろう。地方豪族であれば、陸奥との関わりの深い武射氏が派遣された可能性も考えられよう。ただ仮に畿内の豪族が使節団の長であったとしても、武射氏が深く関わったことは容易に想像される。それは赤井遺跡の出土品や矢本横穴の形態から七世紀中ごろの移民は、房総半島の人々が中心であったことは明らかで、後に牡鹿郡司となる丸子氏や春日部氏の出自も房総半島に求められる可能性が高いからである。

なお、七世紀の移民と、もともとの地元民との間に軋轢《あつれき》が生じた形跡は確認できない。七世紀中ごろの赤井遺跡には、移民だけではなく、この地域にもともと住んでいた住民たちもいたことが、住居跡から出土する土器から確認されている。両者の住居は混在している上、規模や構造の差はない。また、矢本横穴には続縄文人、北海道アイヌの特徴を示す人骨が含まれるが、埋葬方法は関東人らと区別されていない。繰り返しになるが、このころの倭王権と蝦夷との関係は、互いに利することが大きい交易のパートナーのようなものだったと考えられる。

二　再び五松山洞窟遺跡について——洞窟に葬られた海人たち

房総半島の洞窟遺跡

道嶋嶋足の事績から、房総半島から牡鹿への移民の第三の波の実態が見えてきたが、第二の波の実態と実際に海上交通に携わった海人たちの姿を解き明かす鍵は、本書の冒頭に述べた五松山洞窟遺跡が握っている。

六世紀後半から七世紀初頭の五松山洞窟遺跡では、矢本横穴と同様、関東古墳時代人と北海道アイヌの特徴をもつ人骨がひとつの洞窟から出土している。先述のとおり、この洞窟は別の場所で埋葬されていたものを、掘り起こして洞窟に納めたものであるが、そのとき、改葬前の墓の人骨や副葬品をまったく区別せずにひとつに集めているところからすると、葬られた人々は分け隔てなく取り扱われたようだ。このことは少なくとも死後においては、様々な地域出身者が平等に扱われていたことを示している。

そして、五松山洞窟遺跡のように古墳時代に古墳をつくらずに海食洞窟を墓葬の場として利用する例が、房総半島や三浦半島、伊豆半島、紀伊半島など太平洋沿岸部にあり、それらは海人の墓と考えられている（図49）。

現在の館山市周辺は房総半島の中でも際立って洞窟墓が認められる。この地域は古代には安房郡と呼ばれ、安房国造大伴直氏の本拠地と推定される（図50・表9）。大寺山《おおてらやま》洞穴遺跡（千葉県館山市）は、館山湾を一望できる丘陵先端部にあり、晴れた日には、館山湾から神奈川県三浦半島の南端までを見渡すことができる（図51）。洞穴は三つあり、そのうち第一洞が発掘調査され、古墳時代の墓葬が確認された。洞穴は開口部が幅五・五メートル、高さ四メートル、奥行き二九メートルと大規模なもので、古墳時代の舟葬遺構（船形の木棺〈船棺〉に遺体を安置したもの）が確認されている。船棺は一二基以上あったと推定されており、いずれも舳先を洞穴の入り口に向けていた。墓葬当時は、入り口付近まで海だったようで、まさに遺体を太平洋に向けて流すというイメージを抱かせる。

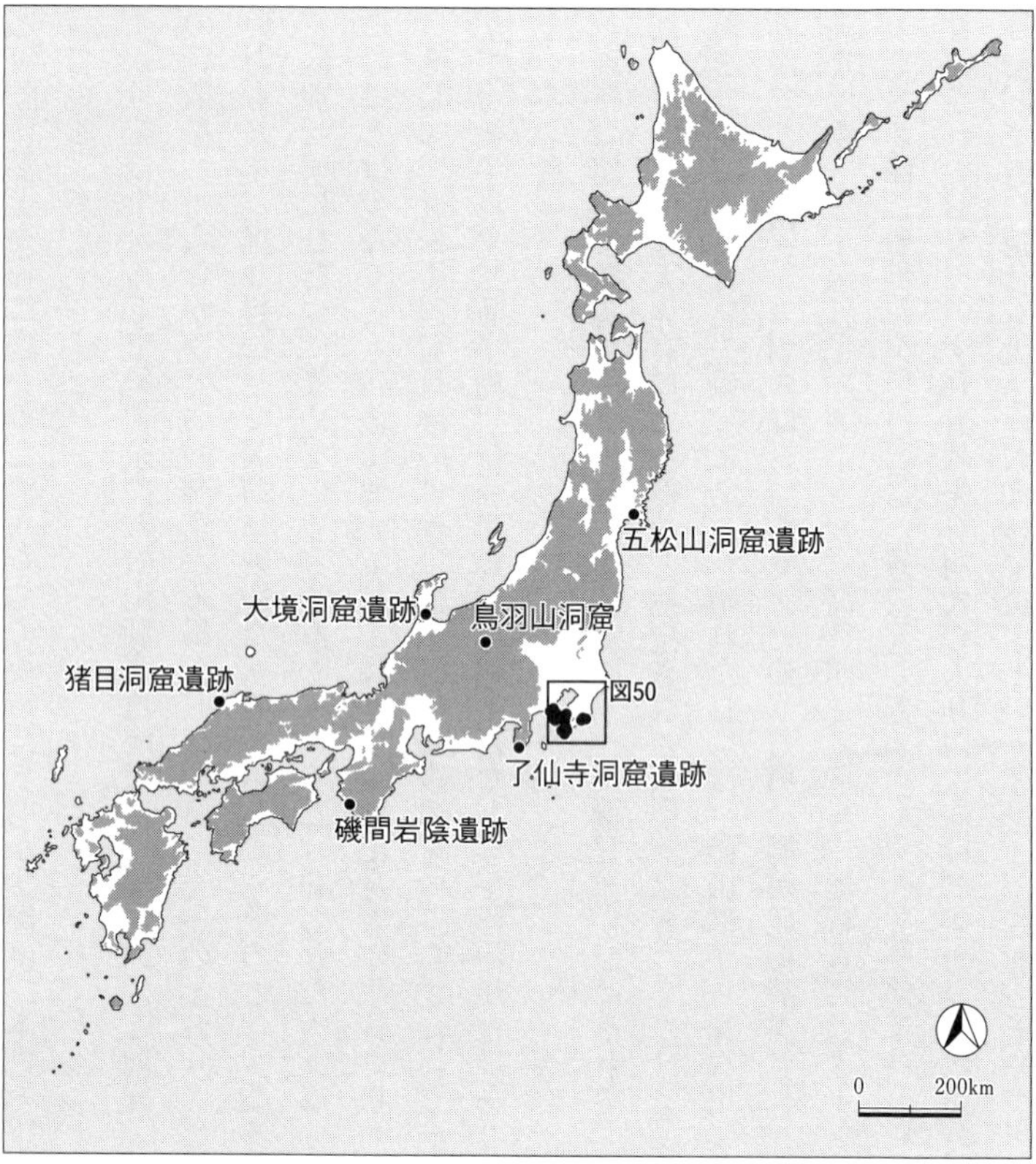

図49　主な洞窟墓の分布
海食洞窟への墓葬以外にも、三浦半島などの砂丘部で認められている平面舟形の石棺も海人の墓とする見解がある。

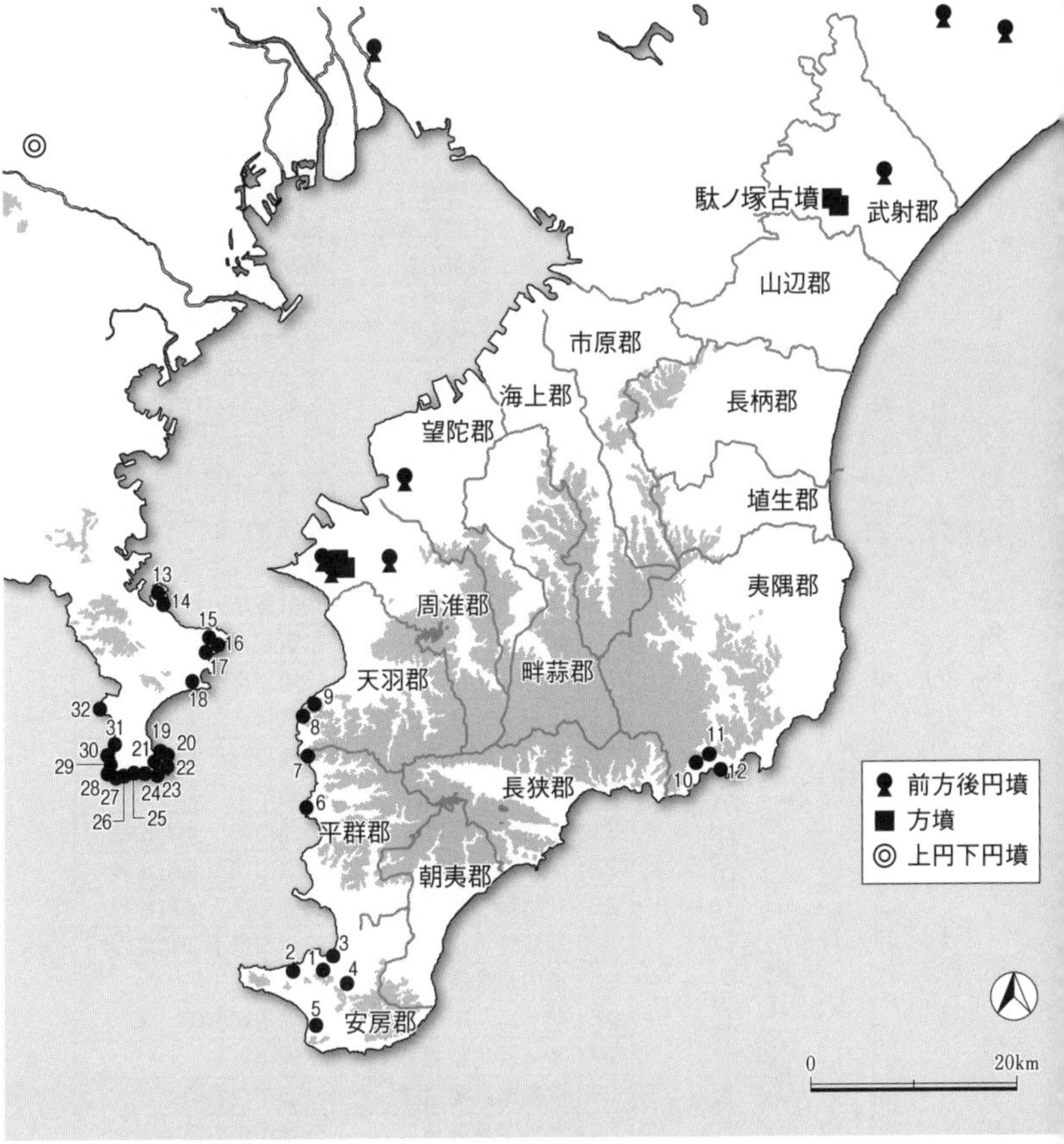

図50　房総半島と三浦半島の洞窟遺跡と後・終末期古墳の分布

	遺跡名	所在地
1	大寺山洞穴遺跡	館山市沼
2	鉈切洞窟遺跡	館山市浜田
3	北下台洞窟遺跡	館山市館山
4	出野尾洞窟遺跡	館山市出野尾
5	安房神社洞窟遺跡	館山市大神宮
6	大黒山洞窟遺跡	鋸南町勝山
7	不動蔵洞窟遺跡	富津市金谷
8	洞口洞窟遺跡	富津市萩生
9	城山洞窟遺跡	富津市竹岡
10	守谷洞窟遺跡	勝浦市守谷
11	本寿寺洞窟遺跡	勝浦市守谷
12	こうもり穴洞窟遺跡	勝浦市守谷
13	勝力崎洞窟遺跡	横須賀市泊町
14	かもめ島洞窟遺跡	横須賀市泊町
15	猿島洞窟遺跡	横須賀市追浜南町
16	観音崎洞窟遺跡	横須賀市鴨居
17	鳥ヶ崎洞窟遺跡	横須賀市鴨居
18	住吉神社裏洞窟遺跡	横須賀市久里浜
19	雨崎洞窟遺跡	三浦市南下浦町金田
20	大浦山洞窟遺跡	三浦市南下浦町松輪
21	松輪間口東遺跡	三浦市南下浦町松輪
22	間口洞窟遺跡	三浦市南下浦町松輪
23	剣崎南洞窟遺跡	三浦市南下浦町松輪
24	毘沙門洞窟遺跡	三浦市南下浦町毘沙門
25	宮川洞窟遺跡	三浦市宮川町
26	向ヶ崎洞窟遺跡	三浦市晴海町
27	西ノ浜洞窟遺跡	三浦市三崎
28	歌舞島洞窟遺跡	三浦市白石町
29	海外洞窟遺跡	三浦市海外町
30	浜諸磯洞窟遺跡	三浦市三崎町諸磯
31	浜ノ原洞窟遺跡	三浦市三崎町諸磯
32	十文字洞窟跡	横須賀市長井

表9　古墳時代の墓葬が確認された、房総半島と三浦半島の洞窟遺跡（館山市立博物館　2010をもとに作成）

また、船棺は丸木舟を転用したものだった。丸木舟の仕切り板が装着されたままの状態のものや、仕切り板をはめる溝が底にあるもの、さらに櫓を漕いだ際についた磨耗の跡が残る半月形の仕切り板が見つかった。棺は土中には埋められず、洞窟の側壁に沿って置かれ、床に棺を置くスペースがなくなったのち、棺を積み上げていったようである。墓葬の期間は、古墳時代中期初頭から古墳時代終末期までの約二〇〇年間に及び、一〇体近い人骨や多数の副葬品が確認されている。

副葬品には、三角板革綴《かわとじ》衝角付冑《しょうかくつきかぶと》・三角板革綴短甲・大刀・剣・刀子・斧などの鉄製品、管玉・勾玉・耳環などの装身具、歩揺付金銅製品、銅製鈴、木製漆塗盾・漆塗弓などの木製品などがある。これらは、東国の大型古墳から出土する副葬品と比べても質的に遜色ないだけでなく、種類の内容や豊富さも変わらない。

　大寺山洞窟遺跡の他にも房総半島には古墳時代に墓として利用された洞窟がいくつかある。鉈切《なたぎり》洞窟（館山市）、古墳時代前期の本寿寺《ほんじゅじ》洞窟（勝浦市）などで、また時期はさかのぼるが縄文時代から弥生時代の人骨二二体が出土した安房神社洞窟遺跡（館山市）があり、ここから出土した縄文時代晩期の土器は五貫森《ごかんもり》式という東海地域の土器の特徴を示すという。

図51　大寺山洞穴遺跡（写真・千葉大学文学部考古学研究室所蔵）

三浦半島以南の洞窟遺跡

　三浦半島にも複数の洞窟遺跡がある。雨《あめ》崎《さき》洞窟遺跡（三浦市）は、古墳時代前期と後期の二時期の墓葬が認められ、間口幅七メートル、奥行き四メートル、高さ二・五メートルと、この地域の洞窟遺跡としては小規模である。

　前期は火を受けた人骨片が散らばって分布する層の下から、長さ一五〇センチメートル、幅三六センチメートルの木棺が出土した。内部には頭を北にした小児の人骨と、碧玉製勾玉、滑石製勾玉・臼玉、碧玉製管玉などが出土した。

後期は、洞窟の壁のくぼみに別の場所に埋葬した人骨を再葬したものや、人骨の上に岩を寄せ集めたり、覆ったりしたものもある。また長方形に並べた岩の上に木棺を置き、火葬した施設が確認されている。四角く並べた石組みの内側から火葬骨や直刀などが出土している。洞窟の壁のくぼみから刀子、鉄鏃、金銅環、黒漆塗竹櫛、骨鏃、須恵器、土師器などの副葬品が出土しているが、海人の墓を想像させるような漁具などの副葬品は含まれていない。再葬墓であることや副葬品の内容が五松山洞窟遺跡とよく似ていることから、両者に何らかの関係があったと考えられる。

三浦半島の類似の遺跡には大浦山洞窟遺跡（下田市）、間口洞窟遺跡（三浦市）がある。間口洞窟遺跡では、弥生時代中期・後期の生活の痕跡の層の上に古墳時代から奈良時代の墓の層が重複しており、墓は一〇基以上確認されている。副葬品には挂甲があるが、副葬品全体の数や種類は少ない。海食洞窟を弥生時代には作業場とし、古墳時代に墓葬の場とするのは、五松山洞窟遺跡と同様である。

伊豆半島には古墳時代後期の了仙寺《りょうせんじ》横穴遺跡（下田市）がある。人骨のほか勾玉や切子玉、金銅製腕輪などの装身具、土師器、須恵器などが出土している。さらに西の紀伊半島では、古墳時代中期から後期の磯間《いそま》岩陰遺跡（田辺市）があり、ここでは岩陰内部のテラス状の石棚の上につくられた石室八基と火葬跡五カ所が検出されている。副葬品には直弧文の装飾をもつ大小二口の鹿角装の鉄剣、鉾、鏃などの武器と、鹿角製の鳴鏑や釣り針、鉄製の釣り針などがある。

海食洞窟への墓葬は、日本海側でも大境洞窟遺跡（富山県氷見市）、猪目洞窟遺跡（島根県出雲市）に見られ、内陸部では同様の葬法が認められた例として、鳥羽山洞窟（長野県上田市）がある。鳥羽山洞窟のある場所は海部郷にあたり、海部との関係が想定される。なお、遺跡の所在地が上田市丸子で、丸子氏とのつながりも想定されるが、中世に武蔵江戸氏から分かれた丸子氏の入部に由来する地名という見方が一般的である。

豪華な副葬品が語るもの

ここまで古墳時代に海食洞窟を墓とする事例を見てきた。その多くに共通するのは一般的な古墳と内容的にも変わらない副葬品をもちながらも、墳丘をもつ墓をつくらず、たくさんの副葬品をもつ棺とほとんどもたない棺との間に、棺そのものの大きさや棺を安置する場所などに違いが認められない点である。大寺山洞穴では副葬品の内容の差から、被葬者に階層差が認められるが、棺そのものはいずれも丸木舟の転用であり、たとえば豪華な副葬品をもつものを洞穴の中心に置くなどの差別化も見られない。前方後円墳は被葬者の権威を可視化するための装置としての意味をもつとされるが、海食洞窟はそのような意味がないばかりか、副葬品の多寡を除くと墓葬の方法に被葬者間の差は認められない。彼らは、少なくとも死後の世界について平等意識をもっていたと考えられる。

当時、一般的だった土を盛って墓をつくることをしなかった彼らは、古墳をつくることを許されなかったか、当時の他の権力者とは異なる価値観をもっていたのだろう。この違いも被葬者を特殊な海人集団とする根拠のひとつとされており、いくつかの史料に見られるように、彼らが言語も異なる特異な集団とみなされた理由も、こうした宗教観、死生観の違いによるものかもしれない。

一方、葬送に関し異なる意識をもちながらも、豪華な副葬品をもち、中には倭王権から与えられたと考えられる大刀や甲冑が含まれる点は当時の権力者の墓と共通する。副葬品の豪華さからして、よく国造クラスの有力者が葬られていると推定されているが、第一章でも述べたように、六世紀末から七世紀前半にかけては、横穴墓や小規模な円墳からも装飾を施した飾り大刀や金銅製品などの遺物が出土する事例が多く、必ずしも副葬品のみをもって国造クラスとは断定できない。むしろ、倭王権の墓制といえる古墳をつくらなかったことを重視するならば、海食洞窟への被葬者は倭王権に直接、奉仕する者たちではなく、地域の有力者を通じて間接的に倭王権の一員に加わっていた可能性も考える必要があろう。

先に見たように房総半島や三浦半島の海人集団を取り込もうとする倭王権の動きは、六世紀後半ごろから始まったと見られる。そして、倭王権の命を受け実際に海人らを束ねたのが先に紹介した武射氏、大伴直氏ら倭王権との関わりの深い氏族であったのだろう。それというのも武射氏の勢力が飛躍的に高まるのは、武社国造の領域において古墳の数が激増し、かつ大規模な方墳である駄ノ塚古墳が築造される六世紀後半であることから推察できる。五松山洞窟遺跡で出土した圭頭大刀などの遺物も、倭王権から武射氏もしくは大伴直氏へ、そして房総半島の海人の手によって牡鹿の地にもたらされた可能性が高い。つまり、房総から牡鹿へという第二、第三の波は、倭王権の関与のもと武射氏らが主導し房総の海人らが携わったという点において、同質なものであったと考えられる。

話は少し逸れるが、房総半島と三浦半島で同じような葬法が認められることは注意を要する。ヤマトタケルの東征では、三浦半島の走水から上総へ船出したとされ、東海道駅路も宝亀二年（七七一）に武蔵国が東山道から東海道へと移管されるまでは、この海上ルートが正規ルートとされていた。第二章で述べたように律令国家は陸路を正式なルートと定めたため、駅路も海を渡らなければならない区間に限って海上を利用するようにされていたが、走水―上総間だけがその例外となっている。このことは、この海上ルートが古くから利用されていただけでなく、安全に航海ができる集団がおり、かつ彼らが古くから倭王権に奉仕し、信頼を得ていたことを示すと考えられる。房総半島と三浦半島のふたつの集団の存在は、律令国家による交通網の構築にも影響を与えたのであろう。

三　海人の伝統――日本列島の南北をつないだ人々

謎の海人、粛慎

太平洋を行き来した海人の実態を考えるため、いくつかの史料を紹介しよう。

『日本書紀』欽明五年一二月条には、佐渡島に来着した粛慎人の記事がある。粛慎は『日本書紀』や『続日本紀』に何度か現れる。欽明五年の記事に見える粛慎人は、船でやってきて御名部《みなべ》の海岸に住み、春と夏は魚を獲って生活していたという。地元の人は彼らを恐れて近づかなかったが、彼らが瀬波河浦《せなかわのうら》に移った時、浦の神の霊力により、水を飲んだ粛慎人の約半数が死に、その骨は岩穴にたまり、それを地元の人が粛慎隈《みしはせのくま》と呼んだとある。

粛慎は蝦夷の一部を指すとか、古代、北海道で海獣漁などを行いオホーツク文化という独自の文化をもっていた人だとか、中国大陸北部の人とか様々な説があり、その正体は不明である。しかし、ここで注目されるのは彼らは船でやってきて浜に住み漁業を行う海人であるとされていることと、死んだ粛慎人の骨は海岸の岩穴に埋められたとされることである。この記事は五松山洞窟遺跡をはじめ海食洞窟が墓地として利用されたのと通じる。『日本書紀』には彼らが地元の人に暴力を振るったとは記されていないが、地元の人は恐れたとある。粛慎人が地元の人から異世界の人と認識されていたからだろう。その墓を粛慎隈と呼んだとあるように、洞窟への墓葬は異世界の葬法と認識されていた。

このことから考えると、海食洞窟への墓葬の一部は「欽明紀」に見えるような粛慎人と呼ばれる海人の葬法だったかもしれない。ただし、こうした葬法が海人の居住地すべてに見られるわけではない。『豊後国風土記』に海人が住む土地とある海部郷に所在する亀塚古墳は、典型的な前方後円墳であること、その立地や漁具の出土から海人の墓と考えられている六世紀末から七世紀前半築造の沖ノ島古墳群(兵庫県南あわじ市)は横穴式石室をもつ通常の円墳であること、これと同じ時期に離島につくられた舞子島古墳群(徳島県阿南市)も墳丘をもつ円墳であるなど、海人の墓とされる古墳も通常と変わらないことが一般的である。つまり、このような特殊な葬法は海人すべてに通じるものではなく、一部の海人集団のみが採った葬法であったのである。

渡島の人々

粛慎人の記事は日本海側に見られるが、北方の民が太平洋側にもやってきたことを示す史料もある。『日本後紀』弘仁元年（八一〇）一〇月二七日条に見える陸奥国からの奏上がそれで、渡島の狄《えみし》二百余人が気仙郡（宮城県北部から岩手県南部の三陸海岸地域）に来着したという。来着とあるように漂流で偶然たどり着いたのではなく、何らかの目的でこの地を目指してやってきたのだろう。

当時、渡島は出羽国が所管するとされていたので、陸奥国は、管轄外であるという理由から彼らにすぐ帰るように伝えた。しかし彼らに、季節は冬で海路は困難なので春になってから帰りたいと請われ、困った陸奥国はこのことを中央政府に照会したため、このことが『日本後紀』に記されたのである。政府は滞在を認め、陸奥国に食糧の支給など滞在期間中の世話を命じた。

この記事は気仙郡の出来事が記録された最初の記事である。気仙郡が国家の支配領域に入ったのは坂上田村麻呂による延暦二〇年（八〇一）の蝦夷制圧後のことであり、それ以前のことは正史には記録されないので、これが渡島からの初めての来着であったのではなく、以前から北方の民がたびたび往来していた可能性も考えられる。

また、この記事は、渡島から海路、気仙郡あたりまで船で南下してくる人々がいたことを伝えるのみであるが、彼らが何をしにこの地に来たのか、大いに興味をそそられる。『日本後紀』には彼らの持ち物などは記されていないため、彼らが交易のためにやってきたのかはわからない。ただし、『続日本後紀』承和一二年（八四五）一月二五日条に見える陸奥・出羽国からの貢上品には鷹、馬、熊の膏、昆布、砂金、薬草などが見え、これらは蝦夷がもたらす北方の品々で当時、都で珍重されていた。このことからすると、珍品の積み荷があれば記録されてもよさそうだし、もしかしたら交易品が積まれていたにもかかわらず、陸奥国司らが隠匿してしまった可能性もある。このころは大宰府の貿易でも、役人が外国商人と結託して官物を横領する事件が発生しているので、そうしたことも大いにありうる。このほかにも、二〇〇人という大人数であることからすると、渡島から移住を希望する者たちであった可能性や、冬季の漁のために、一時的な滞在を求めた可能性もある。

彼らの目的はわからないが、この記事は国家が介在しない太平洋の海の道の利用の一端を示している。

五松山洞窟遺跡の起源

北方の民の中には洞窟を葬送の場とする人たちがいたことが史料から知られるが、北海道や牡鹿郡以北において海食洞窟への墓葬の発見数はさほど多くはなく、海食洞窟への埋葬を北方系の海人の墓といい切ることはできない。また、琉球や奄美にも崖葬墓など洞窟や岩陰を葬送の場とする例もあるので、南からの文化の流れも無視できず、海食洞窟を墓葬の場とする集団の起源は現状の史料からは追究できない。

現時点では、海食洞窟の墓葬が多いのは三浦半島と房総半島であり、それも縄文時代から行われていたことからすると、五松山洞窟遺跡は三浦半島や房総半島の墓制の影響を受けているというに留められよう。特に、五松山洞窟遺跡から出土したオオツタノハガイ製の腕輪は伊豆半島付近からもたらされた可能性が高く、古墳時代では三浦半島と房総半島からの出土が目立つことも、両者を結びつける根拠となる。

しかし、地域間の交流とは一方通行ではなく、双方の文化が互いに行き来するものである。五松山洞窟遺跡がある石巻には古墳時代以前に確実に北方の文化が入っており、潜水漁に従事したと考えられる人や北方系の人々も住んでいたことが、出土した人骨から確認されているので、石巻を中継地とした南北交流が行われていたと考えられる。また、伊豆半島付近でつくられた縄文時代のオオツタノハガイ製の腕輪が北海道から東北、関東、東海の太平洋沿岸からも出土していることも、東日本の太平洋沿岸地域の集落どうしが海を通じて古くから交流を行っていたことを示している。これらのことからすると、洞窟への墓葬という習俗の起源や広がりについても、まだまだ追究する必要がある。今後は、より幅広い視野で太平洋沿岸部の遺跡を見ていかねばならない。

そして、もうひとつ注意すべき点がある。それはこれらの海食洞窟からは倭王権により製作され各地豪族に配布されたと考えられる副葬品が出土していることである。これは海人集団が倭王権もしくは王権に従う地域首長に相応の処遇を以て迎えられていたことを示している。そしてその理由は、彼らが他の集団にない特殊な能力、つまり優れた航海術と知識をもっていたこと、そして何よりも太平洋の海の道により形成されたネットワークがあったからだと考えられる。倭王権が欲したものとは、航海の技術もさることながら、むしろそのネットワークではなかったか。

おそらくこのネットワークは六世紀後半になって、急遽つくられたものではなく、新金沼遺跡の土器が示すように古墳時代前期にさかのぼるのだろう。さらにいえば、縄文時代のオオツタノハガイ製の腕輪の分布や、五松山洞窟遺跡で認められた弥生時代における海食洞窟の利用、伊原津洞窟で認められた洞窟への墓葬なども含めれば、もっぱら日本海を利用していたとされる弥生時代においても、太平洋航路は確実に利用されていたと考えられる。

終章

太平洋から見た日本古代史

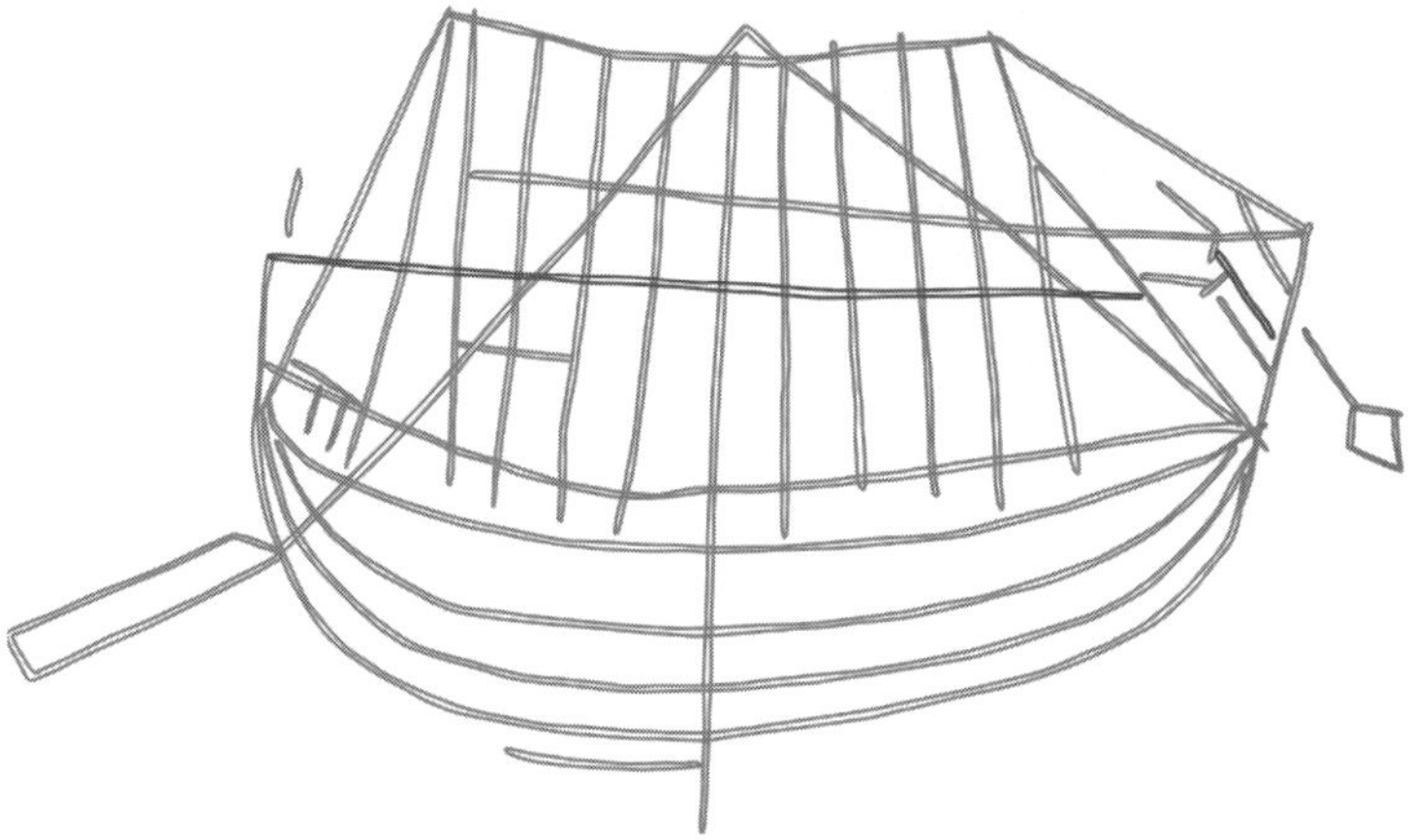

鹿児島県天城町戸森遺跡線刻
（天城町教育委員会蔵・提供）

一　海の道によるネットワーク

北方から牡鹿へ

ここまで、断片的な史料や考古学の成果をつなぎ合わせながら、弥生時代から平安時代までの東北の太平洋ルートについて見てきた。結論をいえば太平洋航路は弥生時代以前には盛んに利用されており、倭王権や律令国家の関わりの程度によって顕在化したり潜在化したりするものの、確実に受け継がれてきたと考える。本書の最後に、これまで述べてきたことをいくつかの事実を補足しながら、時間の流れに沿って整理しよう。

第一章で見たように、弥生時代、稲作文化は西日本から日本海を通って東北の地へともたらされた。そして、仙台平野を中心に定着するが、これは日本海から阿賀野川をさかのぼり会津盆地へ入り拡散するルート、津軽海峡を越え八戸付近で上陸し内陸に入るルート、そして三陸沿岸を海路さらに南下し、牡鹿もしくは仙台平野沿岸部に入るルートの、大きく三つがあったと推定されている。北からのモノや文化の流れは、石包丁の広がりの時期差からも確認できるし、弥生時代中期後半に北海道南部から青森付近の土器に似た形の天王山式土器が青森以南福島県全域にかけても広く分布することからも知られる。

この天王山式の土器の分布の広がりは、弥生時代中期・後期の社会において北海道南部と東北がひとつの文化圏だった可能性を示すもので、当然ながら、人々の活発な交流があり、太平洋航路が利用されることもあったと考える。

この時期、太平洋を北上するルートは物証に乏しい。ただし、第五章で述べたように、物証が乏しいからといって太平洋航路の利用そのものが否定されるものではない。日本海から津軽海峡を抜けて太平洋を南下するルートとともに、縄文時代に見られたオオツタノハガイ製の腕輪の分布や石巻市伊原津洞窟への墓葬が示すように房総半島から太平洋を北上するルートの双方が利用されていたと見るべきだろう。

海の道の担い手

古墳時代前期には、太平洋を北上して仙台平野に古墳文化が到来する。前期の前方後円墳の分布が飛び石状に認められること、また、古墳のある場所が天然の良港であるラグーンを河口部にもつ名取川水系や阿武隈川流域に認められることからも太平洋の海の道を通って伝わったと考えられる。弥生時代に見られた南下ルートとは逆向きの太平洋北上ルートの利用が遺跡からも明確化する。

そして、この時期には、牡鹿の地に関東や北海道からの移民があったことが新金沼遺跡から出土した続縄文土器や関東でつくられたものによく似た東海系土器の出土からも推定される。関東からの移住が倭王権によるものなのか、自発的なものなのかは不明だが、この付近に前期の古墳がないことからすると、移民に政治的な色彩はあったとしてもそれは地域社会のあり方を変えるような強いインパクトをもたらすものではなかっただろう。各地から移民としてやってきた人々が、もともとこの地域に営まれていた集落内に住んだこと、そして、それぞれの土器が出土した住居跡には大きさの差はなく、また、土器以外の出土品にも違いがないこと、土器の素材となる粘土の採取場所も同じであることから、三者の間には階層差はなかったと考えられる。牡鹿の地域社会は移民を自然に受け入れ、移民もそれに溶け込んだというのが実態で、他者と自然に打ち解けられたのは、この地域が伝統的な南北交流の場であり、よそからの人を区別なく受け入れる風土があったからだと考えられる。

一方で、彼らはそれぞれの出身地である土器づくりの文化を踏襲しており、同じ集落に住みながらも、固有の文化を保持し続けていたことがうかがわれる。生活文化を異にする様々な地域の出身者がひとつの村で仲良く暮らしていた。これがのちに牡鹿郡となるこの地域の古墳時代集落の暮らしの風景であり、多様性を認める社会がそこにあった。

古墳時代中期になると、内陸部を中心に古墳が築造されるようになるなど、海の道の姿は見えにくくなる。牡鹿では集落の発掘事例がさほど多くないため実態はよくわからない。古墳のみに注目すると、どうしても海の道の利用が停滞したように見えるが、古墳時代後期にも、五松山洞窟遺跡で見られたように、再び海の道の活発な利用が認められる。古墳時代前期と同様、南北それぞれの地域から牡鹿に来た人々が共存する姿が見られるのである。

また、五松山洞窟遺跡で認められた海食洞窟への墓葬は房総半島や三浦半島にも認められ、こうした風習をもつ人々が海によって結ばれていたことがわかる。この結びつきは古墳時代中期に断絶し後期に復興されたと考えるよりも、縄文時代以来の伝統的なものと理解したい。それというのも、第一章で述べたとおり、海の道の利用は重層的であり、古墳の分布が見られず首長による政治的な交流の痕跡が不明瞭になることをもって、地域間交流が断絶したと理解するべきではないからである。

房総半島と東北の太平洋沿岸地域の伝統的な交流の主たる担い手は、海食洞窟への墓葬という特異な風習をもつ海人集団だった。彼らは、太平洋沿岸地域に幅広いネットワークを形成していた。このネットワークが東北への支配を強化しようとする倭王権から注目されるようになった。

倭王権は、六世紀後半ごろに王権と関わりの深い房総半島の豪族、武射氏や大伴直氏らを通じて房総の海人集団と接触し、優遇して迎え入れたのだろう。これによって、倭王権による東北の太平洋沿岸部への本格的な進出のきっかけができた。六世紀後半と七世紀中ごろの房総半島から牡鹿へのふたつの移民の波は、倭王権の関与のもと武射氏や大伴直氏らに率いられた海人集団がもたらしたものであった。

六世紀後半の移民は、新金沼遺跡で認められた古墳時代前期の交流に象徴される両地域の伝統的な往来に倭王権の陸奥への進出という政治的な意図が加わったものの、これも牡鹿の社会のあり方を変化させるような強いインパクトを与えるものではなかった。しかし七世紀中ごろの移民は倭王権がこの地域の支配のために打ち込んだ楔となった。そのことは、関東からの移民集落である赤井遺跡が七世紀末に官衙へと発展することや、奈良時代はじめに先祖代々、昆布を貢献している蝦夷が史料に現れることからうかがわれる。後に道嶋宿禰の姓を与えられる丸子氏や、武射臣の姓を賜る春日部氏の牡鹿移住も、このころであった可能性が高い。

ただし、七世紀代までの倭王権による陸奥進出は、戦争という暴力的な手段ではなく交易などにより相互の交流を活発化させ、次第に支配領域を広げていくという穏便な方法が採られたようである。七世紀中ごろに日本海側で行われた阿倍比羅夫の遠征のように、太平洋沿岸地域でも、記録には残されていないが、饗応と禄を与えることによって、地域の人々を懐柔しつつ、現地調査を行う使節の派遣があった可能性がある。その使節に上総の豪族の中でも、最も王権との関わりが深い武射氏がいた。

二　国家と海の道

蝦夷政策と太平洋の利用

太平洋の海の道が政治的な目的で活発に利用されるようになるのが、奈良時代後半から本格化する国家と蝦夷との戦争においてである。七世紀後半ごろ、全国各地に評（後の郡）が設置され、それぞれにのちの郡家に相当する役所がつくられるが、福島県の太平洋沿岸地域の郡家は、いずれも太平洋を望む台地につくられ、その規模も大きく、さらに港を伴うという点で共通している。宮城県でも、河口部にラグーンを有する河川沿いに城柵・官衙が立地するなど、伝統的な海の道を意識している。また、律令国家の交通は陸路を原則としていたが、陸奥国への入り口である常陸国の駅路は、遅くとも奈良時代の初めには港へ向かう支路が設けられるなど、陸奥国へと向かう海路の利用も想定されていた。

この水陸一体となった交通網は寄港地の整備の時期から見て蝦夷との戦争を想定していたと考えられる。事実、史料からは蝦夷との戦争が本格化すると軍事物資や兵員の輸送は海路を用いて行われていたことがうかがわれる。そのことは式内社の分布からも裏付けられる。この地域の式内社は蝦夷政策の基地となる城柵付近や東山道駅路沿線、海岸部や北上川流域に分布する。特に式内社が多く認められる牡鹿郡、行方郡、磐城郡は郡家がその構造や立地などから、物資の海上輸送の中継基地としての役割を果たしていたことがうかがわれる。

また、七世紀後半から本格化する陸奥国への城柵・官衙の設置と律令制に基づく地方支配方式の導入は、これまで出身地を問わず暮らしていた牡鹿郡の人たちの間に亀裂を生じさせた。律令制の導入により陸奥国の人々は関東からの移民とその子孫を「天皇の民」、もともとこの地域に住んでいた人を蝦夷という「異民族」と区分し、異なる処遇を与えた。それが両者の間に軋轢を生んだ。

その象徴的な事件が、宝亀一一年（七八〇）三月の伊治呰麻呂の乱である。宝亀九年（七七八）六月に、前年行われた海道・山道蝦夷の征討に際しての戦功を賞し、外従五位下の位を与えられ、上治郡の大領の地位に就いていた彼が反乱に踏み切ったのは、牡鹿郡の大領、道嶋大楯が常日頃から呰麻呂を夷俘として侮辱していたためだという。このことだけが反乱の理由かどうかは定かでないが、この話は人々の中に蝦夷を見下す意識があったことを示している。律令制という新たな秩序を導入することにより、日本国民という集団を結束させ、国力を強める効果があった。それは一定の成功を収めるのだが、一方でこれまでの社会を分断するという側面もあった。結束の反作用として生まれる分断。このことは現代社会を考える上でも示唆的である。

さらに、戦闘で捕虜になったり、帰順したりした蝦夷を他国へ移配する一方で新たに獲得した支配領域に関東から入植が行われた。これらの移民が海路を使ったかどうかは不明だが、いずれにせよ奈良時代から平安時代には、地域間交流の航路であった太平洋航路が蝦夷政策という国家による支配領域の拡大のために活発に利用されたのである。

中世に継承された海の道

国家と蝦夷との三十八年戦争は延暦二四年（八〇五）一二月七日、藤原緒嗣の建言により中止が決定される。実際には弘仁二年（八一一）の文屋綿麻呂による爾薩体《にさったい》（岩手県二戸郡から青森県南部にかけての一帯）と弊伊《へい》（岩手県上閉伊郡・下閉伊郡）の蝦夷二村の征服により終結するのだが、このときの軍編制は陸奥・出羽両国の兵と俘囚兵のみであることからすると、坂東の兵まで動員した大規模な戦争は、延暦二〇年（八〇一）の坂上田村麻呂の遠征で終結したと見てよいだろう。これによって、太平洋の海の道も再び、その役割を変えることになる。平安時代の史料に、太平洋の海の道の存在を示す史料がきわめて少なくなったのは、このような大規模な移動がなくなったからであろう。

ただし、これをもって太平洋の海の道そのものが利用されなくなったわけではない。先にも紹介したように一二世紀前半には石巻市水沼窯で渥美半島の陶工が陶器生産を行っていた。奥州藤原氏に招かれたのであろう陶工は、太平洋の海の道と北上川の内水交通の接点である石巻で生産を行い、北上川水運を使って平泉へと製品を運搬していたと考えられる。このことは、北上川河口が奥州平泉の重要な港であったことを示している。

また、奥州藤原氏は延暦寺、熊野三山と強い結びつきをもっていたことが指摘されているが（柳原編二〇一五）、延暦寺は日本海の海上交通を掌握しており、熊野三山は太平洋ルートを掌握していた。宮城県名取市には名取熊野三社（熊野新宮社・熊野本宮社・熊野那智神社）がある。社伝によると保安四年（一一二三）、名取老女が勧請したとあるが、三代秀衡の時、名取熊野別当の金剛別当秀綱が強大な武士団を率いて、秀衡の子泰衡の後見人になっている。熊野社の勧進は紀伊半島の宗教勢力が陸奥国にまで進出したことを示しており、そこに古代よりも広域に及ぶ太平洋の海の道の利用が想定できる。

なお、一一世紀ごろからは、珠洲焼や知多半島、渥美半島産の陶器などをはじめとする各地の焼きものが広域に流通することが知られる。それは、商品経済が著しく発達したことと同時に、大量の物資を各地に運搬する輸送手段が整備されたことを示している。先に紹介した水中遺跡の出土物からもその主たる輸送手段は海上輸送であったと考えられ、流通・販売に携わる商人やそのパトロンとなる権門寺社の出現、さらには港湾の整備が行われている。一一世紀中ごろに記された『新猿楽記』には、北は蝦夷地から南は喜界島まで船で渡り、商いをする八郎真人なる商人の姿が描かれている。

東日本大震災からの復興事業に伴い三陸沿岸部で行われた発掘調査でも、平安時代の遺跡が新たに見つかっている。中でも田鎖車堂前《たくさりくるまどうまえ》遺跡（岩手県宮古市）では平泉で出土するものとよく似た素焼きの土器皿「かわらけ」や中国産白磁碗、渥美産陶磁器などの高級品や大鎧の部材である小札《こざね》が出土している。平泉との関連性が明らかになった初の三陸沿岸部の遺跡である。この遺跡が見つかるまでは奥州藤原氏の港は北上川河口と日本海側だと考えられていた。それは、柳の御所の眼前を流れる北上川の水運を別にすれば、日本海側のほうが大陸との交流に便利であるし、また慈恩寺（山形県寒河江市）の本尊など京都から運ばれた平安仏が山形県に多く残っていること、さらに、中世に津軽半島に本拠を置いた安東氏が日本海航路を利用した形跡を多数残しているからである。

田鎖車堂前遺跡の発見は、これからの発掘調査で太平洋航路の利用を示す遺跡が見つかるかもしれないという意識を、地域の文化財担当者のみならず研究者に植え付けた。太平洋航路がさほど注目されてこなかったのは、歴史を調べる私たちの中に日本海航路のほうが大陸との交流ができる分、優位であったという思い込みが少なからずあることにもよる。

奥州藤原氏は文治五年（一一八九）に四代泰衡が源頼朝に滅ぼされるまでの約一〇〇年間にわたって、陸奥・出羽国の産物を都の貴族に送るなどして良好な関係を保ちつつ、東北において半ば独立した勢力として存在し続けた。その間、陸奥・出羽国から都へ、逆に都から陸奥・出羽国への文物や人の活発な移動があった。

平安時代に都で珍重された陸奥国の産品には、馬、金、鷹の羽、アザラシの皮などがあった。陸奥国から京にどれほど送られたかは不明であるが、各地で軍事力をもつ集団が成長しつつあった平安時代後期において、大量の物資を安全に輸送するために海路が用いられたと考えられ、海を行き来する商人もいた。奥州と都との物資の往来は、これまでは日本海ルートを利用したとする見方が有力だったが、先

図52　石巻市街地（南西から。写真・著者）

述したとおりこれからは太平洋ルートにも目を向ける必要があろう。摂関家領荘園から院領荘園となり、藤原秀衡の四男、高衡が荘官を務めた本吉荘（宮城県南三陸町周辺）の存在は、太平洋沿岸部にも奥州藤原氏の重要拠点が置かれたことを示している。志津川湾という良港にも恵まれた本吉荘は海上交通を用いるにも都合がよく、また金を産出することから、摂関家や藤原氏に重視されたのだろう。

蝦夷戦争終結後も東北の海の道は利用され続け、東北への玄関口としての機能を失うことはなかったのである。

海の道と地域間交流

「暖流と寒流がぶつかる石巻は、南北それぞれの文化が出合う場所である」。この仮説の根拠は、古墳時代前期と後期に古墳文化と北からの文化の双方がまざりあって見つかっている太平洋岸の地域は石巻のみであるからだ。だが仮説を裏付けるのは、北上川河口というこの港町の格好の立地によって、いつの時代でもこの地が太平洋航路の重要地点となっていたことだ（図52）。石巻は海を介した南北交流の要衝であり、それによって様々な文物が集まる場所だった。

本書で見てきたように、太平洋の海の道についての記録はきわめて断片的ではある。しかし、文献史料や遺跡・遺物の分布などを丁寧に見ていくと各時代を通じて連綿と海の道の形跡が認められる。

また、太平洋の海の道には、海とともに暮らし生きた海人の文化が根付いている。彼らの足取りを追うのは容易ではないが、縄文時代以来、房総半島や三浦半島の海人は牡鹿の地と強く結びついていた。また牡鹿には北方の海人たちも訪れていた形跡が認められた。さらに、奈良時代には紀伊半島から陸奥国へとつながる海の道も想定できるし、紀伊半島からは瀬戸内海を通じて九州へという海の道、さらに南では、東南アジアの陶器が大隅正八幡宮で出土したようにこの道が大隅国から奄美・琉球・先島諸島を経てさらに南方へとつながっていたことも確認できる。

このように、視野を広げてみれば太平洋の海の道は日本列島全域を結んでおり、さらに朝鮮半島や中国大陸、南方社会とも接点をもっていた。海の道の利用は証拠が残りにくく、検証はなかなか難しい。民間の交流となれば、記録されることも稀で、また遺跡や遺物からも確認しにくい場合もある。しかし海の道の存在を意識し、広い視野からそれぞれの地域の歴史を見直せば、これまで気づかなかった新たな歴史や地域の成り立ちが見えてくる。

おわりに

五松山洞窟遺跡の発掘調査は、一九八二年一二月三〇日に終わった。発掘調査報告書によると終了時間は二三時四〇分だったらしい。高校生だった私は、調査団の皆さんよりも一足早く二一時ごろに現場を離れ、家路に着いた。石巻の冬は寒い。その日も震えるほど寒かったが、星空がとてもきれいだった。この先、何度も経験することになるのだが、ひとつの現場が終わった時の達成感と喪失感とが入り交じった不思議な気持ちを味わいつつ、自転車を漕いだことを今でも覚えている。

あれからもうすぐ四〇年になろうという今、私がこの本を書こうと考えたのは、二〇一九年八月に石巻で行われた中学の同窓会で旧友から聞いたある話がきっかけである。ご存じのように石巻は東日本大震災により甚大な被害を受けた。市内の多くが被災し、たくさんの人命が奪われた。震災の年二〇一一年の四月。私は文化財レスキューのため被災した故郷を訪れ、その変わり果てた姿に愕然とした。その後、私は故郷のために何ができるか自問自答を繰り返してきたが、確たる答えを見いだせないまま、今日に至ってしまった。

そんな私が先の同窓会で聞いたのは「今は震災の被害のことよりも、これから先の石巻をどうやって発展させていくかが一番大事なんだ。それはすぐには何とかできる話ではないけど、一人ひとりができることをまず始めることだ」という言葉だった。

私がいつまでも被災された方々への同情と「復興」という言葉だけにとらわれていたのに対し、このように語った旧友は津波で自身の経営する工場を失っていた。そんな彼は、何も失わなかった私よりもはるかに前を向き、これから先の発展に向けて歩み出していた。それは大きな驚きであり、感動だった。そして、まずはできることから始めればいいという言葉は、私のみならず周囲の人間も勇気づける言葉だった。

返す言葉は何も浮かばなかったが、その時とっさに思い出したのが高校時代に発掘現場で聞いた太平洋の海の道と石巻の話だった。歴史を学んでいる私にできることは、石巻という地域が日本列島の歴史に果たした役割の意義と重要性を語ること、そしてそこに暮らしてきた人々の歩みを解き明かし発信することだと考えたのである。それは身近な歴史とは地域の記憶であり、そこに住む人々が地域に愛着を感じるよりどころになると信じているからである。

一般には日本という国がどのような経緯で誕生し、どう展開してきたかという国家の歴史のみが注目されがちである。それを追究することは、もちろん意味のあることだが、それだけでは歴史は語られない。列島各地で地域の環境に適応しつつ生きてきた人々の営みの歴史を無視することはできない。むしろ、各地の歴史に光を当てることこそが、日本人とは何か、さらには人間とは何かを考えることにつながる。地域の歴史はその土地で生きてきた人々が築きあげてきたものであり、そこには優劣などは存在しない。そして、現在の人々の営みも、いずれは地域の歴史として記憶されていくものであり、一人ひとりの歩みが歴史を形作っていくものだと思う。だからこそ、それぞれの故郷の歴史とは誇るべきものであり、これから地域で生きる、地域を活かすためにその歴史を知ることが重要だと私は思う。

主要参考文献

青木和夫・稲岡耕二・笹山晴生・白藤禮幸『続日本紀』一―五　岩波書店　一九八九―一九九八
秋本吉徳『常陸国風土記』講談社学術文庫　二〇〇一
永原慶二ほか編『講座日本技術の社会史第八巻　交通・運輸』日本評論社　一九八五
荒井秀規ほか編『交通』東京堂出版　二〇〇一
荒井秀規「律令制下の交易と交通」『日本古代の交通・交流・情報2　旅と交易』吉川弘文館　二〇一六
池邊彌『和名類聚抄郷名考証』吉川弘文館　一九六六
石村智『よみがえる古代の港』吉川弘文館　二〇一七
石巻市市史編さん委員会『石巻の歴史』第一巻・第七巻　石巻市　一九九六
井上光貞・関晃・土田直鎮・青木和夫『律令』岩波書店　一九七六
江戸遺跡研究会編『江戸築城と伊豆石』吉川弘文館　二〇一五
太田亮『姓氏家系大辞典』国民社　一九四二
大林太良編『日本の古代三　海をこえての交流』中央公論社　一九八六
大林太良編『日本の古代八　海人の伝統』中央公論社　一九八七
近江俊秀『日本の古代道路』角川選書　二〇一四

近江俊秀『古代日本の情報戦略』朝日選書　二〇一六
沖森卓也・佐藤信・矢嶋泉編『豊後国風土記・肥前国風土記』山川出版社　二〇〇八
忍澤成視『貝の考古学』同成社　二〇一一
上高津貝塚ふるさと歴史の広場編『古代のみち　常陸を通る東海道駅路』上高津貝塚ふるさと歴史の広場　二〇一三
川尻秋生「船を操る技術」『日本古代の交通・交流・情報三　遺跡と技術』吉川弘文館　二〇一六
川尻秋生「古代房総の国造と在地」『房総と古代王権』高志書院　二〇〇九
菊地芳朗『古墳時代史の展開と東北社会』大阪大学出版会　二〇一〇
岸俊男『日本古代政治史研究』塙書房　一九六六
日下雅義『地形からみた歴史』講談社学術文庫　二〇一二
熊谷公男『蝦夷の地と古代国家』山川出版社　二〇〇四
熊谷公男編『蝦夷と城柵の時代』吉川弘文館　二〇一五
黒板勝美編『国史大系　交替式・弘仁式・延喜式前編』吉川弘文館　一九七二
黒板勝美編『国史大系　延喜式中編』吉川弘文館　一九七二
黒板勝美編『国史大系　延喜式後編』吉川弘文館　一九七二
河内春人『倭の五王』中公新書　二〇一八
古代交通研究会編『日本古代道路事典』八木書店　二〇〇四
坂本太郎・家永三郎・井上光貞・大野晋『日本書紀』一―五　岩波書店　一九九四―二〇〇三

櫻井秀雄「古墳時代の洞窟葬所、鳥羽山洞窟」『金沢大学考古学紀要』三八　二〇一七
笹山晴生『古代国家と軍隊』中公新書　一九七五
島方洸一ほか編『地図でみる西日本の古代』平凡社　二〇〇九
島方洸一ほか編『地図でみる東日本の古代』平凡社　二〇一二
白石太一郎『古墳と古墳群の研究』塙書房　二〇〇〇
鈴木拓也編『三十八年戦争と蝦夷政策の転換』吉川弘文館　二〇一六
鈴木靖民ほか編『日本古代の運河と水上交通』八木書店　二〇一五
高橋崇『坂上田村麻呂』吉川弘文館　一九五九
竹内理三ほか編『日本歴史地図』上・下　柏書房　一九八二
館山市立博物館『館山湾の洞窟遺跡』二〇一〇
虎尾俊哉編『延喜式』中　集英社　二〇〇七
中田祝夫『倭名類聚抄』勉誠社　一九七八
中田祝夫『日本霊異記』小学館　一九七五
中西進『万葉集』一—四　講談社文庫　一九七八—一九八三
永田英明「古代南奥のみちと政治」『講座　東北の歴史第四巻　交流と環境』清文堂出版　二〇一二
奈良文化財研究所編『駅家と在地社会』二〇〇四
禰宜田佳男『農耕文化の形成と近畿弥生社会』同成社　二〇一九
樋口知志編『前九年・後三年合戦と兵の時代』吉川弘文館　二〇一六

日高慎「内海世界の海浜型前方後円墳」『海浜型前方後円墳の時代』同成社　二〇一五
日高慎「船による交通・流通」『考古学ジャーナル』七三二　二〇一九
平川南『東北「海道」の古代史』岩波書店　二〇一二
広瀬和雄『前方後円墳とはなにか』中公叢書　二〇一九
藤沢敦編『倭国の形成と東北』吉川弘文館　二〇一五
松原弘宣編『瀬戸内海地域における交流の展開』名著出版　一九九五
松原弘宣『藤原純友』吉川弘文館　一九九九
松本哲「船と航海を推定する」『日本の古代三　海をこえての交流』中央公論社　一九八六
真山悟「「宮城の式内社」位置の検討」『東北歴史博物館研究紀要一四』二〇一三
森浩一「潟と港を発掘する」『日本の古代三　海をこえての交流』中央公論社　一九八六
森田悌『日本後紀』上・中・下　講談社学術文庫　二〇〇六
森田悌『続日本後紀』上・下　講談社学術文庫　二〇一〇
八木光則『古代蝦夷社会の成立』同成社　二〇一〇
柳原敏昭編『東北の中世史一　平泉の光芒』吉川弘文館　二〇一五
山内譲『海賊の日本史』講談社現代新書　二〇一八
与謝野町教育委員会『丹後国遷政』二〇一五
和歌山県立紀伊風土記の丘『黒潮の海に糧をもとめて――古墳時代の海の民とその社会』二〇一八
渡辺信夫編『東北の交流史』無明舎出版　一九九九

綿貫友子「中世の太平洋海運」『海事博物館研究年報』三八　二〇一〇
※単行本を中心に掲載し、発掘調査報告書については割愛、論文についても閲覧しやすい最低限のものに留めた。

栗原郡
新田郡
玉造郡
登米郡
長岡郡
小田郡
遠田郡
桃生郡
賀美郡
色麻郡
志太郡
牡鹿郡
黒川郡
宮城郡
柴田郡
名取郡
0
10km

陸奥国図

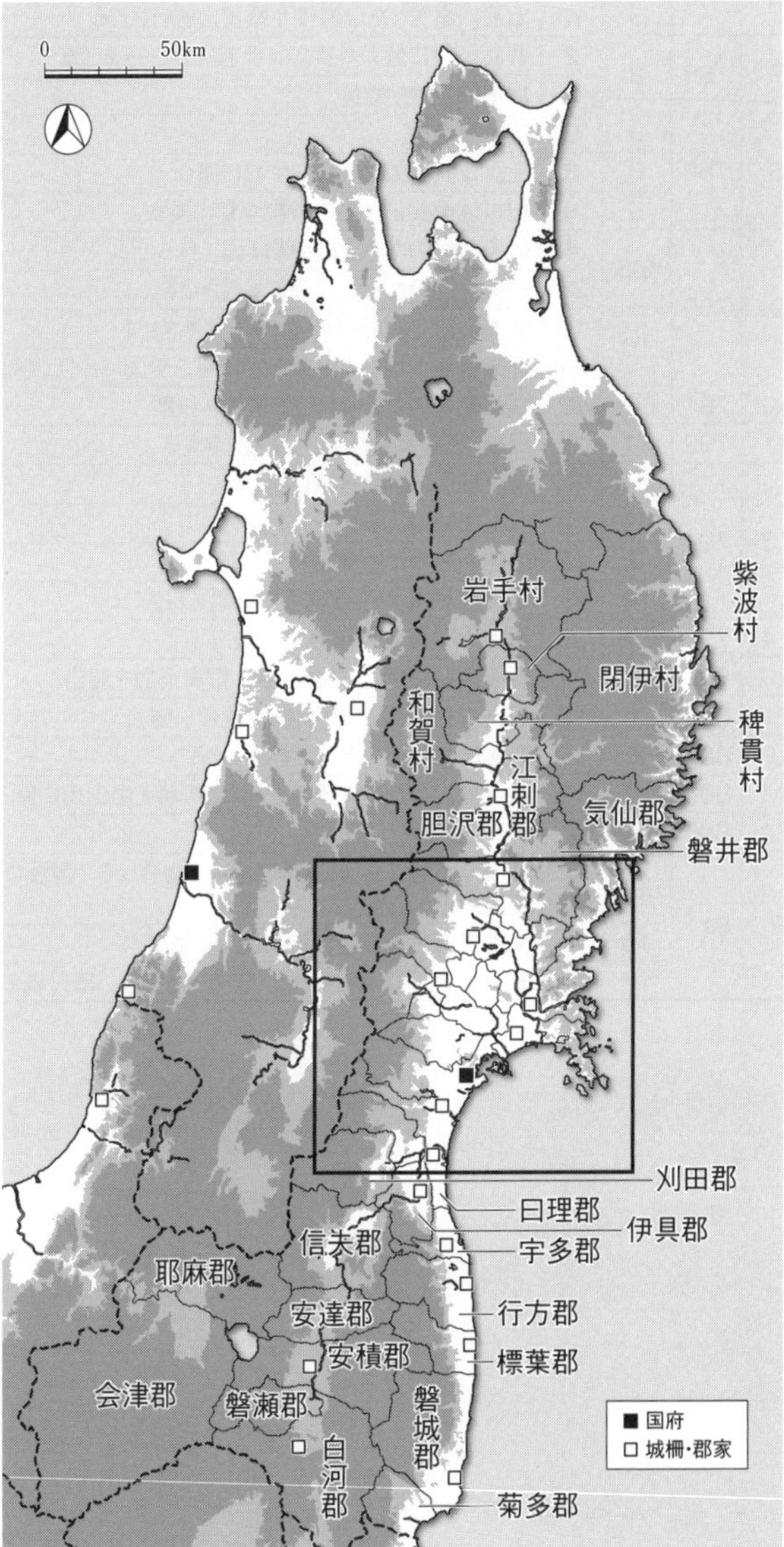
0
50km
岩手村
紫波村
閉伊村
和賀村
稗貫村
江刺郡
胆沢郡
気仙郡
磐井郡
刈田郡
曰理郡
伊具郡
信夫郡
宇多郡
耶麻郡
行方郡
安達郡
標葉郡
安積郡
会津郡
磐瀬郡
磐城郡
白河郡
菊多郡
■ 国府
□ 城柵・郡家

『日本書紀』『続日本紀』『日本後紀』に見える主な蝦夷関係記事

国家の蝦夷への対応は時代によって異なる。7世紀中ごろ以前は征討記事が散見され、その後、服属・饗応という構造をとるが、7世紀中頃から8世紀初頭にかけては阿倍比羅夫の遠征を除くと蝦夷との抗争の記事は認められない。律令制成立後には大規模な遠征記事はあるものの、それ以上に服属・饗応記事が目立ち、それは三十八年戦争まで続く。また、『日本書紀』の前半に見られる征討記事が国家形成に関わる多分に神話的な色彩が強いものや、東北ではなく関東経営に係るものだとすると、東北の蝦夷との間に軋轢が生じるのは、律令国家成立時であり、それ以前は倭王権は蝦夷に対し融和政策をとっていたと考えられる。このことは、五松山洞窟遺跡や矢本横穴で確認される状況と合致する。律令制導入当初の戦争も長期化していないこと、饗応記事が頻出することから、軍事行動を起こしつつも蝦夷に対する基本方針も前時代の方針を半ば踏襲したと考えられる。ただし、この時期、支配拠点の整備や移民政策が行われるなど、蝦夷支配は着実に進められており、それが三十八年戦争の布石になったと考えられる。

	年	西暦	月	日	出来事（グレーは戦争関係記事）	
景行	27		2	12	武内宿禰による東国視察。蝦夷の存在をはじめて紹介	征討記事が多い時代
	40		7	16	蝦夷反乱。鎮圧のためにヤマトタケルを派遣	
			是年		ヤマトタケル蝦夷を平定	
	56		8		ミモロワケ王による蝦夷の平定	
応神	3		10	3	蝦夷を使役して厩坂道を造る	
仁徳	55				蝦夷反乱。鎮圧のために派遣された田道戦死	
雄略	23		8	7	新羅へ派兵される蝦夷が大王の死を知り、吉備で反乱	
清寧	4		8	7	蝦夷と隼人が大王に服属	
欽明	元		3		蝦夷と隼人が衆を率いて帰属	
敏達	10		閏2		蝦夷反乱し辺境に侵入	
崇峻	2	589	7	1	近江臣満を東山道に派遣し蝦夷国との国境を確認させる	
舒明	9	637	是年		蝦夷反乱。上毛野君形名を派遣し鎮圧	
皇極	元	642	9	21	越の蝦夷数千が服属	服属・饗応などの記事が多い時代
大化	元	645	8	5	東国へ国司派遣。蝦夷との境の地域における武器の調査	
	2	646	正月		蝦夷が服属	
	3	647	是年		渟足柵を設置	
	4	648	是年		磐舟柵を設置し蝦夷に備えさせる	
斉明	元	655	7	11	北蝦夷99人と東蝦夷95人を難波で饗応	
			是年		蝦夷、隼人が服属	
	4	658	4		阿倍臣による日本海遠征	
			7	4	蝦夷200余人が宮へ朝献。饗応し位階と禄を与える。都岐沙羅柵を設置	
	5	659	3	17	陸奥と越の蝦夷を甘樫丘の東で饗応	
			3		阿倍臣による日本海遠征（4年4月条と重複か）	
			7	3	唐の高宗に蝦夷を見せ、蝦夷について説明	
	6	660	3		阿倍臣による日本海遠征・粛慎との接触（4年4月条と重複か）	
			5		粛慎人47人を石上の池の辺で饗応	
天智	10	671	8	18	蝦夷を饗応	
天武	11	682	3	2	陸奥の蝦夷22人に爵位を与える	
			4	22	越の蝦夷の願いを聞き入れ俘人70戸を一郡とする	

持統	2	688	11	5	天武天皇の崩御により、蝦夷190余人が誄をする。	
			12	12	蝦夷の男女213人を飛鳥寺の西で饗応。冠位と物を授ける	
	3	689	正月	3	2人の蝦夷の出家を認める	
				9	出家した蝦夷に仏像・仏具などを与える	
			7	1	出家した蝦夷に仏像・仏具などを与える	
				23	越の蝦夷に物を与える	
	10	696	3	12	越の渡島の蝦夷と粛慎とに物を与える	
文武	元	697	10	19	陸奥の蝦夷が産物を献上する	
	2	698	10	23	陸奥の蝦夷が産物を献上する	
			12	21	石船柵を修理する	
	4	700	2	19	石船柵を修理する	
和銅	2	709	3	5	陸奥と越後の蝦夷に対し征討軍を派兵する	征討記事が再び現れる時代
			7	1	出羽柵に兵器を運ばせる	
			8	25	征討が終了し将軍ら凱旋する	
	3	710	正月	1	元日朝賀に蝦夷と隼人参列	
				16	蝦夷と隼人を饗応	
			4	20	陸奥の蝦夷が「君」姓を賜り、公民と同じ扱いになることを求めたので許可する	
	5	712	9	23	出羽国を設置	
霊亀	元	715	正月	1	陸奥・出羽の蝦夷が産物を献上	
				15	蝦夷に位階を授ける	
			10	29	須賀君古麻比留による閇村への郡家設置の要請	
養老	2	718	8	14	出羽と渡島の蝦夷が馬を献上。位階と禄を授ける	
	4	720	9	28	蝦夷反乱。陸奥按察使を殺害	支配拠点の整備と反乱記事が目立つ時代
				29	討伐軍を編成し派兵	
	5	721	4	9	征討将軍ら帰還	
	6	722	4	16	征討将軍らに勲位を与える	
	7	723	9	17	先の征討で功績のあった蝦夷に褒賞を与える	
神亀	元	724	3	25	陸奥国の海道の蝦夷反乱。大掾を殺害	
			4	7	反乱鎮圧のために征討軍を編成	
				14	坂東の兵3万を調練。軍需物資を陸奥へ輸送	
			5	24	出羽の蝦夷を鎮圧	
			11	29	征夷持節大使ら帰還	
	4	727	12	29	蝦夷の地に漂着した渤海使が蝦夷により殺害される	
天平	2	730	正月	26	恭順した蝦夷の居住地に新郡を置くことを許可する	
	5	733	12	26	出羽柵を秋田村に移転	
	9	737	正月	14	大野東人、雄勝村の蝦夷を征討するよう奏上	
			4	14	征討戦争開始。多賀・玉造・新田・牡鹿・色麻の5柵の名が現れる	
天平宝字	2	758	10	25	桃生城築城	
			12	8	坂東の兵や帰順した蝦夷を使役し桃生・小勝城をつくる	

	3	759	9	27	雄勝・桃生城に坂東から武器を運び入れる	
	4	760	正月	4	蝦夷征討で功績のあった者を昇進させる	
天平神護	2	767	4	7	陸奥の城柵を修理させる	
神護景雲	元	767	10	15	伊治城が短期間で完成したことを褒め、関係者を昇進させる	
	3	769	正月	2	陸奥の蝦夷、朝賀に参列	
				7	蝦夷に位階を授け、物を与える	
				17	蝦夷を饗応。位と物を与える	
宝亀	元年	770	8	10	蝦夷の宇漢迷公宇屈波宇一族を率い賊地へ逃走。道嶋嶋足を派遣	
	3	772	正月	1	元日朝賀に陸奥と出羽の蝦夷参列	
				16	陸奥と出羽の蝦夷の帰国にあたり位階と物を与える	
	4	773	正月	1	元日朝賀に陸奥と出羽の蝦夷参列	
				14	陸奥と出羽の蝦夷の帰国にあたり位階と物を与える	
	5	774	正月	16	帰順した蝦夷を朝堂で饗応。位階と物を与える	
				20	蝦夷の朝貢を止めさせる	
			7	25	海道の蝦夷、桃生城を襲撃。三十八年戦争はじまる。	
			8	2	坂東8カ国に命じ、蝦夷との戦争に備えさせる	
	6	775	3	23	陸奥の蝦夷騒動	
			10	13	出羽国、蝦夷の襲撃に備え鎮兵の増強を奏上	三十八年戦争
			11	15	前年の蝦夷戦争で功績のあった者に位階を加える	
	7	776	2	6	陸奥と出羽の蝦夷を討つ	
			5	2	出羽の蝦夷が背く。下総などの兵でこれを討つ	
			7	14	安房・上総など四国に造船と陸奥への回航を命じる	
			9	13	出羽国の帰順した蝦夷を西海道に移配	
			11	26	胆沢の蝦夷を討伐させる	
				29	出羽国の帰順した蝦夷を西海道や讃岐に移配	
	8	777	3		陸奥の蝦夷の投降が相次ぐ	
			5	25	相模など6カ国に命じて甲などを出羽の砦や兵営に送らせる	
			12	26	出羽国の蝦夷蜂起。官軍破れ、援軍を要請	
	9	778	6	25	蝦夷征討で功績のあった者を昇進させる	
			12	26	蝦夷20人を朝廷に召す	
	10	779	4	30	唐の客を平城京南側の三橋で出迎え。蝦夷20人も同行	
	11	780	2	2	北上川凍結により蝦夷征討が困難。覚鱉城の築城を奏上	
			3	22	伊治呰麻呂、紀広純らを伊治城で殺害。多賀城を焼く	
				29	征討軍編成	
天応	元	781	6	1	征討軍が天皇に戦果を報告するとともに、征討軍解散を報告	
			9	22	紀古佐美らに論功行賞	
延暦	元	782	5	20	蝦夷戦争の功により鹿島神に神位と封を与える	
	2	783	4	15	陸奥の鎮兵の怠慢を叱責	
				19	蝦夷戦争で使役された坂東の人々を慰撫	
			6	6	坂東8カ国に徴兵と軍事教練を課す	

	5	786	8	8	蝦夷征討のために兵士の検閲と武器の点検を行う	
			9	18	出羽に漂着した渤海使が蝦夷に連行される	
	7	788	3	2	蝦夷征討に備え多賀城に兵粮を運び込ませる	
				3	坂東諸国から徴兵	
	8	789	3	9	征討軍進軍	
			6	3	征討軍から敗戦の報告が都に届く	
			9	8	紀古佐美ら征討軍の幹部が都に戻る	
	9	790	閏3	4	蝦夷征討のため皮の甲を諸国に作らせる	
				29	蝦夷征討のための兵粮を準備させる	
			10	19	蝦夷征討で功績のあった者を昇進させる	
				21	蝦夷征討に用いる甲をつくれる者を全国に命じて調査させる	
	10	791	正月	18	蝦夷戦争のための兵士を選抜・検閲	
	11	792	11	3	帰順した蝦夷を饗応。位階を与える	
	13	794	正月	17	蝦夷征討を伊勢神宮に祈願	
			6	13	坂上田村麻呂らが蝦夷を征討	
			9	28	諸国の名神に蝦夷征討を祈願	
			10	28	征夷大将軍大伴弟麻呂が戦果を報告	
	14	795	正月	29	征夷大将軍大伴弟麻呂凱旋	
	20	801	9	27	征夷大将軍坂上田村麻呂、蝦夷征討を報告	
	21	802	7	10	坂上田村麻呂、阿弖利為らを伴い帰京	
	22	803	2	12	志波城築城所に米などを送らせる	
	23	804	正月	19	蝦夷征討のため武蔵・上総などの糒を中山柵に運ぶ	
	24	805	12	7	蝦夷征討中止を決定	
弘仁	2	811	2	5	陸奥・出羽の兵士2万6000人を動員して、爾薩体・弊伊の蝦夷2村を征討	服属
			10	4	文室綿麻呂の要請に応え援軍を派遣	
			12	13	蝦夷全滅。鎮兵を廃止。志波城を廃し、徳丹城を築く	

近江俊秀（おおみ・としひで）
1966年宮城県生まれ。文化庁文化財第二課主任文化財調査官。奈良大学文学部文化財学科卒。奈良県立橿原考古学研究所研究員を経て現職。専門は日本古代交通史。主な著書に『古代国家と道路』『道路誕生』（ともに青木書店）、『道が語る日本古代史』（古代歴史文化賞なら賞、朝日選書）、『古代道路の謎』（祥伝社新書）、『日本の古代道路』（角川選書）、『古代都城の造営と都市計画』『平城京の住宅事情』（ともに吉川弘文館）、『古代日本の情報戦略』（朝日選書）、『入門歴史時代の考古学』（同成社）、『境界の日本史』（共著、朝日選書）などがある。

朝日選書 1000

海から読み解く日本古代史
太平洋の海上交通

2020年10月25日　第1刷発行

著者　近江俊秀

発行者　三宮博信

発行所　朝日新聞出版
〒104-8011　東京都中央区築地5-3-2
電話　03-5541-8832（編集）
03-5540-7793（販売）

印刷所　大日本印刷株式会社

Published in Japan by Asahi Shimbun Publications Inc.
ISBN978-4-02-263100-8
定価はカバーに表示してあります。

落丁・乱丁の場合は弊社業務部（電話 03-5540-7800）へご連絡ください。
送料弊社負担にてお取り替えいたします。

境界の日本史
地域性の違いはどう生まれたか
森先一貴　近江俊秀
文化の多様性の起源を追究し日本史をみつめなおす

人事の三国志
変革期の人脈・人材登用・立身出世
渡邉義浩
なぜ、魏が勝ち、蜀は敗れ、呉は自滅したのか？

失われた近代を求めて　上・下
橋本治
作品群と向き合いながら、捉え直しを試みる近代文学論

増補改訂　オリンピック全大会
人と時代と夢の物語
武田薫
スタジアムの内外で繰り広げられた無数のドラマ

asahi sensho

〔天狗倶楽部〕快傑伝
元気と正義の男たち
横田順彌
こんな痛快な男たちが日本にスポーツを広めた

永田町政治の興亡　権力闘争の舞台裏
星浩
政治家や官僚にパイプを持つジャーナリストが活写する

地質学者ナウマン伝
フォッサマグナに挑んだお雇い外国人
矢島道子
功績は忘れ去られ、「悪役」とされた学者の足跡を追う

日本のイスラーム
歴史・宗教・文化を読み解く
小村明子
わが国に住むムスリムの知られざる実像に肉薄する